休闲研究专著系列

中国城市休闲化发展研究报告（2013）

THE ANNUAL REPORT ON CHINA'S URBAN RECREATIONALIZATION DEVELOPMENT（2013）

楼嘉军 杨 勇 李丽梅 著

内容提要

城市休闲化是休闲时代城市发展的一种形态。本书结合我国城市休闲化发展的实际，建立了城市休闲化质量测评体系，从城市公共基础、休闲消费、休闲产业和休闲资源四个方面，对我国27个省会城市、4个直辖市和5个计划单列市的城市休闲化发展状况进行比较全面的测度和分析，为推进我国城市休闲化与新型城镇化的健康发展提供了决策依据和研究价值。

本书是国家社会科学基金项目《我国城市休闲化的指标体系、质量测度与提升路径研究》的阶段性成果。可以作为高等院校旅游、休闲、会展以及社会学等专业师生的参考教材，也适合作为旅游管理、文化产业管理和城市公共服务管理部门的参考用书。

图书在版编目(CIP)数据

中国城市休闲化发展研究报告. 2013 /楼嘉军等著. — 上海 ：上海交通大学出版社，2014

ISBN 978-7-313-11028-2

Ⅰ. 中… Ⅱ. 楼… Ⅲ. 城市—闲暇社会学—研究报告—中国—2013 Ⅳ. C912.81

中国版本图书馆CIP数据核字(2014)第060248号

中国城市休闲化发展研究报告

(2013)

著　　者：楼嘉军　杨　勇　李丽梅

出版发行：上海交通大学出版社　　地　　址：上海市番禺路951号

邮政编码：200030　　电　　话：021-64071208

出 版 人：韩建民

印　　制：昆山市亭林印刷有限责任公司　　经　　销：全国新华书店

开　　本：710mm×1000mm　1/16　　印　　张：19

字　　数：237千字

版　　次：2014年5月第1版　　印　　次：2014年5月第1次印刷

书　　号：ISBN 978-7-313-11028-2/C

定　　价：58.00元

序　言

一般认为，有关休闲的理论自古希腊时起就已初步成型，至今已逾数千年。然而，作为一门相对独立的学科，休闲学科的发展历史并不很长，至今也就百余年的时间。由于休闲现象的复杂性，致使百多年来研究休闲的理论和方法总是处于不断的探索与完善之中，但从其演变的基本轨迹可以看出，休闲学科的发展勾勒了如下的发展和演变轨迹，由依附到独立，由单一学科到多学科，乃至由多学科到跨学科的发展过程。

休闲学科作为一个以跨学科为基础和特色的学科体系，一方面，在它发展的过程中，不断地对相关的学科进行整合并聚集于休闲学科的周围。与此同时，在休闲学科的发展过程中，在休闲学与其他相关学科之间形成了围绕休闲学的多个分支学科，诸如休闲社会学、休闲心理学和休闲经济学等。此外，还需指出的是，由于休闲活动的常态性和广泛性，导致以休闲为研究对象的休闲学科除了以其他学科为依托之外，还与社会经济领域的相关产业，如与交通、商业、餐饮、会展等行业发生紧密联系，成为推动休闲学科发展的外部产业支撑因素。

根据国际经验，在一个国家或地区人均GDP达到3 000～5 000美元发展阶段以后，就将步入这样一个时期，即在居民生活方式、城市功能和产业结构等方面相继形成休闲化特点的一个发展时期。正是基于这样的大背景，才促进了近年来我国休闲活动的蓬勃发展、休闲产业的兴旺发达、休闲理论研究的不断深入。与此相适应，目前，在我国已有百余所高校设立了休闲学系或休闲专业，或开设了休闲学课程，据此，编辑本套丛书的初衷很明确，就是为我国高校休闲专业教材建设做一件实事。

本套丛书包括：《休闲概论》、《休闲经济学》、《休闲社会学》、《休闲文化学》和《休闲服务管理学》等5本。丛书编委会做了选题与审读的工作。

本套丛书是整个《休闲研究系列》出版计划的第一部分，其后还将陆续推出休闲研究报告与休闲研究著作两部分内容。

我国正在迈向休闲时代，我国的休闲学科体系也趋于不断完善之中。希望我们的出版计划能够对我国的休闲时代建设与休闲学科体系的完善尽微薄之力。

楼嘉军

2013年5月8日

前　言

我国有关城市休闲化的研究，应该讲是伴随着杭州和成都等城市提出的建设“休闲城市”的发展目标而逐渐成为旅游学界与业界的研究热点及关注焦点。从一定意义上说，城市休闲化是全面小康社会建设的必然体现，是城市生态文明建设与城市和谐发展的基本诉求，也是衡量城市居民生活满意度和幸福度的重要尺度。城市休闲化是休闲时代城市发展的一种形态。从发达国家城市休闲化发展的历程看，大致经历了两个发展阶段。一是在 20 世纪六七十年代，欧美发达国家先后步入了人均 GDP3000～5000 美元的发展时期，以生活方式演变为特征的城市休闲化开始起步。据此，帕克(Parker，1976)等学者明确指出：“我们正进入一个具有新的闲暇伦理观和娱乐道德观的新的闲暇时代。”[①]二是进入 21 世纪以来，欧美发达国家陆续跨入人均 GDP3～4 万美元的发展阶段，以经济方式转变为特征的城市休闲化不断深化。对此，莫里托(Molitor，1999)认为，休闲已经成为当今时代经济增长的主要动力，并提出欧美发达国家或

① 黄德兴等. 现代生活方式面面观[M]. 上海：上海社会科学院出版社，1987：148.

许将于“2015 年进入休闲时代。”①显而易见，城市休闲化是一个逐渐演变不断推进的发展过程。近半个多世纪以来的发展轨迹表明，城市休闲化顺应了当今社会“城市，让生活更美好”的世界发展潮流。从发展趋势看，以生存方式为变化特征的新一轮城市休闲化将成为未来发展的重点内容。当然，从上世纪九十年代末以来我国城市休闲化发展的实际状况看，大致也体现出与发达国家相似或相近的发展特点。

近年来，国内有关休闲城市建设评价与测度的研究逐渐趋热，相关研究文献层出不穷，比较有代表性的如郑胜华、刘嘉龙(2004)，认为评价休闲城市的指标体系由实力系统、动力系统、能力系统和魅力系统四部分内容构成；又如，魏小安(2009)构建了由基础性指标、市场性指标、专家性指标构成的休闲城市评估体系；还有王琪延(2010)提出，休闲城市评价指标体系应由城市环境休闲力、城市基础休闲力、城市核心休闲力(硬指标)、城市核心休闲力(软指标)四部分构成；其他还有不少研究成果，在此不一一赘述。应该说相关研究文献对于丰富我国休闲城市研究理论以及促进我国休闲城市建设与发展起到了非常重要的作用。但是也应看到，围绕休闲城市研究也存在两方面不足，一是概念层面，有关休闲城市、城市休闲以及旅游城市之间的联系与区别有待进一步厘清；二是评价体系方面，不少指标评价体系的指标数值的可获取性仍有一定的局限性，可操作性有待进一步提高。正是基于这样的背景，课题组于 2010 年开始着手启动有关我国城市休闲化的研究工作。通过对我国休闲城市建设与发展现状的分析及研究，课题组初步构建了我国城市休闲化评价指标的基本框架，主要立足于两个层面进行考虑：首先是在反映城市居民休闲消费水平与

① Molitor, Graham. T. T. Next 1,000 Year: The Big Five' Engines of Economic Growth Futurist[J], Dec99, Vol. 33 Issue 10, p13, 6p, 1 chart, 1c.

消费能力方面；其次是反映城市公共服务配套与资源支撑方面，包括城市公共基础服务、休闲服务产业能力以及特色休闲资源方面。对于初步构建起的城市休闲化评价指标体系，课题组先后经过四轮专家讨论、一次会议论证以及一次数据论证，共计7轮，最终形成了一个结构比较科学、指标数量比较适度的城市休闲化评价指标体系，力图为我国城市休闲化的评价和休闲城市的研究提供一种较客观和可量化的方法及手段。课题组完成的第一份《我国城市休闲化评价指数研究报告》(2011)，于2011年11月受邀在杭州召开的第二届世界休闲博览会上发布。至今，课题组已经连续发布了三份研究报告。

本报告是国家社会科学基金项目的阶段性研究成果[①]，主要分为以下三部分内容，第一部分是总报告，主要是梳理了有关城市休闲化研究的相关文献，构建了城市休闲化的评价模型，并对我国36座大型与特大型城市休闲化的评价结果进行了总体分析。第二部分是分报告，分别从公共基础、休闲消费、休闲产业和休闲资源四个方面，对相关城市休闲化发展现状和特点进行分析与比较。第三部分是专题研究报告。研究发现，第一，我国城市之间休闲化质量差异比较明显，总体上呈现出由东向西逐渐递减的态势。第二，除北京、上海、广州和重庆等少数城市处于发展的中上水平外，大多数城市休闲化处于中下水平。第三，与2012年研究报告相比，城市休闲化水平排名上升的城市主要集中在中西部地区。可以预计，随着中西部地区社会经济加速发展，今后一段时期中西部地区城市休闲化水平提高及发展质量提升将是一个值得期待的发展亮点。第四，从城市休闲质量提升路径看，以下四方面内容需要引起充分关注：一是城市休闲产业与相关服务业的结构转型和产业升级；二是城市休闲环境的治

---

① 国家社会科学基金项目(13BGL094)：《我国城市休闲化的指标体系、质量测度与提升路径研究》。

理与保护；三是城市居民生活方式与消费习惯的转变；四是城市休闲功能的完善。

本报告撰写的分工如下：第一部分由楼嘉军与李丽梅负责完成；第二部分由楼嘉军、杨勇、胡桑、朱静妍、刘秀与牛丽霞等负责完成；第三部分由楼嘉军、李丽梅、徐爱萍、李娜、陈曦和丁媛等负责完成。此外，参加课题材料收集、整理与讨论的还有孙晓东、王晓云、党宁、邱扶东、吴文智、陈晓静、马红涛、刘润、李婷、娄志宁、王楠、马芮和郑逸凡等老师与同学。本报告得以顺利完成，与以上各位老师和同学近年来的辛勤劳动及课题组成员的精诚合作密不可分。作为课题负责人，在此我谨向他们表示真挚的感谢与诚挚的敬意。同时，还要感谢上海交通大学出版社的倪华老师对本书出版与审校工作付出的心血。

由于本报告有关我国城市休闲化评价的研究数据采集量比较大，来源又多元化，加之我们认识的局限，在数据处理、材料分析以及观点阐述方面难免会存在不足，敬请学者与读者批评指正。

作者

2014年4月18日

目　录

第一篇　总报告

第二篇 分报告

第三篇　专题研究

第一篇

总报告

第一章　城市休闲化及相关研究进展

第一节　休闲时代与城市休闲化

一、休闲时代及发展态势

（一）休闲时代发展阶段

进入21世纪，从世界范围看，不同国家和地区在不同层面所形成的休闲化进程已汇聚成为全球新的发展趋势。休闲不仅可能，而且正在成为“我们这个时代的主旋律”和“下一个经济大潮”[1]。无论从哪个角度讲，休闲改变着我们的生活方式。休闲时代业已悄然成为人们关注的焦点。

所谓休闲时代，是指一个国家或地区人均GDP进入3000～5000美元阶段以后，在居民生活方式、社会服务功能和社会经济结构等方面相继形成休闲化特点的一个发展时期。从国际角度看，休闲时代的发展大致可以划分为两个阶段。第一阶段，从20世纪六七十年代至21世纪初。一方面，自20世纪中叶起，欧美发达国家从整体上陆续步入人均GDP3000～5000美元的发展阶段，居民生活状态明显改善。另一方面，休假制度日趋完善，包括带薪假期在内的各种休假时间的总数接近全年的三分之一。在家庭收入水平递增和休闲时间延长的共同作用下，居民社会生活方式、消费趋向、价值观念发生相应变化，并使现代休闲生活方式成为当时最重要的时代特征。对此，西方学者比较一致的看法是“人们是通过休闲，而不是通过工作来体现个性和自我表现”[2]也正是基于对这一时代特点的判断，“法国社会学家 Joffre Dumazedier（杜马兹迪埃，作者注）在 20 世纪 60 年代就迫不及待地宣告休闲社会即将来临。”[3]不久，帕克（Parker，1976）等学者又进一步明确指出：“我们正进入一个具有新的闲暇伦理观和娱乐道德观的新的闲暇时代。”[4]在此后的发展过程中，美国的休闲时代发展态势在发达国家中尤为引人注目，且在 20 世纪 90 年代就已经呈现出如下特征，“有 1/3 的时间用于休闲娱乐，有 2/3 的收入用于休闲娱乐，有 1/3 的土地面积用于休闲娱乐。”[5]需要指出的是，借助于 20 世纪晚期知识经济的兴起和全球一体化进程的加速，极大地推动了休闲化在全球范围内的发展和渗透。第二阶段，从 21 世纪初期起步。从 20 世纪 60 年代至今，经过将近半个世纪的发展，欧美发达国家人均 GDP 已经普遍达到 3 万至 4 万美元的发展水平，居民可支配休闲时间所占份额也上升至全年 41%左右，而居民用于休闲或与休闲相关的消费在同步增长的同时，对社会经济的影响力也与日俱增，约占 GDP 的 50%左右[6]。基于这样的社会发展背景，莫里托（Molitor，1999）认为，在 21 世纪将形成推动全球经济增长的 5 大动力，而休闲是位居第一的重要推动力，并明确提出欧美发达国家或许将于“2015 年进入休闲时代”的发展时间表[7]。显然，从杜马慈迪埃、帕克到莫里托，在近半个世纪的历史变迁中，关于休闲时代始终是不少西方学者关注的一个焦点议题。需要指出的是，上述学者有关休闲时代的论述存在一定的差异性，这可以从以下两方面进行理解。一是由于着眼点的不同而形成的差异。前者主要是从社会学的角度，围绕休闲引起生活方式和价值观念变化等内容进行阐述，突出了休闲时代的社会性特征[1]；而后者则是从经济学的视野，针对休闲推进社会经济发展的重要性展开论述，强调了休闲时代的经济性作用。二是由于处在不同社会发展阶段而形成的差异。放眼20世纪60年代至21世纪初将近50年的发展历程，欧美发达国家的人均GDP增加了将近10倍左右，不仅人们的休闲方式和休闲观念业已发生了显著变化，而且休闲对社会、经济和文化的影响力也不能同日而语。因此，发达国家休闲时代的发展经历了从较低阶段向较高阶段演进和跨越的演变轨迹，认知这一发展过程，不仅对于理解和把握休闲时代的发展轨迹和内涵具有重要的指导意义，而且对于促进我国休闲时代的发展也具有现实的借鉴意义。

（二）我国休闲时代发展的基本态势

2008年，我国人均GDP在总体上已突破3000美元，借鉴国际经验可知，自那个时期起我国正慢慢进入休闲时代发展的初始阶段。需要指出的是，该年因社会经济发展程度的高低及发展速度的快慢，在区域结构上又呈现出高度不平衡的发展态势。其中，位于中西部地区的一些大中城市，人均GDP刚刚陆续步入3000～5000美元的发展时期，而在东部沿海地区的长三角、珠三角以及环渤海地区的部分城市，人均GDP则已步入5000～8000美元的发展阶段，上海、北京和深圳等大城市更是跨入了8000～10000美元的发展阶段[2]。

从近年来我国休闲时代具体发展过程看，形成了三个重要的发展节点。一是从城市发展维度讲，在20世纪90年代中晚期，以北京、上海和深圳为

---

① 学者们关于休闲社会的概念所包含的意思不仅仅是指休闲时间总量的变化，还包括价值观念的变化，以及对待工作和闲暇态度的变化。黄德兴等.现代生活方式面面观[M]，上海：上海社会科学院出版社，1987：148.

② 其中深圳在2007年的人均GDP已达到10628美元。

代表的少数大城市开始陆续跨入休闲时代的发展阶段，由此揭开了我国休闲时代的发展序幕。二是从区域发展角度看，在21世纪初，包括杭州、苏州和南京在内的长三角地区以及珠三角地区在整体上也开始展开了走向休闲时代的发展进程，休闲时代的社会特征不断趋于显著，发展区域由散点式城市走向块状化城市群，休闲化影响力不断扩大。三是从我国整体层面讲，在2008～2011年之间，我国人均GDP已处于3000～5000美元发展阶段，如果单从经济条件角度看，清晰表明我国休闲时代已经从块状化向整体化过渡，迎来了我国走向全面休闲时代的新时期。可以预计，随着我国社会经济持续健康发展和全面小康社会建设的不断深入，以及带薪假期的全面实施，我国休闲时代发展水平必将得到进一步提升。当然，这里所谈论的我国休闲时代的发展问题，离不开当前我国的具体国情这一时代背景，不能与发达国家即将进入的较高阶段的休闲时代相提并论。也就是说，在层次上我们的休闲时代还属于较低的初级阶段，在特征上与我国当前的社会经济发展阶段紧密相连，在地域结构上发展还非常不平衡。

二、城市休闲化内涵与特征

（一）城市休闲化与城市休闲质量

城市休闲化是休闲时代城市发展的一种形态，是休闲时代城市建设与发展的必然反映。从发达国家发展的实际经验看，城市休闲化是后工业化时期城市发展的产物，是一个动态的发展过程。其中一个重要现象是揭示了城市基本价值诉求的变化特征，即由工业化时期突出以生产（制造）功能为核心的发展特征，向后工业化时期凸显以优化居民生活（生存）功能为核心的转变特征，这一功能的转变既反映了自工业革命以来，世界城市在自身发展中，基本功能在不同发展阶段体现各自作用的基本规律，又顺应了当今社会“城市，让生活更美好”的世界发展潮流。

第一，关于城市休闲化。城市休闲化是一个动态的发展过程，涉及众多方面主要体现一个在城市基础设施、居民消费方式、城市功能和产业结构等方面休闲化特征的形成与展现。

第二，关于城市休闲化质量。城市休闲化质量，是指在城市休闲化进程中反映城市休闲建设成果优劣程度的一个综合概念，特指公共基础、消费能力、产业能力和特色资源等休闲要素的发展质量，以及各要素之间内在机理的协调性和推进效率，最终体现在城市居民生活方式的转型、生活质量不断提高的过程中。

第三，关于城市休闲化质量评价。基于城市休闲化的认识，有关城市休闲化质量评价的内涵大致可以涵盖以下四个方面的基本内容：一是反映城市绿地率、空气环境质量优良率、交通承运能力等公共基础服务水平的质量。二是表现为城市居民家庭的恩格尔系数、可自由支配收入、出游率、休闲娱乐消费支出水平等基本现状。三是体现出一个城市休闲娱乐设施的数量、餐饮娱乐服务业收入、饭店及旅行社的规模、接待国内外游客的数量等产业服务水平。四是显示出一个城市拥有的具有代表性意义的休闲旅游资源的类型与数量、获得国家层面的荣誉称号等资源的拥有，休闲资源的拥有程度是城市休闲化发展的前提与基础。

城市休闲化水平反映了从传统工业时代的城市向后工业化时代的城市转型与变迁过程中，对城市休闲功能和城市生活水平进行衡量和要求的综合体现。其基本特征体现在点与面两个层面的内容：一是表现为城市休闲化的根本点在于提高城市居民的生活水平，首要的服务对象是本地居民，其次才是兼顾外来游客。二是城市休闲化的基本面是以不断优化本地居民生活水平为调控阀，并提供相关的环境完善、产业配套、服务保障与资源支撑的综合优化过程，促进居民休闲方式由满足型向享受型与发展型转变。

（二）城市休闲化的五大特点

由于休闲时代通常是在城市中率先形成并实现的，所以进入休闲时代后，随着城市休闲化过程的不断推进，在城市生活中将先后形成以下几个基本特点。

第一，休闲生活常态化。从生活方式角度看，休闲已成为居民生活的一种常态。这里的常态，是指居民从事休闲娱乐活动已经成为与工作、睡觉和从事家务等必要的社会活动同等重要的第四生活状态。

第二，休闲消费脱物化。所谓休闲消费脱物化，是指人们休闲消费由以物质产品为主导的消费需求向以精神产品为主导的非服务物质产品的消费需求的转变过程[8]。休闲消费的脱物化或精神化是休闲时代的一个重要特征。

第三，城市功能休闲化。从欧美发达国家发展实践看，进入休闲时代，经济功能休闲化趋势显著，一方面，传统的制造业经济结构向服务型经济结构转变，从而使经济中的休闲因素呈现不断扩大化的趋势；另一方面，以文化、旅游、体育、娱乐和教育等为主要内容的休闲服务产业的蓬勃发展，在物质生产和精神生产两个层面逐步形成了比较完整的休闲产业体系。

第四，生活泛娱乐化。生活泛娱乐化将是休闲时代一个重要特征，也是20世纪晚期以来极为引人注目的发展潮流。一是指社会生活中的“政治、宗教、新闻、体育、教育和商业都心甘情愿地成为娱乐的附庸，”[9]由此，进入了社会发展的泛娱乐化年代。二是指娱乐因素模糊了工作与生活的界限，“工作越来越像娱乐，而娱乐则越来越像工作。”[10]三是娱乐越来越广地渗透到人们的日常活动中去，购物和餐饮也已成为休闲的一部分。

第五，休闲方式虚拟化。休闲方式虚拟化是指休闲娱乐方式由传统的具象化转向网络的虚拟化转变。当今时代，借助于电脑网络构筑了一个无穷大的娱乐活动空间，在这虚拟的“第四度休闲空间”里，人们获得了比以往现实社会更大和更多的娱乐快慰，使人类世界沿袭了数千年的休闲娱乐活动理念和活动方式发生了革命性的变化。

（三）城市休闲化研究意义

近年来，我国城市发展面临的可持续发展矛盾日益尖锐，围绕城市建设发展的各种措施相继出台，园林城市建设，希望解决城市发展的环境问题；生态城市建设，试图解决城市发展中人类与自然的互动发展问题；文明城市建设，力图提高市民素质与城市文明程度；而城市休闲化建设，则是努力解决城市居民的生存与发展质量问题，提高城市休闲水平是解决当今城市居民生存水平普遍下降的重要手段与必要途径。我国休闲城市建设如火如荼，但是在休闲城市发展阶段性质把握和功能深化等方面还存在不少认识上的误区，特别是在城市休闲化评价体系的构建和应用方面还是一个软肋，需要理论与实践的有效互动和双向突破，以规避发展风险，引导我国休闲城市建设可持续发展。因此，有关城市休闲化水平的研究在当前显得尤为必要与急迫。当然，开展城市休闲化研究的意义主要体现在以下几方面。

第一，贯彻十八大精神，增强居民休闲意识。党的十八大报告指出，提高人民生活满意度，提升人民幸福感将是未来社会建设的根本。近年来，杭州、成都的实践表明，休闲城市建设对于提升城市影响力、改善居民生活方式，提高生活满意度、促进大众旅游发展方面发挥了不可或缺的作用。此外，我国将实施《国民旅游休闲纲要》，有助于进一步增强国民休闲意识，提高国民休闲参与度。

第二，优化城市建设观念，提高人民生活满意度。休闲城市的建设以满足本地居民的休闲娱乐需求为主，这与传统旅游设施以异地游客为目标服务群体的观念不同。通过对城市休闲化功能的升级，能够直接丰富当地居民的精神物质生活，提升人民的幸福感。

第三，完善城市休闲化研究范式，为指标体系构建提供实证支持。本项目将从城市发展各个方面挖掘城市休闲化影响因素，论证城市休闲化的必然性、重要性，以及城市休闲化评价指标体系构建对推动城市休闲化进程的重要意义，从而为城市休闲化发展奠定理论基础。

第四，为休闲城市建设与协调发展提供理论指导及提升路径。通过研究深化对休闲城市理解，形成具有一定创新性的城市休闲化评价指标体系，为休闲城市建设提供指导。借助通过水平测度后获得的研究结果对国内城市休闲化发展类型做出划分，提炼并总结不同城市或地域间的地区差异以及各自发展规律，以此协调中国城市休闲化的整体发展格局。

第二节　相关研究进展

一、休闲城市评价标准发展回顾

我国休闲城市建设的实践始于 21 世纪初期。2001 年 11 月，成都首次提出建设“中国休闲之都”的城市形象。同年，杭州在中国“休闲经济国际论坛”上提出树立“世界休闲之都”的新形象。2002 年之后，成都与杭州加快建设休闲城市的步伐。在实践发展基础上，学术界开始关注城市休闲化理论建设。2005 年，《小康》杂志推出第一个“休闲小康指数”，主要包括休闲观念、休闲时间、休闲支出、休闲方式、休闲状态等指标。通过听众调查、网上调查、随刊读者调查和手机短信调查等四种方式，对民众反映的休闲状况进行统计与分析，进而得出相关调查结论。休闲小康指标侧重主观性指标，体现民众的休闲感受，基本不涉及经济发展、休闲产业等客观性指标。根据研究所得，自2006年起，休闲小康指数呈逐年递增趋势（见表1-1）。

表1-1　中国休闲小康指数

年份	2006～2007	2007～2008	2008～2009	2009～2010	2010～2011	2011～2012	2012～2013
分值	64.7	65.5	66.7	67.8	69.4	71.3	72.8

资料来源：中国小康网—小康指数专栏[EB/OL]. http://www.chxk.com.cn/xkzs/.

2007年4月，无锡市政府和中国旅游资源文化开发促进会共同提出，并组织的中国首个休闲城市标准《休闲城市创建、服务与管理导引标准》出台，该标准针对创建休闲城市的客观需求，规范了定义，区分了类型，提出了对城市创意与规划、城市环境，产业发展、营销等9个方面的引导，细化了功能，强化了对各项服务的具体要求（见表1-2）。

表1-2　休闲城市创建、服务与管理导引标准

标　准	具　体　内　容
休闲城市创意与规划	基础分析、休闲城市创意、总体定位、休闲特色培育、城市性格塑造、休闲城市规划
休闲管理	建立休闲管理制度、确立休闲发展目标、利用自然文化遗产、加强休闲活动安全、优化休闲发展环境
休闲环境	城市景观系统、改善自然环境、提升人文环境、完善交通环境、加强环境保护
休闲空间	公共空间、休闲社区、公园系统、中央游憩区、休闲商业街、水域休闲区、外围游憩带、旅游度假区、空中休闲
休闲产业	制定产业政策、培育产业体系、发挥产业功能、优化产业结构、提升产业素质、促进休闲产业发展的相关措施

标　准	具 体 内 容
休闲节事活动	节事活动的继承与发展、节事活动的组织、提高节事活动效果、休闲服务、休闲服务要求、服务水平体系、休闲服务便利化
休闲教育	重视休闲教育、建立休闲教育体系、发挥示范效应，引领健康休闲方向
休闲城市营销	营销战略、营销方案、营销渠道、营销措施、衍生营销、数字化营销
区域合作与协调	区域资源保护合作、区域产业合作、区域产品合作、区域管理合作

资料来源：休闲城市创建、服务与管理导引标准[EB/OL]. http://weixiaoan.blog.sohu.com/109045347.html.

显然，首个休闲城市建设标准的发布，在一定意义上为我国城市休闲化的建设与发展提供了理论上的指导价值，同时也为各城市休闲化水平及其水平的评价准备了应用性较强的手段。

2007年11月，以魏小安为首的专家组历时2年多完成了《中国城市休闲指数与休闲城市评估体系》。该体系构建了城市休闲指数基础性评价、市场性评价和休闲城市评估方法的专家性评价两大子体系，为我国休闲城市评价提供了又一种基础性工具。其中，基础性评价选取了最能体现城市休闲特质的4个一级指标、28个二级指标，在休闲指数当中占70%的权重(见表1-3)。

表1-3　城市休闲指数之基础性指标

一级指标	二 级 指 标
城市名片	国家卫生城市、国家历史文化名城、中国优秀旅游城市、国家级文明城市、国家园林城市
休闲环境	人口密度、空气水平达到二级以上天数占全年比重、人均绿地面积、建成区绿化覆盖率、人均城市道路面积、城市生活污水集中处理率、生活垃圾无害化处理率

一级指标	二 级 指 标
休闲条件	高品质休闲资源、国家级非物质文化遗产数量、每万人拥有剧场、影剧院数、每万人拥有剧场、影剧院数、每十万人体育场馆数、每百人公共图书馆藏书、每万人拥有星级饭店数量、每万人拥有旅行社数量、每万人拥有公共汽车数量、每万人拥有出租车数量
休闲经济	城市居民人均地区生产总值、城市人均社会消费品零售额、每万人客运总量、每万人国际互联网用户数、第三产业占 GDP 的比重、休闲核心产业从业人员比重、居民服务业和其他服务业从业人员比重、批发和零售业从业人员比重、人均旅游总收入、国际化程度、入境游客平均停留天数

资料来源：中国城市休闲指数与休闲城市评估体系[EB/OL]. http://www.chinacity.org.cn/csph/pingjia/48285.html.

此外，该课题组还设计了专门用于城市休闲指数的市场性评价来自网络等媒体，该评价通过关联度、关注度、满意度三个指标来反映城市的休闲发育度，在休闲指数当中占 30%的权重(见表 1-4)。

表 1-4　城市休闲指数之市场性指标

一级指标	评 价 方 法
关联度	利用权威搜索引擎，通过关键词组合(例如“城市名称＋休闲”)，在特定时点进行搜索，将搜索到的相关网页数量，作为该城市与休闲关联度的关键指标。通过技术手段处理，形成可比较的分值。
关注度	利用权威休闲网站及其他媒体，对该城市相关内容的浏览数量的检测数据，作为衡量大众对该城市休闲的关注度关键指标。通过技术手段处理，形成可比较的分值。
满意度	利用权威休闲网站，将大众对城市各供给要素和整体的评价结果，作为衡量休闲满意度的关键指标。通过技术手段处理，形成可比较的分值。

资料来源：中国城市休闲指数与休闲城市评估体系[EB/OL]. http://www.chinacity.org.cn/csph/pingjia/48285.html.

专家性指标不设二级指标，借助专家的代表性及专家对城市的熟悉、感知和综合认识进行评价，包括城市品位、生活品质、生活节奏、休闲公共管理、休闲服务创新、企业竞争力、城市友好程度、市容市貌、休闲发展潜质、城市夜生活等10个指标。

总体而言中国城市休闲指数及休闲城市评估体系由28个硬件指标、3个主观评价指标和10个专家性指标构成，客观性指标数据来源于相关统计年鉴，主观性指标数据来源于权威网站及媒体调查和专家的认知。从近年来的评价结果看，因主观评价资料的来源以及评价尺度的把握存在一定难度，所以对相关评价结果会产生一定影响。

随着城市休闲化理论与实践的发展，2010年4月27日，中国人民大学中国休闲研究中心和国际休闲产业协会联合发布了我国休闲城市评价标准体系。该体系将主观标准和客观标准结合使用，提出了环境休闲力、基础休闲力、核心休闲力三位一体的休闲结构体系理论（见表1-5）。

表1-5　休闲城市评价指标体系

一级指标	二级指标	三级指标
环境休闲力	自然环境	城市建成区人均土地面积、城市辐射区人均土地面积、人均绿地面积、人均拥有淡水资源量、全年空气水平好于或等于二级的天数、全年适宜户外活动的天数、城市环境达标区面积、自然风景名胜区规划接待能力
	人文环境	人均GDP、物价水平、第三产业就业人口占全部就业人口比重、城市居民恩格尔系数、城市居民基尼系数、城市户籍人口失业率、城市发案率、成年人识字率、人均预期寿命、历史文化沉淀、市容环境、居民文明指数

（续表）

一级指标	二级指标	三 级 指 标
基础休闲力	城市基础生活设施	住宅人均建筑面积、人均道路面积、平均通勤时间、最近的超市与住宅距离在500米以内的居民户比重、电力（管道燃气、自来水、供热）覆盖情况、有线电视（固定电话、移动通信、宽带互联网）覆盖率、对外交通客运能力、金融服务能力、卫生机构服务能力、初等教育机构服务能力
	城市基础休闲设施	公共休闲场地、体育设施服务能力、休闲商业服务能力、娱乐场所服务能力、旅游接待能力
核心休闲力	休闲时间	居民人均每日休闲时间、全日制工作人员工作日人均休闲时间
	休闲消费支出	居民家庭平均用于休闲消费的支出占家庭支出的比重
	休闲活动	居民人均全年参与户外休闲活动次数、居民人均全年经常参加的休闲活动项目数、居民全年人均参加公益活动次数
	休闲意识	居民对休闲在生活中的意义的认识
	休闲满意度	居民对目前自身休闲活动的满意度

资料来源：休闲城市评价标准体系（中国）[EB/OL]. http://wenku. baidu. com/view/af26ba26af45b307e8719753. html.

由三位一体结构组成的评价体系对科学客观地评价一个城市的休闲发展水平，指导休闲城市的建设和发展，具有一定的现实价值和科学依据。显而易见，围绕休闲城市建设形成的一系列评价体系的分布与应用，表明我国休闲城市建设已经取得了初步发展，并在科学与量化的评价标准指导下，不断趋于完善。

二、休闲城市评价文献梳理

在国外,对休闲城市的研究主要是在20世纪初期工业城市研究的基础上展开,代表性文献是《雅典宪章》(1933)。自20世纪90年代以来,国外学术界的相关研究主要集中在以下几方面:

(1) 政府作用体现。结合西方发达国家的经验,政府应在休闲城市建设上发挥主体作用,主要体现在政策、规划和产业三个层面(Weiermair& Mathies,2004;Henry,2010),政府完善休闲城市系统,已成为发达国家改善和衡量城市休闲生活水平的标准之一(Marino,2003)。

(2) 城市休闲功能特征。认为休闲城市与旅游城市的区别在于休闲城市首先是最大程度满足市民休闲需求,其次才满足外来旅游者(Godbey,2006)。

(3) 休闲产业特点。Godbey(1997)认为休闲服务体系包括餐馆、宾馆、娱乐场所、康乐中心、旅游景点、商店、银行、保健机构等与休闲旅游服务部门以及与此密切相关的服务产业部门[11]。柳英华(2006)以上海为例,发现上海休闲娱乐设施有与餐饮业组合共生的特点[12]。

(4) 城市休闲水平与生活满意度关系。研究表明休闲活动与生活满意度之间呈现正相关,休闲因素是社会整体满意度的最佳预测指标(Iso Ahola,1980;Kelly & Godbey,1992;Christopher,2009)。

近年来,国内有关休闲城市建设评价与测度的研究逐渐趋热。王学峰(2003)提出了休闲都市的概念及特征,构建了由休闲主体、休闲客体、休闲介体、其他因素构成的休闲都市主观评价指标体系[13]。闪媛媛(2005)从城市休闲发展程度切入,对城市休闲发展程度进行评价研究,建立了由休闲主体因素、休闲客体因素和休闲介体因素构成的休闲城市指标体系,通过45个指标来衡量城市的休闲度[14]。郑胜华、刘嘉龙

(2006)认为,休闲城市由实力系统、动力系统、能力系统、魅力系统四个要素构成评价指标体系[15]。董长云(2006)[16]、王琳(2007)[17]和张宝成(2008)[18]等也在各自的研究论文中以“城市休闲指标构建”、“城市居民休闲生活水平评价”为主题,进行不同程度探讨。王琪延(2010)认为指标体系由城市环境休闲力、城市基础休闲力、城市核心休闲力(硬指标)、城市核心休闲力(软指标)四部分构成[19]。曹新向(2010)等对建设休闲城市的资质和条件进行评价研究,从休闲主体、客体和介体三个层次构建了一套休闲城市的评价体系,来衡量城市自身的休闲实力以及休闲发展能力[20]。总体来看,关于休闲城市评价的指标构建从横向和纵向两个角度逐渐深化,但是指标数值的可获取性及操作性仍有一定的局限性。横向来看,指标层次由两级扩展到三级,指标体系的层次结构逐渐细化;纵向来看,具体指标项目的数量也逐渐增加,内容逐渐细化(见表1-6)。

综上所述,围绕休闲城市的相关研究存在以下不足:

(1) 休闲城市与城市休闲化概念尚未定型,评价体系呈现共性特征。

(2) 评价体系操作性仍待提高,指导实践的功效仍不明显。

(3) 多数研究为排序而排序,对研究结论的分析与影响因素的挖掘不够,对现实的指导意义受到制约。

(4) 对城市休闲化水平提升的讨论相对较少,仅有的一些研究也缺乏深度,研究结果的影响力和实践指导意义没有发挥出应有的作用。

基于此,我们在借鉴现有文献研究成果的基础上,结合我国休闲城市建设发展的实际状况,构建了我国城市休闲化测度的评价体系,确定了体系中各个指标的权重,以期对我国城市休闲化进行比较全面的评价与分析。

表 1-6 城市休闲化评价指标体系研究进展情况表

研究者	指标体系名称	指标			量化研究	评价对象	评价方法
		一级	二级	三级			
王学峰(2003)	休闲都市主观评价指标体系	4	8	11	√	杭州	多指标离差最大化决策法
闪媛媛(2005)	休闲城市评价指标体系	3	10	45	√	杭州	简单模糊综合评价法
郑胜华(2006)	城市休闲发展评估系统	4	11	37	——	——	——
王琳(2007)	城市休闲发展水平评价指标体系	4	25	——	——	上海、北京、重庆、天津、广州、深圳、南京、沈阳、汕头、武汉、成都、西安、哈尔滨	主成分分析法＋聚类分析法
吕宁(2009)	城市休闲指数评价指标体系	4	8	——	√	4 个直辖市,26 个省会城市及 9 个计划单列市①	层次分析法＋聚类分析法
曹新向(2010)	休闲城市评价指标体系	3	56	——	√	杭州、青岛、成都、北京、深圳、上海、广州、厦门、大连、南京、西安、昆明、武汉、天津、重庆	因子分析＋主成分分析法

资料来源:根据相关作者的论文资料整理制作。

① 省会城市中因拉萨数据不全未列入,9 个计划单列市是大连、无锡、苏州、宁波、厦门、青岛、深圳、桂林、珠海。

本章主要参考文献

[1] 郭鲁芳. 休闲经济学—休闲消费的经济分析[M]. 杭州：浙江大学出版社，2005：10.

[2] 黄德兴等. 现代生活方式面面观[M]. 上海：上海社会科学院出版社，1987：148.

[3] [英]约翰·特莱伯，李文峰译. 休闲经济与案例分析[M]. 沈阳：辽宁科学技术出版社，2007：61.

[4] 黄德兴等. 现代生活方式面面观[M]. 上海：上海社会科学院出版社，1987：148.

[5] 徐海春. 数字娱乐：各国竞折腰[N]. 北京：国际金融报，2001-10-9(7).

[6] Molitor，Graham. T. T. Next 1,000 Year：The Big Five' Engines of Economic Growth Futurist[J]，Dec99，Vol. 33 Issue 10，p14，6p，1 chart，1c.

[7] Molitor，Graham. T. T. Next 1,000 Year：The Big Five' Engines of Economic Growth Futurist[J]，Dec99，Vol. 33 Issue 10，p13，6p，1 chart，1c.

[8] 李向民. 精神经济[M]. 北京：新华出版社，1999：16.

[9] [美]尼尔·波茨曼. 章艳等译. 娱乐至死[M]. 桂林：广西师范大学出版社，2004：5.

[10] 黄德兴等. 现代生活方式面面观[M]. 上海：上海社会科学院出版社，1987：150.

[11] Geoffrey Godbey. Leisure and Leisure Services in the 21st Century[M]. Venture Pub，1997.

[12] 柳英华，白光润. 城市娱乐休闲设施的空间结构——以上海为例[J]. 人文地理，2006，21(5)：6-9.

[13] 王学峰. 休闲都市的特征及构建途径研究——以杭州为例[D]. 济南：山东师范大学硕士学位论文，2003：8.

[14] 闪媛媛. 休闲城市指标体系研究[D]. 杭州：浙江大学，2005.

[15] 郑胜华，刘嘉龙. 城市休闲发展评估指标体系研究[J]. 自然辩证法研究，2006

(3):96-101.

[16] 董长云.城市居民休闲生活水平指标体系研究[D].杭州:浙江大学硕士学位论文,2006.

[17] 王琳.宜居城市理论与影响因素研究[D].杭州:浙江大学学位论文,2007.

[18] 张宝成.我国城市休闲及其休闲产业的发展研究——以西安市为例[D].西安:西北大学学位论文,2007.

[19] 王琪延.休闲城市评价指标体系[D].北京:中国人民大学中国休闲经济研究中心,2010:1-2.

[20] 曹新向,苗长虹,陈玉英,王伟红.休闲城市评价指标体系及其实证研究[J].地理研究,2010,29(9):1695-1705.

第二章　中国城市休闲化指标选取原则与评价模型

第一节　指标依据与原则

一、指标选取依据

作为一个客观的、完整的评价指标体系，中国城市休闲化指标选取既要考虑到本地居民的休闲需求条件及行为，还要考虑到城市休闲功能的外向型特征，及城市满足外来游客的观光及其他相关需求，从而确保休闲城市评价的全面性和客观性。考虑到就休闲功能的服务对象而言，满足本地居民休闲需求是休闲城市发展的主体，指标构建更多地考虑本地居民的日常休闲娱乐需求内容，并同时兼顾外来游客的旅游观光与度假需求所应提供的休闲供给及其需求行为。为保证指标的可操作性，本研究着重学习和借鉴了以下文件与材料。

第一，关于文件，主要有《全国文明城市测评体系》(中央文明办)、《中国优秀旅游城市检查标准》(国家旅游局)、《国家卫生城市标准》(全国爱卫会)等。

第二，关于研究成果，主要有《宜居城市科学评价标准》(中国城市科学研究会)、《中国城市休闲指数与休闲城市评估体系》(北京同和时代旅游规划设计院)、《休闲城市评价指标体系》(中国人民大学中国休闲经济研究中心)等。

第三,关于年鉴,主要有《中国统计年鉴》、《中国城市年鉴》、《中国城市建设统计年鉴》、《中国第三产业统计年鉴》、《中国文化文物统计年鉴》、《中国区域经济统计年鉴》、《中国国民经济和社会发展统计资料汇编》、《中国城市(镇)生活与价格年鉴》、《中国商业年鉴》、《中国交通年鉴》、《中国教育年鉴》、《中国文化年鉴》、《中国卫生年鉴》、《中国体育年鉴》和《中国旅游年鉴》等。

二、指标选取原则

第一,可行性和可操作性。相关指标主要通过统计资料获取数据。本研究在各级指标的建立过程中,非常重视数据的可获得性、连续性和可比性。因此,指标设计详细具体,且主要来自权威部门的统计资料,并尽量采用各地区统计口径一致的指标。

第二,全面性和独立性。首先,评价体系必须综合各个方面,既要考虑到城市休闲化评价的基础环境、供给状况,又要考虑到城市居民和外来游客的休闲消费水平和休闲相关产业发展潜力。其次,各指标之间相互独立,相关性小,不能够相互替代。

第三,主导性和层次性。主导性体现在所选指标必须是衡量城市休闲化功能的重要指标,通过这些指标能够把握城市休闲基础、休闲供给、休闲消费、休闲特色以及休闲相关产业的总体状况,能够突出城市休闲功能和特色。层次性体现在所选指标应逐层分级且量化,力求使每个指标都能够反映城市休闲化发展某一方面的本质特征。

在评价过程中,本研究还遵循了以下基本原则:首先,评价目标的有限性。城市休闲化是一个动态和综合性的发展过程,涉及城市社会生活的各个方面。本评价指数仅选择了4个方面的可得可比若干指标项目,并没有涉及满意度和幸福度等研究内容。其次,评价结果的相对性。中国地域辽阔,东中西部地区差异性颇大,各城市社会经济发展水平也参差不齐,各地统计年鉴的统计方法与统计指标也有一定的差异,必然对评价结果产生一定影响,形成的评价结果因而是相对的。

第二节　评价指标体系框架与评价模型

2010年底,华东师范大学休闲研究中心成立了"城市休闲化评价指数"课题组,通过对我国休闲城市建设与发展现状的分析及研究,初步构建了我国城市休闲化评价指标的基本框架,力求为我国城市休闲化的评价和休闲城市的研究提供一种较客观和可量化的方法及手段。课题组构建城市休闲化评价指标体系,主要从两个基本要素考虑:一是反映居民休闲消费水平方面,包括居民消费能力;二是反映服务配套与资源支撑方面,包括城市的公共基础服务、休闲服务产业能力以及特色休闲资源。

一、构建过程

(一) 指标提出

在借鉴参考与广泛阅读相关文件的基础上,课题组初步构建了城市休闲化评价指标体系(第一轮),其中一级指标4个,二级指标12个,三级指标88个,大致形成了内容涵盖面较广的评价指标的体系结构(见图2-1)。

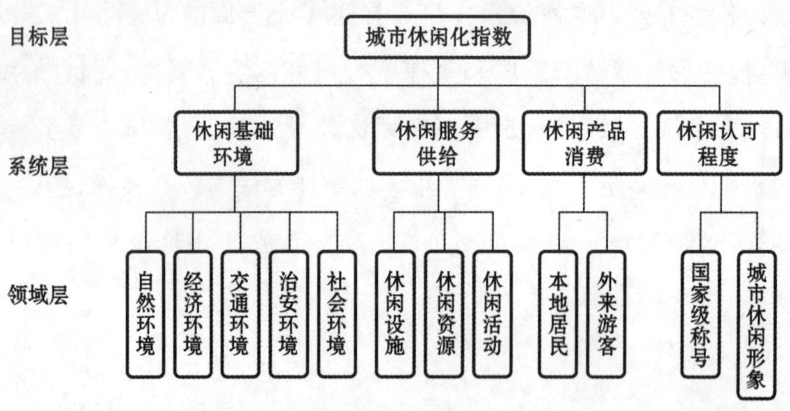

图 2-1　城市休闲化评价指标体系结构图(第一轮)

(二) 指标修正

1. 修正方法

对于初步建立起的城市休闲化评价指标体系,课题组采取多种方法与方式对指标进行修正和完善,主要涉及以下三种方法。

第一,专家头脑风暴法。为确保评价指标和评价体系的科学性与可行性,课题组首先进行专家论证。专家组成员由来自多个高校的经济学、管理学、地理学、心理学、市场营销学和城市规划等学科领域的 20 位专家学者组成,为指标体系的科学性提供了保障。

第二,会议专家论证。指标体系修正与完善的过程中,适逢长三角休闲发展学术联盟第二次会议举行,作为本次会议的一个讨论主题,该指标体系引起了在场休闲相关专业人士的讨论,并提出相关改进意见。

第三,数据论证筛选。所谓数据论证即要确保所有指标项目对应数据值的可获取性,在专家头脑风暴与会议专家建议的基础上,对数据进行搜集整理,剔除其中数据缺失过多的指标项目。

2. 修正过程

对于初步构建起的城市休闲化评价指标体系,经过四轮专家讨论、一次会议论证以及一次数据论证，共计 7 轮，形成最终的评价体系。

第一步，第一轮专家论证。前三轮主要采取专家头脑风暴法，由专家依据行业和研究经验对初步建立的城市休闲化指标体系进行调整。主要变动表现在以下几个方面。首先是指标层次的变动。指标层次结构先增后减，最终确立三个层级的指标体系。其次是指标项目的变动，为保障指标体系的全面性，全面考虑城市休闲化的相关要素，讨论后具体指标项目数量增加幅度较大。最后是关于一级指标的修正，增加休闲产业一项。

第二步，会议论证。会议学者讨论意见及建议集中在以下四个方面。一是关于构建指标体系前置性条件的讨论，认为指标体系的构建首先要做概念辨析，指向性应尽量明确，其次被评价城市范围的划定也是基础条件之一。二是关于指标设置方式的讨论，认为应增加市民相关的软性指标，同时指标的构成可以从前置条件、充分条件和考核条件三个层面进行考虑。三是关于具体指标项目的讨论，对于指标明细的筛选提出不同意见，同时指出一级指标中“休闲产业”与“休闲供给”存在一定程度的交叉。四是关于指标落地的后期工作问题，提出两点重要意见，首先明确与媒体和网络平台的合作十分重要，其次，要明确政府的角色扮演，作为学术研究应该尽量采取措施规避不公平因素。

第三步，第二轮专家论证。根据上述对会议讨论的总结，专家组进行再次讨论，采取会议研究的部分意见对指标体系进行调整，形成第五轮指标体系。主要变动体现如下两个层面。一方面，一级指标变动，考虑到休闲产业与休闲供给二者间会有部分指标交叉，故将休闲产业与休闲供给两项要素进行合并，指标仍以休闲产业命名；另一方面，具体指标项目变动，在会议论证的基础上，依据可获取性强、指向明确性原则，剔除具体指标项目 10 余项。

第四步，数据论证。考虑到指标体系的应用性，为保证所有数据来源的权威性，最后针对被评价对象进行数据搜集，剔除无法通过权威文献和文件获取的、资料缺失严重的指标项目，形成最终的客观评价体系。

第五步，第三轮专家论证。经过此前多种形式的讨论以及指标内容的不断完善，同时考虑到指标内容的指向性和明确性，以及指标体系的简洁性，剔除部分与城市休闲化相关性较弱的指标，例如每万人拥有的公共厕所数，公厕是人们日常生活的必要产物，并不必然是居民休闲才所需的产物。同时，合并同属性的指标，例如，特色资源指标中的国家历史文化名城、国家文明城市、国家卫生城市、国家园林城市、国家环境保护模范城市、全国优秀旅游城市等二级指标内容，都隶属于城市荣誉称号，并且不同城市获得的荣誉称号不同，因此，本轮讨论将这六项二级指标合并为国家级荣誉称号数。形成了一个结构比较科学、指标数量比较适度的城市休闲化评价指标体系。

二、指标体系框架与内容

（一）指标框架

构建城市休闲化评价指标体系主要从两个基本要素考虑：一是城市休闲化核心载体——反映居民休闲消费水平方面；二是城市休闲化辅助载体——反映服务配套与资源支撑水平方面。其中城市休闲化辅助载体包括城市提供的公共基础服务、休闲服务产业以及特色休闲资源的指标。

（二）指标内容

本指标体系包括一级指标 4 个，即公共基础（Public Infrastructure，简称 PI）、消费能力（Consumption Capacity，简称 CC）、产业能力（Industrial Capacity，简称 IC）和特色资源（CharacteristicResources，简称 CR）；二级指标 51 个，分别为公共基础部分 13 个，消费能力部分 14 个，产业能

力部分 17 个，特色资源部分 7 个(见表 2-1)。

表 2-1　城市休闲化评价指标体系

一级指标	二级指标	单位	变量	权重
公共基础 PI	城市化率	%	X1	a1
	城市(建成区)绿化覆盖率	%	X2	a2
	城市绿地面积	公顷	X3	a3
	城市人均公共绿地面积	平方米	X4	a4
	空气水平达到及好于二级的天数	天	X5	a5
	国控主要城市区域环境噪声	等效声级	X6	a6
	市区人均居住面积	平方米	X7	a7
	公共汽车、电车客运量	万人次	X8	a8
	轨道交通客运量	万人次	X9	a9
	公路运输完成客运量	万人次	X10	a10
	铁路运输客运量	万人次	X11	a11
	民用航空旅客发送量	万人次	X12	a12
	交通事故发生数	起	X13	a13
消费能力 CC	地区生产总值	亿元	X14	b1
	人均生产总值	元	X15	b2
	城镇居民家庭恩格尔系数	%	X16	b3
	城市居民消费价格指数(以上一年为 100)	%	X17	b4
	城市居民人均可支配收入	元	X18	b5
	城市居民家庭人均消费性支出	元	X19	b6
	城市居民人均家庭设备用品及服务消费支出	元	X20	b7
	城市居民人均医疗保健消费支出	元	X21	b8
	城市居民人均交通通信消费支出	元	X22	b9
	城市居民人均教育文化娱乐服务消费支出	元	X23	b10
	城市居民出游率(国内)	%	X24	b11
	每百户城市居民家庭年末彩色电视机拥有量	台	X25	b12
	每百户城市居民家庭年末家用电脑拥有量	台	X26	b13

（续表）

一级指标	二级指标	单位	变量	权重
产业能力IC	第三产业产值占GDP比重	%	X27	c1
	第三产业就业人数占全部就业人数的比重	%	X28	c2
	社会消费品零售总额	亿元	X29	c3
	批发、零售、住宿和餐饮业从业人数	人	X30	c4
	限额以上批发零售业销售总额	亿元	X31	c5
	限额以上批发、零售、住宿和餐饮业企业个数	个	X32	c6
	住宿和餐饮业零售总额	亿元	X33	c7
	文化馆数量(省、地市级+县级)	个	X34	c8
	博物馆数量	个	X35	c9
	公共图书馆数量	个	X36	c10
	剧场、影剧院个数	个	X37	c11
	旅行社数量	个	X38	c12
	星级饭店数量	个	X39	c13
	星级饭店营业收入	亿元	X40	c14
	国内旅游人数	万人次	X41	c15
	入境旅游人数	万人次	X42	c16
	入境过夜旅游者停留天数	天/人	X43	c17
	入境过夜旅游者人均花费	美元/人/天	X44	c18
特色资源CR	国家荣誉称号数	个	X45	d1
	国家重点文物保护单位数量	个	X46	d2
	国家风景名胜区数量	个	X47	d3
	国家4A级以上景区数量	个	X48	d4
	公园个数	个	X49	d5
	国家地质公园数量	个	X50	d6
	国家森林公园数量	个	X51	d7

注:国家荣誉称号包括国家历史文化名城、国家文明城市、国家卫生城市、国家园林城市、国家环境保护模范城市、全国优秀旅游城市等。

由表 2-3 可知，较之于现有的有关休闲城市评价的各种标准，本指标体系主要用于评价城市休闲化发展水平，在具体的评价过程中希望通过相关数据建构城市休闲化发展水平测度标准。具体来讲本体系的特点主要表现在以下几方面。

第一，完善性。本指标内容主要涉及四个大类，分别是休闲基础、休闲相关产业、休闲消费和休闲特色，指标体系共有四个层次，涉及四级指标子项共计 50 余项，相较于国内学者对休闲评价指标体系的构建，本指标是目前国内针对城市休闲化（休闲城市）评价体系中涉及面较广、内容较详细的指标体系。

第二，全面性。首先，本指标既考虑到城市休闲化评价的基础环境和供给状况，又顾及城市居民和外来游客的休闲消费水平和休闲相关产业发展潜力。其次，在指标设定时，各指标之间相互独立，相关性小，不能够相互替代。

第三，客观性。为体现城市休闲化发展水平的公正性和客观性，指标数据均来自国家及地方统计年鉴，不涉及主观判断标准，因此，规避了人为因素对评价结果的干扰。

第四，可操作性。目前有关休闲城市评价缺少一套比较行之有效又可量化的方法及手段。基于此，在指标数据可得性原则的指导下，本体系的建构填补了上述空白，为我国城市休闲发展水平与潜力的评价提供了一种科学的、操作性强的方法。

三、研究方法与评价模型

（一）变量赋权

在以往相关研究文献中，计算权重通常采用主观判断法和客观分析法。前者通过对专家评分结果进行数学分析实现定性到定量的转化,后者则通过提取统计数据本身的客观信息来确定权重。主观判断法对先验理论有很强的依赖性,受调查者往往以某种先验理论或对某种行为的既定认识来确定指标权重,所以使用主观判断法会造成指标选取和权重确定上的主观性和随意性,从而降低综合评价分析的科学性。客观分析法是通过对评价指标数据本身的客观信息进行提取分析,从而确定权重大小,其特点是客观性强,但其忽略了专家经验在确定权重中应用的重要性,赋权结果有时说服力不强。

本指标体系中指标较多,数据信息量较大,为避免数据处理的失真,因此,本文主要按照客观分析法,依靠可得性客观数据,并运用基于客观数据分析的“差异驱动”原理,对我国 36 个城市的休闲相关变量进行赋权①,目的在于“消除人为因素的影响,提高评价的科学性,”[1]将指标变量数列的变异系数记为:

$$V_j = S_j / \overline{X}_j$$

其中,$\overline{X}_j = \frac{1}{36}\sum_{i=1}^{36} X_{ij}$

$$S_j = \sqrt{\frac{1}{36}\sum_{i=1}^{36}(X_{ij} - \overline{X}_j)^2}\,(i = 1,2,3,\cdots,36; j = 1,2,3,\cdots,51)$$

由此,变量的权重为:

$$\lambda_j = V_j \Big/ \sum_{j=1}^{51} V_j \quad (1)$$

(二) 评价模型

变量集聚是简化城市休闲化评价指标体系(Leisure City Index,以下简称 LCI)的有效手段,即指数大小不仅取决于独立变量的作用,也取决于

① 本研究的评价对象选取 27 个省会城市、4 个直辖市和 5 个计划单列市。

各变量之间形成的集聚效应。非线性机制整体效应的存在，客观上要求PI、CC、IC和CR全面协调发展，产生协同作用。

本评价指标根据柯布道格拉斯函数式构建如下评价模型：

$$LCI = PI_j^a CC_j^b IC_j^c CR_j^d (2)$$

式中，a、b、c、d分别表示公共基础、消费能力、产业能力和特色资源的偏弹性系数。从(2)式中可以看出，该函数体现的是城市休闲化各变量指标之间的非线性集聚机制，强调了城市休闲化各指标协调发展的重要性。

在指标数据处理上，由于评价指标含义不同，各指标量纲处理差异比较大，所以不能直接使用各指标数值进行评价。为了使数据具有可比性，采用最大元素基准法对指标数据进行无量纲处理，将实际能力指标值转化为相对指标，即：

$$Y_j = (X_j / \max[X_j])$$

经过处理后的城市休闲化评价模型为：

$$LCI_i = \Pi_{j=1}^{13} Y_{ij}^{a_j} \Pi_{j=14}^{27} Y_{ij}^{b_j} \Pi_{j=28}^{44} Y_{ij}^{c_j} \Pi_{j=45}^{51} Y_{ij}^{d_j} \ (3)$$

总的来说，城市休闲化评价指标的非线性组合评价法具有以下特点：一是强调了城市休闲化评价指标变量间的相关性及交互作用。二是着眼于系统性观点，突出了评价变量中较弱变量的约束作用，即城市休闲化水平犹如由51块长短不一的板块组成的木桶，木桶的盛水量取决于长度最短的那块木板，充分体现了城市休闲化水平的“短板效应”。第三，因评价指标采用了指数形式，导致变量权重的作用不如线性评价法明显，但对于变量的变动却比线性评价法更为敏感。

（三）数据处理

本书所有指标口径概念均与国家统计局制定的城市基本情况统计制

度保持一致，以保证评价结果的客观公正性。按照评价指导思想与评价原则要求，所有指标分为两类：一是正向指标，即指标数据越大，评价结果越好；二是逆向指标，即这类指标的数值与评价结果成反向影响关系，指标数值越大，评价结果就越差。本指标中的“国控主要城市区域环境噪声、交通事故发生数，以及城镇居民家庭恩格尔系数”等均属于此类。本书对逆向指标进行一致化处理，转换成正向指标，具体采用如下公式：

$$X' = \frac{1}{x}(x > 1)$$

在此基础上，对所有逆向指标的X数据进行变化，统一为正项指标。

本章主要参考文献

杨勇. 中国省际旅游业竞争力分析——省际旅结构与影响因素[J]. 山西财经大学学报，2007(10)：53-60.

第三章　中国城市休闲化发展指数及评价

对城市休闲化的评价是休闲城市发展从概念、理论进入实践的一个重要环节，通过建立城市休闲化评价模型，可以判断一个城市休闲系统发展是否合理与优化，有助于进一步推动休闲城市建设趋于科学化与人性化。

第一节　对象选取与评价结果

一、评价对象选取

城市休闲化是城市发展过程中的一种状态。有关城市休闲化评价最理想的做法，就是评价对象包括我国行政区划内的所有城市。但是，在实际工作中，鉴于大量数据的获取存在不确定性，导致数据信息的缺失与不完整。因此，在现阶段，课题组考虑到现实数据获取的可能性，以及休闲城市建设的实际状况，有条件地选择了各类统计指标比较建全的主要城市，包括 27 个省会城市、4 个直辖市（北京、天津、上海、重庆）及 5 个计划单列市（大连、青岛、宁波、厦门、深圳），共计 36 个城市。其中，东部城市 16 个，包括北京、天津、大连、沈阳、石家庄、上海、南京、杭州、宁波、福州、厦门、济南、青岛、广州、深圳、海口等城市；中部城市有 8 个，包括哈尔滨、长春、太原、南昌、合肥、郑州、武汉、长沙等城市；西部城市有 12 个，包括呼和浩特、南宁、重庆、成都、贵阳、昆明、拉萨、西安、兰州、西宁、银川、乌鲁木齐等城市。

二、评价指数权重

为了对我国城市休闲化水平进行测度，首先需要确定城市休闲化指标体系中各指标的权重。根据第二章中公式(1)，计算出各指标变量的权重。其中，产业能力指标权重最高(40.38%)，公共基础指标权重次之(27.31%)，特色资源指标权重再次(21.72%)，消费能力指标权重最低(10.58%)。从四大类指标权重大小来看，在一定程度上体现了各类指标对城市休闲化水平影响的非均衡性特征。

值得注意的是，产业能力和公共基础指标权重较高，从一个侧面表明休闲产业的完整性和休闲基础的完善性对城市休闲化水平有显著影响，这两项指标在推进城市休闲化进程中起到比较重要的作用。居民休闲消费能力指标权重相对较低，说明现阶段居民休闲消费水平对城市休闲化影响较弱。这一现象反映出目前我国城市休闲化发展尚处于接待能力起主要作用的阶段，居民对休闲资源、休闲配套服务的利用能力尚且不足。从长远看，随着居民休闲消费水平的提高，休闲消费能力也将进一步促进城市休闲功能的真正凸显。

三、评价结果

(一) 城市休闲化水平发展现状

根据第二章公式(3)进行计算后，可以得出有关 36 个城市休闲化指数与分项指数得分的描述性统计计量(均值和标准差)。同时可以发现，城市休闲化指数(LCI)的总体得分范围大致在 10＜ LCI＜81 之间，均值为 24.1907。具体内容如下(见表 3-1)。

表 3-1　城市休闲化指数与分项指数相关分析描述性统计量

类　别	均　值	标准差	N
城市休闲化水平	24.1909	14.9389	36
公共基础	5.9418	4.4803	36
消费能力	5.3583	1.5392	36
产业能力	9.0169	7.0014	36
特色资源	3.8739	3.3489	36

在此基础上，分别计算出 36 座城市各自的休闲化指数(LCI)分值，并进行排序，大致可以揭示我国城市休闲化发展的基本态势(见表 3-2)。

表 3-2　36 个城市休闲化综合评价指数

城市	LCI	城市	LCI	城市	LCI	城市	LCI
北京	80.3718	武汉	26.1899	济南	20.3081	太原	14.7847
上海	63.4572	西安	25.1678	长沙	19.9698	贵阳	14.1965
广州	49.1401	宁波	24.2055	石家庄	19.3950	海口	13.9441
重庆	44.6892	大连	23.3979	福州	19.3924	南昌	12.9556
深圳	39.6678	沈阳	21.8622	厦门	17.9891	兰州	11.3554
杭州	31.3198	郑州	21.4468	长春	17.7479	乌鲁木齐	11.3465
南京	29.6058	昆明	21.3195	合肥	16.4119	西宁	11.2101
天津	27.6548	青岛	21.2666	南宁	14.9280	拉萨	10.5687
成都	27.3397	哈尔滨	20.8502	呼和浩特	14.9160	银川	10.4982

从总体上看，位居前 12 位城市的休闲化指数(LCI)分值超过均值，占总数的三分之一，表明其具有较强城市休闲化发展能力；其他三分之二的城市低于均值，说明在整体上，我国城市休闲化发展质量还比较低，发展之路任重道远。

从区域比较看，尽管位于中西部的重庆、成都等城市休闲化水平得分较高，但整体而言，东部地区城市休闲化水平要普遍高于中西部地区，这在一定程度上反映了，由于我国社会经济发展程度的不平衡，导致了我国城市休闲化水平在区域空间分布上的相对失衡。

从单个城市比较看，城市休闲化水平得分最高的是北京(80.3718)，最低的是拉萨(10.4982)，前者是后者的 7.66 倍。总之，东中西部地区差距大、各城市之间发展程度悬殊是当前我国城市休闲化发展的基本状态(见图3-1)。

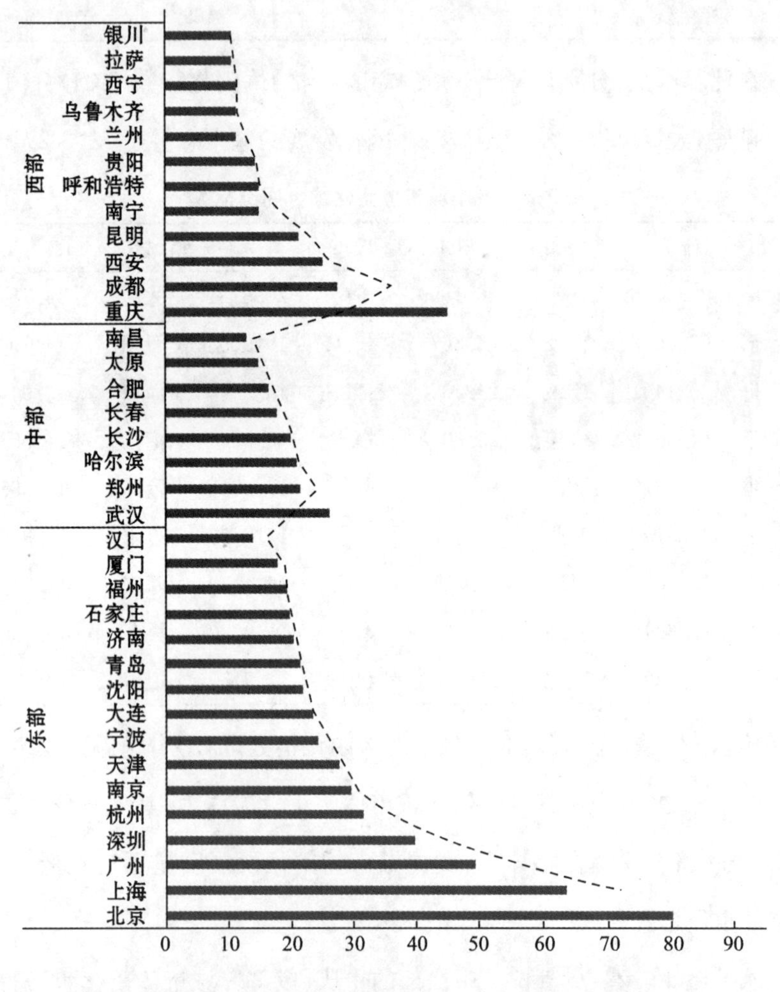

图 3-1　36 个城市休闲化综合指数空间差异

（二）评价对象排序

把36座城市2012年的休闲化指数与2011、2010年进行比较，反映出以下几个特点。第一，排序变中有稳。从比较看，在36座城市中，有28座城市的排序出现了升降不一的情况，其中重庆、天津、武汉、宁波、沈阳、青岛、长沙、石家庄、济南、长春、呼和浩特、太原、海口等13座城市的排名有了提升，而深圳、成都、大连、昆明、哈尔滨、厦门、福州、南宁、贵阳、南昌等10座城市则出现了下降。因升降排名变动的城市约占总数的64.89%，说明我国城市休闲化的发展总体上处于一个不断演变的大格局中。需要指出的是，包括北京、上海、广州、杭州、南京、西安、郑州、石家庄、合肥和乌鲁木齐等10座城市的评价指数排名则连续三年基本保持不变。就我国社会经济发展的实际情况看，变中有稳将成为城市休闲化发展的一个常态(见表3-3)。

表3-3　36个城市休闲化水平排序(2010～2012年)

城市	年份	北京	上海	广州	深圳	重庆	杭州	南京	成都	天津
排名	2010	1	2	3	4	5	6	7	8	9
	2011	1	2	3	5	4	6	7	9	8
	2012	1	2	3	5	4	6	7	9	8
城市	年份	西安	大连	武汉	宁波	昆明	郑州	沈阳	哈尔滨	青岛
排名	2010	10	11	12	13	14	15	16	17	18
	2011	10	13	11	12	16	15	14	18	17
	2012	11	13	10	12	16	15	14	18	17
城市	年份	厦门	福州	长沙	石家庄	济南	南宁	合肥	长春	贵阳
排名	2010	19	20	21	22	23	24	25	26	27
	2011	23	21	20	22	19	27	25	24	29
	2012	23	22	20	21	19	26	25	24	29

（续表）

城市	年份	南昌	呼和浩特	太原	海口	兰州	乌鲁木齐	西宁	拉萨	银川
排名	2010	28	29	30	31	32	33	34	35	36
	2011	31	26	28	30	34	33	32	36	35
	2012	31	27	28	30	32	33	34	35	36

第二，排序波动幅度较小。尽管排序变化的城市数量占据了大多数的份额，但是从升降变化的实际幅度看都比较小。这一现象表明，尽管我国各大城市之间休闲化发展程度不等，差距较大，然而随着城市社会经济的发展，城市休闲化进程都在演进，彼此之间变动都被限定在较小的范围内。

（三）相关性分析

1. 城市休闲化指数与一级指标相关性分析

在城市休闲化指数的分析中，针对总指数与分指数的相关分析，可以清晰看出，城市休闲化指数（LCI）与四个分项指数均为正相关关系，但却不是简单的线性关系，彼此之间受到各种因素的影响与制约（见表3-4）。

表3-4 城市休闲化指数与一级指数相关性分析

		城市休闲化水平	公共基础	消费能力	产业能力	特色资源
城市休闲化水平	Pearson 相关性	1	0.934***	0.814**	0.983**	0.782**
	显著性（双侧）		0.000	0.000	0.000	0.000
	N	36	36	36	36	36
公共基础	Pearson 相关性	0.934**	1	0.783**	0.904**	0.577**
	显著性（双侧）	0.000		0.000	0.000	0.000
	N	36	36	36	36	36

（续表）

		城市休闲化水平	公共基础	消费能力	产业能力	特色资源
消费能力	Pearson 相关性	0.814**	0.783**	1	0.796**	0.461**
	显著性(双侧)	0.000	0.000		0.000	0.004
	N	36	36	36	36	36
产业能力	Pearson 相关性	0.983**	0.904**	0.796**	1	0.720**
	显著性(双侧)	0.000	0.000	0.000		0.000
	N	36	36	36	36	36
特色资源	Pearson 相关性	0.782**	0.577**	0.461**	0.720**	1
	显著性(双侧)	0.000	0.000	0.004	0.000	
	N	36	36	36	36	36

**：在 0.01 水平(双侧)上显著相关。

一般认为，两个指标数据的相关系数的绝对值越接近于 1，两个指标的相关性就越强。用相关系数的变化范围可判断两指标间的相关程度：$r=0$，完全不相关；$0<|r|\leqslant 0.3$，基本不相关；$0.3<|r|\leqslant 0.5$，低度相关；$0.5<|r|\leqslant 0.8$，显著相关；$0.8<|r|\leqslant 1$，高度相关。

从表 3-1 可知，城市休闲化指数与四个一级指标的相关性如下：一是与休闲产业能力指数(IC)的相关度最强，相关系数为 0.983，相关性十分显著；二是与休闲基础环境(PI)的相关系数为 0.934，相关性显著；三是与休闲消费能力(CC)的相关系数为 0.814，相关性比较显著；四是与城市休闲特色资源指数(CR)的相关系数为 0.782，相关性也较显著。同时，四项分指数之间，城市休闲产业能力与休闲基础环境之间正相关，且存在较高的相关度，相关系数为 0.904，这说明城市休闲基础设施的完善性与环境的友好性，能够在很大程度上直接促进城市休闲产业能力的提升与发展。

2. 城市休闲化指数与二级指标相关性分析

通过对城市休闲化指数和 51 项指标相关性分析，可以看出，相关系数绝对值大于 0.8 的有 15 项，与城市休闲化指数高度相关。在 15 项指标中，产业能力指标占 10 项，其中尤以批发、零售、住宿和餐饮业从业人数相关系数最大(0.972)，表明与城市休闲活动密切相关的商业、酒店和餐饮等行业的经营活动，在城市休闲化发展进程中发挥着关键作用。有3 项指标属于公共基础指标范畴，其中公共汽车/电车客运量的相关系数最大(0.946)，充分说明在居民和游客的休闲活动中，城市公共交通体系所承担的责任。近年来，许多城市在公共交通规划或实际的建设中，不约而同地把 BRT 作为城市公共交通发展的重点，也凸显了城市发展畅通与高效公共交通的基本目标。其余 2 项是地区生产总值和国家 4A 级以上景区数量，分别属于消费能力范畴和特色资源范畴，相关系数分别为 0.927 和 0.836。这从一个侧面说明，城市休闲化水平与城市社会经济发展程度以及城市高品质的旅游资源关系密切，发达的经济程度是城市休闲化建设的物质支撑条件，优质的旅游资源与旅游景区是满足居民和游客从事户内外休闲娱乐活动的重要空间条件(见表 3-5)。

表 3-5　城市休闲化指数与 51 项指标相关性分析

指标内容(51 项)	城市休闲化指数与各项指标的相关系数
城市化率	0.414*
城市(建成区)绿化覆盖率	0.284
城市绿地面积	0.743**
城市人均公共绿地面积	0.260
空气质量达到及好于二级的天数	−0.074
国控主要城市区域环境噪声	0.149
市区人均居住面积	−0.366*

（续表）

指标内容(51项)	城市休闲化指数与各项指标的相关系数
公共汽车、电车客运量	0.946**
轨道交通客运量	0.877**
公路运输完成客运量	0.648**
铁路运输客运量	0.726**
民用航空旅客发送量	0.853**
交通事故发生数	−0.288
地区生产总值	0.927**
人均生产总值	0.503**
城镇居民家庭恩格尔系数	0.325
城市居民消费价格指数	−0.074
城市居民人均可支配收入	0.637**
城市居民出游率(国内)	0.341*
城市居民家庭人均消费性支出	0.691**
城市居民人均家庭设备用品及服务消费支出	0.663**
城市居民人均医疗保健消费支出	0.334**
城市居民人均交通通信消费支出	0.556**
城市居民人均教育文化娱乐服务消费支出	0.708**
每百户城市居民家庭年末彩色电视机拥有量	0.473**
每百户城市居民家庭年末家用电脑拥有量	0.599**
第三产业就业人数占全部就业人数的比重	0.263
第三产业占GDP比重	0.425**
文化馆数量(省、地市级+县级)	0.393*
博物馆数量	0.673**
公共图书馆数量	0.631*
剧场、影剧院个数	0.831**
旅行社数量	0.867**

（续表）

指标内容(51项)	城市休闲化指数与各项指标的相关系数
星级饭店数量	0.925**
星级饭店营业收入	0.932**
社会消费品零售总额	0.957**
批发、零售、住宿和餐饮业从业人数	0.972**
限额以上批发零售业销售总额	0.910**
限额以上批发、零售、住宿和餐饮业企业个数	0.953**
住宿和餐饮业零售总额	0.903**
国内旅游人数	0.831**
入境旅游人数	0.742**
入境过夜旅游者停留天数	0.301
入境过夜旅游者人均花费	0.497**
国家重点文物保护单位数量	0.669**
公园个数	0.440**
国家荣誉称号数	0.575**
国家风景名胜区数量	0.238
国家4A级以上景区数量	0.836**
国家地质公园数量	0.681**
国家森林公园数量	0.667**

**. 在0.01水平(双侧)上显著相关。

*. 在0.05水平(双侧)上显著相关。

相关系数 $0.5<|r|\leqslant 0.8$ 有17项，与城市休闲化指数显著相关。在17项指标中，有7项属于消费能力指标范畴，其中城市居民人均教育文化娱乐服务消费支出的相关系数最大(0.708)，表明在城市休闲化发展中，本地居民作为市场消费主体所发挥的巨大影响作用。在4项属于特色资

源指标的范畴中，国家地质公园数量的相关系数最大(0.681)。地质公园是城市休闲旅游资源中的稀缺资源和高品质资源，说明城市拥有的高品质资源是吸引本地居民和外来游客进行休闲活动的重要吸引物，也是提升城市休闲形象的重要载体。在3项属于公共基础指标范畴中，城市绿地面积与城市休闲化关联度最高(0.743)，说明城市绿化环境有助于提升城市公共休闲环境质量。其余3项属于休闲产业能力范畴，分别是入境旅游人数、博物馆数量和公共图书馆数量，与城市休闲化指数的相关系数分别为0.742、0.673和0.631。一个城市接待的入境旅游人数体现了一个城市的国际影响力与旅游市场吸引力，而博物馆与图书馆数量，则成为一个城市公共休闲文化内涵与品位的象征。

(四) 城市休闲化水平等级划分

为了进一步分析我国城市休闲化水平分布的分类特征，本研究根据36个城市休闲化水平得分高低进行排列。运用百分制等级划分法进行归类，等级以A为好(80～100)，B为较好(60～80)，C为一般(40～60)，D为较低(20～40)，E为低(1～20)(见表3-6)。

表3-6　36个城市休闲化水平等级划分

等级	数量	城市	公共基础	消费能力	产业能力	特色资源	比重(%)
A级(80～100)	1	北京	21.1678	8.0264	34.7047	16.4729	2.78
B级(60～80)	1	上海	18.6481	8.9178	31.2239	4.6674	2.78
C级(40～60)	2	广州	17.9866	9.3425	17.7251	4.0859	5.56
		重庆	7.9368	5.8355	16.4025	14.5143	
D级(20～40)	15	深圳	11.7779	7.5638	13.7712	6.5549	41.67
		杭州	4.9199	6.3675	14.3802	5.6522	
		南京	7.4975	6.3141	11.2785	4.5157	
		天津	4.8371	6.6261	12.4311	3.7605	
		成都	8.0242	5.3409	10.4964	3.4783	

（续表）

等级	数量	城市	公共基础	消费能力	产业能力	特色资源	比重(%)
D级(20～40)	15	武汉	5.7104	5.8101	11.1346	3.5348	41.67
		西安	5.4891	5.7395	8.0484	5.8909	
		宁波	4.1739	7.0759	8.7282	4.2275	
		大连	4.8085	5.6041	7.0857	5.8996	
		沈阳	5.5165	5.7693	8.7082	1.8682	
		郑州	3.9299	4.2912	7.2990	5.9266	
		昆明	4.8622	4.1181	6.7676	5.5716	
		青岛	4.2795	5.6129	8.6477	2.7265	
		哈尔滨	3.9916	4.5898	7.4267	4.8420	
		济南	5.3939	6.1932	6.9969	1.7239	
E级(1～20)	17	长沙	3.7307	5.9449	7.1796	3.1146	
		石家庄	3.0942	3.9582	7.0411	5.3016	
		福州	3.2584	5.2437	7.0669	3.8233	
		厦门	3.9673	5.9965	5.6869	2.3384	
		长春	5.7949	4.7581	5.1961	1.9989	
		合肥	4.0902	5.0193	5.8914	1.4111	
		南宁	3.7579	4.6065	4.7529	1.8108	
		呼和浩特	4.2415	4.9991	4.3351	1.3404	
		太原	3.2212	4.4087	5.5542	1.6007	
		贵阳	4.0861	4.0846	4.2334	1.7924	
		海口	6.0473	3.5326	3.1316	1.2326	
		南昌	2.8606	4.2172	4.2221	1.6557	
		兰州	2.7070	3.9026	3.9327	0.8131	
		乌鲁木齐	3.1447	3.2768	4.0913	0.8337	
		西宁	3.1697	3.0993	2.9925	1.9487	
		拉萨	3.0394	2.8891	3.4999	1.1402	
		银川	2.7407	3.8215	2.5431	1.3929	
合计	36	——					100

如表3-6所示，总体上看，除北京、上海外，其余34个城市休闲化水平处于较低的发展状态。以下对我国城市休闲化水平各等级进行简单分析。

第一，在A级城市一栏，仅有北京一座城市，这在一定程度上说明我国城市休闲化水平的建设现状距离高层次目标还存在一定差距。北京作为我国的政治文化中心，具有极为丰富的休闲特色资源(16.4729)和完善的休闲服务产业体系(34.7047)，特别是为了准备举办奥运会，极大地优化了北京的公共服务设施(21.1678)，从而使北京的得分明显高于其他城市。

第二，在B级城市一览，仅有上海一座城市。上海作为我国的工商业城市，发达的经济水平为城市休闲服务产业提供了坚实的基础，也为城市居民和外来游客提供了多样性和现代化的休闲服务设施，但因特色资源方面与北京相比存在一定的不足(11.8055)，导致其城市休闲化水平总体略低于北京。

第三，在C级城市一栏，只有广州与重庆两座城市。广州依托历史悠久的老城市所具备的系统化的公共服务设施(17.9866)和相对完善的休闲经济产业链(17.7251)，重庆相对较高的城市休闲产业能力(16.4026)和较为丰富的休闲特色资源(14.5143)为其城市休闲化的发展提供了坚实基础，使得城市休闲化发展水平处于相对较高的发展层次。

第四，在D级城市一栏，包括了深圳、杭州、南京、天津、成都等15座城市。值得注意的是，成都虽地处西南，但城市休闲化水平较高，得益于其相对发达的休闲相关产业(10.4964)和完善的休闲基础设施和环境(8.0242)。从深圳、杭州、南京、天津、西安、武汉、宁波、大连等城市的四项指标看，休闲产业能力指标都普遍高于其他三个方面的指标值。

第五，在E级城市一栏，则包含了我国中西部地区的大部分省会城市，以及地处东南沿海地区的厦门、福州等城市。这些城市虽然同处一个等级，但是差异较大，其中，长沙、石家庄、福州等城市的休闲相关产业明显优于其他城市。值得注意的是，地处沿海的厦门休闲化水平较低，主要原因在于城市的休闲特色资源较为稀缺。此外，由于历史、地理、经济等方面原因，兰州、乌鲁木齐、西宁、拉萨、银川等城市的各项指标都较低，要提高该类城市休闲化水平是一项系统工程，需要经历一个较长的发展过程。

第二节　城市休闲化水平分类评价模型

在进行了城市休闲化水平等级划分的分析之后，可以发现，单纯运用百分制等级划分城市休闲化水平存在以下问题，即仅仅对城市休闲化指数做单一评价，会忽视城市休闲化评价体系中各子系统间相互作用的评价分析，从而缺乏对城市休闲化发展水平的整体判断，无法系统了解城市进行休闲化建设的优劣势，也不利于发现不同城市在拥有不同资源禀赋和核心竞争力情况下的特殊问题。因此，根据城市休闲化指数和四个子系统指数情况，将 36 个城市划分为不同的城市休闲化类型和相应的发展模式。

一、“城市休闲化——公共基础”评价模型

前文已述，城市休闲化指数与公共基础指数之间呈正相关关系，可以构成“城市休闲化——公共基础”评价模型。通过建立坐标系将我国城市进分类分析，其中，X 轴是城市休闲化指数，反映城市休闲化发展程度，Y 轴是公共基础指数，体现城市休闲环境质量和设施供给能力，两者的平均值(24.1909，5.9418)为原点，把坐标划分为四个象限，36 个城市分布在四个象限中(见图 3-2)。

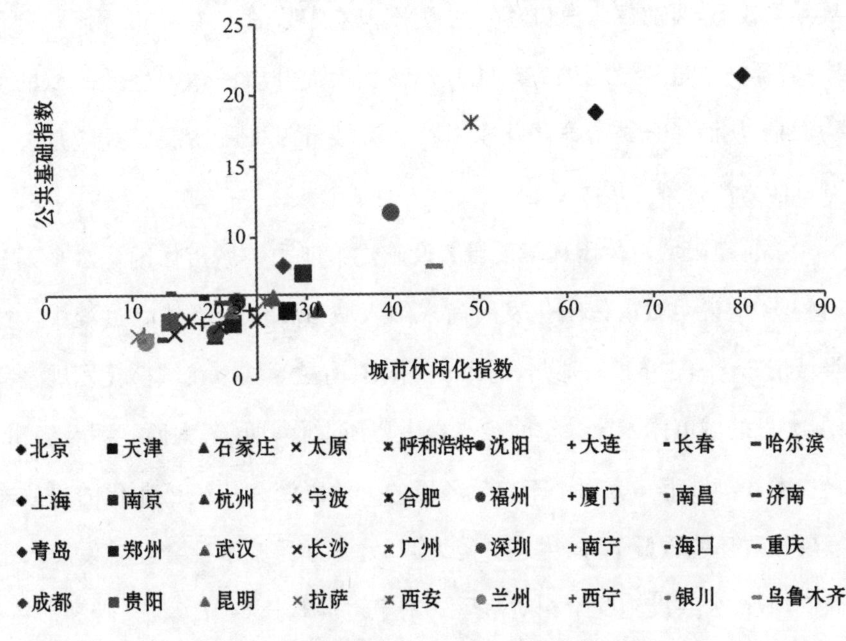

图 3-2　“城市休闲化——公共基础”评价模型

第Ⅰ象限：北京、上海、广州、重庆、深圳、成都、南京；

第Ⅱ象限：海口；

第Ⅲ象限：大连、青岛、石家庄、太原、呼和浩特、沈阳、长春、哈尔滨、合肥、福州、厦门、南昌、济南、郑州、长沙、南宁、贵阳、昆明、拉萨、兰州、西宁、银川、乌鲁木齐；

第Ⅳ象限：武汉、西安、天津、宁波、杭州。

第Ⅰ象限中的城市休闲环境质量和设施供给能力较强，城市休闲化发展水平较高，且两者之间发展较为均衡。特别是北京、上海、广州、重庆四座城市，其城市发展水平、交通通达能力等层面在全国社会活动中处于主导地位，具有发展成为休闲城市的潜力和实力。此类城市的发展模式是公共基础能力和城市休闲化发展水平同步的发展模式。

第Ⅱ象限城市休闲环境质量和设施供给能力较强，但城市休闲化发展水平较低，目前仅有海口落入此象限。这说明，海口在城市休闲化过程中，其环境质量和设施供应未能有效转化为提升居民休闲生活品质的动力源泉，从而提升城市休闲化水平。此类城市未来的发展模式应是公共基础能力渗透型发展模式。

第Ⅲ象限城市休闲环境质量和设施供给能力与城市休闲化水平都相对较弱，这说明城市休闲化发展尚未纳入城市整体发展战略过程中。这类城市 23 个，占 64%，郑州、沈阳、哈尔滨、南昌等城市在城市化发展过程中，大量的城市休闲公共空间被高楼大厦所取代；西宁、太原、兰州、银川、乌鲁木齐等城市一方面由于自然环境的天然限制和传统工业化的粗放式发展导致环境质量下降，生态平衡失调，另一方面城市社会经济发展水平尚低，城市公共设施配给相对落后。南宁、贵阳、长春、石家庄、呼和浩特、合肥等城市受到区位、资源禀赋等条件的制约，经济、社会、环境等层面发展普遍较低。因此，这类城市的发展需要政府积极引导，将城市休闲化纳入城市发展战略，从而积极改善城市环境，为居民提供优良的休闲空间；同时着力完善城市公共设施建设，为居民外出休闲提供便利。

第Ⅳ象限城市休闲环境质量和设施供给能力相对较弱的前提下，城市休闲化水平取得较大成绩。武汉历史悠久，自春秋战国时期以来，一直是我国南方的军事和商业重镇。2011 年，在 15 个副省级城市[①]中，武汉地区生产总值排第六位，经济发展实力较强，居民收入水平较高。西安是华夏文明发源地、十三朝古都，文化资源丰厚，旅游景区密集，本地居民和外来游客的休闲活动丰富；天津位于渤海之滨，海陆空大交通体系日臻完善，具备山、河、湖、海、泉、湿地等自然资源和浓缩近现代历史的人文资

---

① 15 个副省级城市包括哈尔滨、长春、沈阳、济南、南京、杭州、广州、武汉、成都、西安、大连、青岛、宁波、厦门、深圳。

源，旅游休闲元素丰富，同时滨海新区的大发展为天津发展休闲旅游产业带来难得发展机遇，使城市树立起“滨海休闲之都”的形象；杭州在2006年提出打造“东方休闲之都”的城市定位，通过以提高生活品质为方向，用休闲产业推动经济文化发展的发展战略，获得了“2011中国最佳休闲城市”的称号[①]。宁波在城市发展过程中，依靠丰富的海滨资源，通过绿化工程、治理工程等进行大规模的城市改造和建设，完善城市功能，提升城市环境质量，推进了城市休闲化进程；这类城市或本身具有独特的休闲功能，或由政府前瞻性的引导发展，使它们在城市休闲化发展道路上逐渐树立起“休闲”的形象和品牌，成为我国“内生增长型”城市休闲化的模式代表。

“城市休闲化——公共基础”模型，是将城市的休闲环境质量和设施供给能力纳入城市休闲化建设的范围来考量。通过以上分析，可以发现，在城市公共基础设施发展的过程中，城市休闲化建设应该分层次进行。一是对于公共基础能力和城市休闲化水平较高的城市，应该继续提升环境和完善设施，提高城市休闲化水平，使之成为休闲城市。二是对于公共基础能力和城市休闲化水平都较弱(包括平均水平)的城市，政府应该加强城市休闲化建设的引导和统筹，将休闲城市作为一个发展目标，着力改善城市环境和设施，为城市休闲化建设提供基础性支撑条件。

二、“城市休闲化——消费能力”评价模型

从表3-4可知，城市休闲化指数与休闲消费能力指数之间呈正相关关

---

① 2011中国最佳休闲城市揭晓杭州、宁波入选[EB/OL]浙江新闻.[2011-10-20]. http://zhejiang.chinareports.org.cn/news-829-8928.html. 该评价活动的学术指导单位为中国旅游研究院，由中国旅游协会休闲度假分会，全国休闲标准化技术委员会，人民网和休闲杂志社共同主办。

系，可以构成“城市休闲化——消费能力”模型。因此，建立坐标轴，其中，X轴是城市休闲化指数，反映城市休闲化发展程度，Y轴是消费能力指数，体现城市居民休闲消费水平和能力，以两者的平均值（24.1909，5.3583）为原点，把坐标划分为四个象限，36个城市分布在四个象限中（见图3-3）。

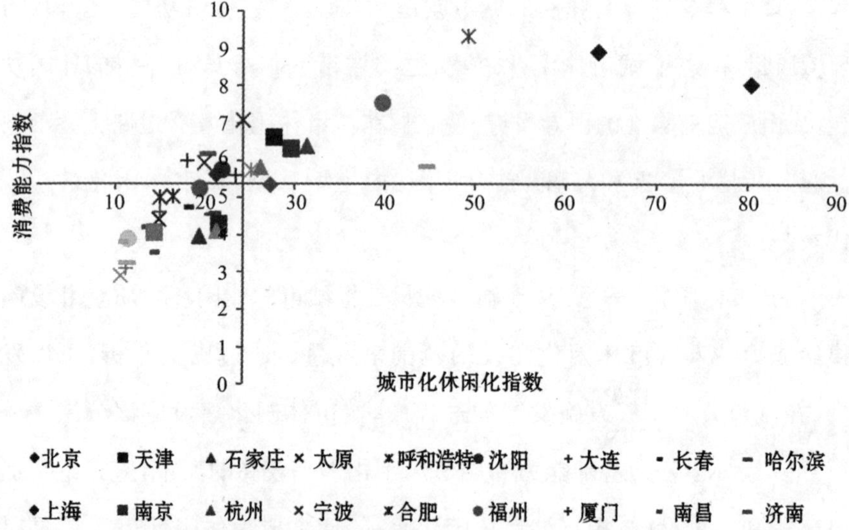

图3-3 “城市休闲化——消费能力”评价模型

第Ⅰ象限：北京、上海、广州、深圳、重庆、杭州、南京、天津、宁波、西安、武汉；

第Ⅱ象限：沈阳、大连、长沙、厦门、济南、青岛；

第Ⅲ象限：石家庄、太原、呼和浩特、长春、哈尔滨、合肥、福州、南昌、郑州、南宁、海口、贵阳、昆明、拉萨、兰州、西宁、银川、乌鲁木齐；

第Ⅳ象限：成都。

第Ⅰ象限城市居民休闲消费能力和城市休闲化发展水平都较高，表现为居民的休闲需求较好地转化为城市休闲化发展的现实生产力。一方面，这些城市均有较强的经济实力，居民能够有条件进行休闲活动和休闲消费；另一方面，城市居民的休闲消费活动有力地推动城市休闲经济的发展，从而促进城市产业结构调整与优化升级，推进城市休闲化进程。因此，此类城市的发展模式是“休闲消费推动型”的城市休闲化发展模式。

第Ⅱ象限城市居民休闲消费水平较高，城市休闲化水平较弱，这说明，城市居民的休闲需求没有较好地转化为城市休闲化发展的现实动力。青岛、大连、厦门作为沿海副省级城市，当前正处于工业化中后期，即将迈入工业化后期阶段，并进入大众消费时代，经济发展的主要驱动力仍以全社会固定资产投资为主，逐渐呈现出以进出口贸易和第三产业带动发展的局面[1]。沈阳、长沙、济南工业化程度不高，其经济发展主要依托汽车及零部件、机械装备制造和电子信息（新材料）等产业，都存在经济结构不优、对投资过度依赖、外向度不高等问题。因此，这类城市的总体特点是经济实力、经济规模都不强，城市基本功能和产业结构尚在优化、转型过程中，即便居民有较高的休闲消费需求，但城市总体的经济水平导致居民休闲生活质量较低，从而城市休闲化水平不高。此类城市未来的发展应是“工业化带动城市休闲化”的发展模式。

第Ⅲ象限城市休闲化水平与居民休闲消费能力均相对较低，这说明城市经济发展水平较低，居民的收入水平和消费能力都不强，城市休闲化发展尚未纳入城市整体发展战略。此类城市 18 个，占 50%，其中东部城市 5 个（石家庄、长春、哈尔滨、福州、海口），中部城市 4 个（太原、南昌、郑州、合肥），西部城市 9 个（呼和浩特、南宁、贵阳、昆明、拉萨、兰州、西宁、银川、乌鲁木齐）。此类城市应该将城市休闲化发展作为城市发展目标之一，借助城市休闲化的发展，大力发展休闲产业，提升休闲经济发展水平，从而促进城市产业结构调整和经济转型升级，为居民休闲生活质量提供保障。因此，这类城市的模式应是“休闲经济驱动型”发展模式，以休闲经济为引领，跨越工业化发展实现城市休闲化。

第Ⅳ象限城市休闲化水平较高，但城市居民休闲消费能力较低，成都城市经济发展水平较高，但需要政府积极引导居民对休闲娱乐产品进行适度调整，以进一步促进产业结构优化升级。城市休闲化的发展离不开居民的休闲消费，它需要居民将休闲需求转化为现实的生产力，才能够促进休闲经济的发展，推动城市休闲化进程。因此，这类城市的模式是“休闲消费被动式”的发展模式。

“城市休闲化——消费能力”模型，是将居民的休闲消费水平与城市休闲化程度联系起来，城市休闲化的最终目的在于满足本地居民和外来游客的休闲需求，本地居民和外来游客的休闲消费又能进一步促进休闲经济的增长，推进城市休闲化向更高水平发展。针对不同城市居民休闲消费能力的特点，本研究认为城市休闲化的发展应该分阶段进行。一是对于消费能力和城市休闲化水平较高的城市，应继续完善城市休闲系统，使居民的休闲消费与城市休闲化同步发展、相互促进。二是对于城市居民休闲消费水平较高，城市休闲化水平较弱的城市，通过本地居民的休闲消费结构调整，挖掘城市休闲资源，优化城市休闲产业，从而提升城市休闲经济发展，提高城市整体的休闲化水平。三是城市休闲化水平与居民休闲消费能力均相对较低的城市，应从居民的休闲需求入手，完善休假制度，倡导积极的休闲生活方式，同时政府要前瞻性地思考城市休闲产业的发展，提高休闲产业经济效益和社会效应，从而创造休闲消费。

三、“城市休闲化——产业能力”评价模型

根据表 3-4 显示，城市休闲化指数与产业能力指数之间呈显著正相关关系，可以构成“城市休闲化——产业能力”模型。因此，建立坐标轴，其中，X 轴是城市休闲化指数，反映城市休闲化发展程度，Y 轴是产业能力指数，体现城市居民休闲消费水平和能力，两者的平均值(24.1909，9.0169)为原点，把坐标划分为四个象限，36 个城市分布在四个象限中(见图 3-4)。

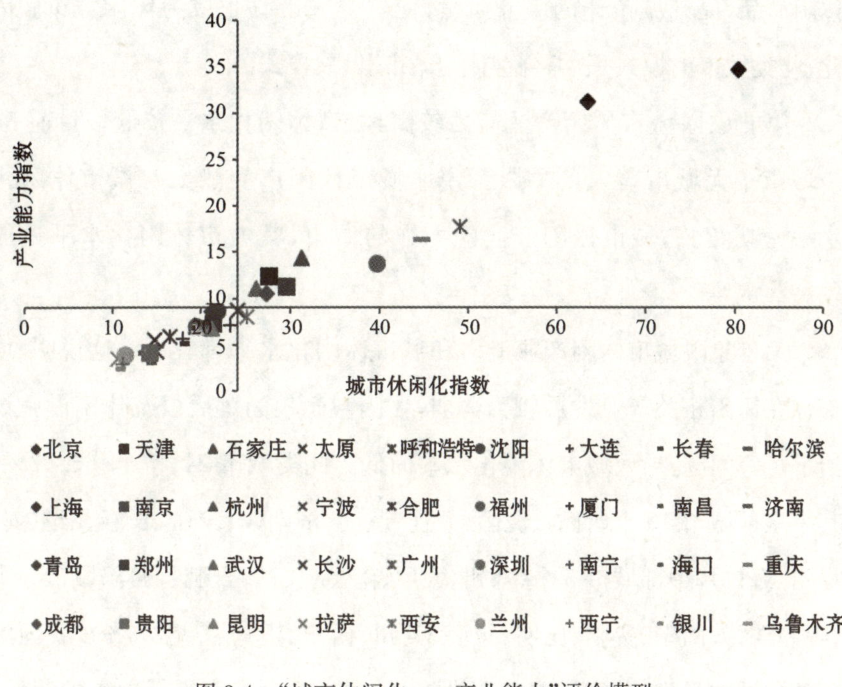

图 3-4　“城市休闲化——产业能力”评价模型

第Ⅰ象限：北京、上海、广州、重庆、深圳、杭州、南京、天津、武汉、成都；

第Ⅱ象限：(无)；

第Ⅲ象限：青岛、郑州、沈阳、大连、长沙、厦门、济南、石家庄、太原、呼

和浩特、长春、哈尔滨、合肥、福州、南昌、南宁、海口、贵阳、昆明、拉萨、兰州、西宁、银川、乌鲁木齐；

第Ⅳ象限：西安、宁波。

第Ⅰ象限城市休闲产业能力和城市休闲化发展水平都较高，说明城市具有较为完备的休闲产业结构和较发达的休闲经济，城市休闲设施配给较为完善，城市休闲功能在满足居民的工作、生活、交通以及娱乐等活动中发挥了重要作用。这类城市应该在休闲产业发展基础上，进一步夯实城市基础设施建设，优化城市生态环境，挖掘城市休闲资源，增加城市休闲产品，提升城市休闲服务质量，使这类城市真正成为休闲城市。因此，此类城市的模式是“综合型休闲城市”发展模式。

第Ⅱ象限城市休闲产业能力较高，城市休闲化水平较低。目前36个城市中无城市落入此象限。说明城市休闲产业能力与城市休闲化水平密切相关，城市休闲产业能力强的城市，其城市休闲化水平一般较高。

第Ⅲ象限城市休闲产业能力和城市休闲化水平都较低。这说明，城市存在休闲相关产业发展较为薄弱，休闲观念较为落后以及休闲设施供给不足等问题，导致城市休闲化水平尚低。此类城市24个，占66.67%，其中东部城市10个（青岛、沈阳、大连、厦门、济南、石家庄、长春、哈尔滨、福州、海口），中部城市5个（郑州、太原、南昌、长沙、合肥），西部城市9个（呼和浩特、南宁、贵阳、昆明、拉萨、兰州、西宁、银川、乌鲁木齐），我国绝大部分城市受到地区经济、基础设施、相关产业发展水平等因素的制约，休闲产业发展整体落后，其中的18个城市（东部城市石家庄、长春、哈尔滨、福州、海口，中部城市太原、南昌、郑州、合肥，西部城市呼和浩特、南宁、贵阳、昆明、拉萨、兰州、西宁、银川、乌鲁木齐）休闲消费能力也较低（见图3-3），这表明，休闲产业发展滞后，同样休闲消费市场也不会活跃。

因此，这类城市休闲化水平的提高必然要有效谋划城市休闲产业发展战略，其发展应为“政府引导型”的城市休闲化发展模式。

第Ⅳ象限城市特点是城市休闲产业能力较低，但城市休闲化水平稍强，目前36个城市中西安、宁波落入此象限。西安作为一座世界著名的东方古都，特色资源丰富，旅游业发达。但是由于其处于西部地区，经济基础较为薄弱，经济发展速度缓慢，导致其休闲产业能力较低。宁波是长三角城市圈重要城市，城市化水平较高，经济基础良好，公共设施配置合理。但是作为一座工业城市，第三产业占GDP的比重为40.51%，明显低于大连(41.41%)、青岛(47.74%)、厦门(47.95%)等同类城市，休闲产业发展较慢，休闲产业能力较低。因此，这类城市在进行城市休闲化建设中，必须注重休闲产业能力的提升，走“休闲产业优先”的城市休闲化发展模型。

“城市休闲化——产业能力”模型，是从休闲产业发展与城市休闲化进程有高度相关角度，将城市休闲产业发展纳入城市发展战略中来考量的。针对不同城市休闲相关产业发展的现状，本研究认为城市休闲化的发展应分重点进行。一是对产业能力和城市休闲化水平较高的城市，应继续加大产业结构的调整，优化产业布局与形态创新，发展成为综合型的休闲城市。二是对休闲产业能力和城市休闲化水平都较低的城市，政府应当起到引领作用，将休闲产业发展纳入城市发展战略，把发展休闲产业作为城市经济新的增长点，从而助推城市休闲化进程。三是对休闲产业能力较低，但城市休闲化水平稍强的城市，应该以居民休闲需求为导向，适时推出满足不同阶层居民的休闲产品体系，规划建设城市休闲系统结构体系。

四、“城市休闲化——特色资源”评价模型

在表 3-4 已经显示，城市休闲化指数与特色资源指数之间呈正相关关系，可以构成“城市休闲化——特色资源”模型。因此，建立坐标轴，其中，X 轴是城市休闲化指数，反映城市休闲化发展程度，Y 轴是特色资源指数，体现一个城市拥有的具有代表性意义的资源能力，两者的平均值(24.1909，3.8739)为原点，把坐标划分为四个象限，36 个城市分布在四个象限中(见图 3-5)。

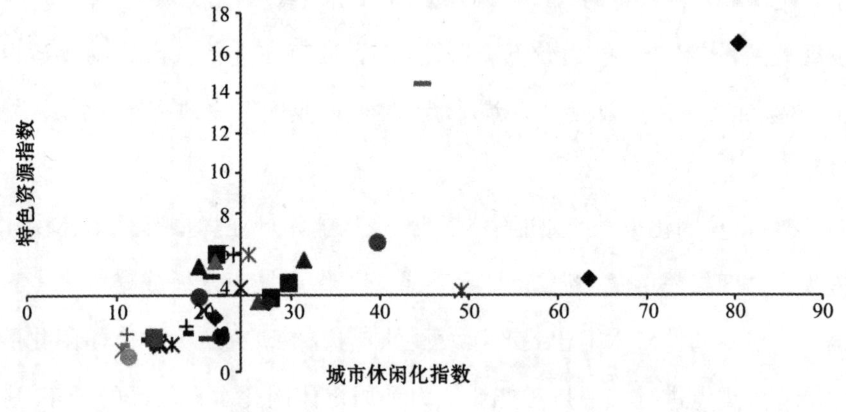

◆北京 ■天津 ▲石家庄 ×太原 ✱呼和浩特 ●沈阳 +大连 -长春 -哈尔滨
◆上海 ■南京 ▲杭州 ×宁波 ✱合肥 ●福州 +厦门 -南昌 -济南
◆青岛 ■郑州 ▲武汉 ×长沙 ✱广州 ●深圳 +南宁 -海口 -重庆
◆成都 ■贵阳 ▲昆明 ×拉萨 ✱西安 ●兰州 +西宁 -银川 -乌鲁木齐

图 3-5 “城市休闲化——特色资源”评价模型

第Ⅰ象限：北京、上海、广州、深圳、杭州、重庆、南京、西安、宁波；

第Ⅱ象限：大连、郑州、昆明、石家庄、哈尔滨；

第Ⅲ象限：沈阳、青岛、长沙、厦门、济南、太原、呼和浩特、长春、合肥、福州、南昌、南宁、海口、贵阳、拉萨、兰州、西宁、银川、乌鲁木齐；

第Ⅳ象限：天津、成都、武汉。

第Ⅰ象限城市休闲特色资源丰富，城市休闲化水平高。此类城市包括7个东部城市和2个西部城市，这9个城市的自然和文化资源禀赋独特丰厚，在城市休闲化发展过程中，资源优势有效地转化为资本优势，为城市休闲产业体系提供了资源支撑。因此，在未来发展中，此类城市应有效规划与落实城市休闲产业功能区与集聚区，增强休闲产品与服务的特色性和体验性，使休闲经济发展跃上新的台阶。这类城市的模式是"资源向资本转化型休闲城市"的发展模式。

第Ⅱ象限城市休闲特色资源丰厚，但城市休闲化水平较低。郑州人文资源丰厚，昆明自然与文化资源各具魅力，石家庄自然资源丰富、文化积淀深厚，哈尔滨冰雪资源独领风骚，大连海洋休闲资源独具特色，但囿于城市经济发展水平，特色资源未能有效转化为城市生产力，休闲产业发展规模较小，城市休闲化程度尚低。此类城市资源禀赋条件好，为城市居民提供了较好的休闲环境，这种模式是以特色资源取胜的"特色型休闲城市"发展模式。

第Ⅲ象限城市休闲特色资源不足，城市休闲化水平较低。这说明，休闲特色资源缺乏的城市，居民用于户外休闲的公共空间相对较少，从而休闲消费水平低，休闲产业发展的动力不足，城市休闲化水平就尚显低下。此类城市19个，占53%，其中东部城市7个（沈阳、青岛、厦门、济南、长春、福州、海口），中部城市4个（长沙、太原、合肥、南昌），西部城市8个（呼和浩特、南宁、贵阳、拉萨、兰州、西宁、银川、乌鲁木齐），这19个城市都包含在"城市休闲化——产业能力"第Ⅲ象限的城市范围内（见图3-4），可见，休闲资源与休闲产品、休闲产业发展之间有明显的相关性。此类城市的发展是"资源禀赋歉型的休闲城市"发展模式。

第Ⅳ象限城市休闲资源不足，但城市休闲化水平高。城市休闲特色资源是城市休闲化发展的重要支撑条件，如果城市休闲特色资源匮乏，就无法为居民提供相应的休闲产品，居民休闲消费动力不足。天津、成都、武汉等 3 座城市特色资源发展不平衡，但城市休闲产业较为发达，总体休闲化程度较高。因此，武汉城市休闲化发展应是在既有的特色资源基础上，提升资源的品质和品位，为居民休闲生活提供高质量的休闲产品。此类城市的模式应是“特色资源品质提升型”发展模式。无论是对于特色资源丰富的城市和资源相对匮乏的城市，二者都需要着力完善既有特色资源品质，提升休闲产品质量，提高休闲产业服务能力，从而推进城市休闲化程度。

从以上每个分类模型图中可以看出，第Ⅰ象限和第Ⅲ象限中的城市分布最为密集，这说明，城市休闲化发展与公共基础水平、居民消费能力、休闲产业发展、特色资源禀赋之间相互促进、相互作用。城市公共基础设施的供给多少、休闲环境质量的优劣、居民消费水平的高低、休闲产业规模大小、特色资源禀赋丰与歉等都直接反映城市休闲化水平高低，影响城市休闲化的类型划分和发展模式。

本章主要参考文献

夏向阳，张红辉. 后工业化时代沿海副省级城市经济发展及其驱动力研究——基于深圳、厦门、青岛、宁波 4 市的实证研究[J]. 科技进步与对策，2011，28(18)：21-25.

第二篇

分报告

第四章　城市公共基础指标

第一节　公共基础评价指数

一、指标构成与评价结果

（一）指标构成

城市公共基础(Public Infrastructure，简称 PI)指标是评价城市休闲化质量的重要基础指标。一般认为，城市公共基础是指与居民休闲生活相关的城市基本环境、基础设施等内容。在一定程度上，可以被看作“是城市为人类提供人居环境、生存生活条件的必备要素。”[1]

在本研究中，城市公共基础指标包含以下四部分内容：城市化率、城市环境(绿化覆盖率、绿地面积、人均公共绿地面积、空气质量、噪声指数等)、人均居住面积和交通(城市交通、公路、铁路、航空、交通事故)等多类指标，共计 13 项。

城市化率(也叫城镇化率)是度量城市化进程的重要指标。通常采用人口统计学指标，反映的是城市人口在总人口中所占的比重。据统计，2011 年我国城市化率已经达到了 51.3%。近年来，随着我国社会经济不断发展，一方面，越来越多的农村人口流向城市，成为城市的常住人口，有力地推动城市社会经济的发展；另一方面，城市人口不断递增，休闲需求不断强化，也给城市公共环境建设、基础设施配备等造成巨大压力，带来严峻挑战。在《2012中国新型城市化报告》中曾列举当前中国城市化发展存在五大战略性弊端，其中第三个弊端是指亟需克服“城市和农村、户籍人口与常住人口”的非公平；第四是指偏重城市发展的数量和规模，忽略资源和环境的代价，呈现出粗放式生产的非集约[2]。显然，城市化率与城市休闲化质量存在紧密的内在关联性。

城市环境是本地居民或外来游客从事户外休闲活动的基本条件，也是影响居民和游客户外休闲活动质量的重要因素。一般而言，城市环境是泛指人类利用和改造城市环境而创造出来的高度人工化的生存环境。从城市休闲化评价角度看，城市环境指标主要考虑到与居民休闲活动密切相关的指标，包括城市绿化覆盖率、城市绿地面积、城市人均公共绿地面积以及空气质量好于或达到二级的天数和噪声指数等。对一座城市来讲，环境状态与居民休闲需求是一种良性互动关系。一方面，城市环境的建设为适应居民休闲生活常态化趋势提供了可能；另一方面，居民不断高涨的休闲娱乐活动需求，以及国内外游客日益深化的城市观光旅游的需求促进了城市环境建设不断趋于完善与优化。

居民家庭居住条件是反映居民休闲生活质量高低的基础条件之一。古代先哲所言“乐其俗，安其居”①，揭示的就是居住与休闲生活互相影响的关系。居住面积在一定意义上讲是居住条件中最核心的内容。在当代，居民居住的地方已经不只是传统意义上仅仅用于睡觉的场所，而且还是居民从事室内休闲活动的场所。因此，城市人均居住面积大小在很大程度上反映出居民对家庭生活质量高低和个人幸福指数高低的认知。当

① 老子:《道德经》。

然，居住面积也成为居民感受生活心理安全的重要指数。根据马斯洛需求层次理论，安全心理或者是安全需求是人们的基本需求，人们只有在安全得到保障之后，才有寻求精神生活愉悦的可能。所以从生活质量或休闲生活角度讲，居民拥有一定的比较舒畅的人均居住面积，才具备了享受良好家庭休闲生活的基础。

交通是城市的基本功能之一。早在1933年发表的《雅典宪章》中就已明确规定，城市交通状况说明了城市内和城市之间的连接性与可通达性，是一个城市便携化和智能化的体现。在城市居民休闲方式常态化的今天，人们在当地的休闲活动和游客在城市的观光活动日趋频繁，都对城市内外交通的便捷、快速和容量等指标提出了更高的要求。与此同时，城市交通的安全性在人们休闲活动中的重要作用也日益彰显。

（二）评价结果

通过城市休闲化评价模型，对涉及城市公共基础13个指标的相关数据进行计算，可以得出36座城市在城市公共基础指标方面各自的得分状况（见表4-1）。

表4-1　36个城市公共基础指标评价分值

序号	城市	PI	序号	城市	PI	序号	城市	PI
1	北京	21.1405	6	重庆	7.9265	11	沈阳	5.5094
2	上海	18.6240	7	南京	7.4878	12	西安	5.4819
3	广州	17.9634	8	海口	6.0395	13	济南	5.3871
4	深圳	11.7628	9	长春	5.7875	14	杭州	4.9137
5	成都	8.0139	10	武汉	5.7031	15	昆明	4.8559

（续表）

序号	城市	PI	序号	城市	PI	序号	城市	PI
16	天津	4.8309	23	哈尔滨	3.9865	30	西宁	3.1657
17	大连	4.8023	24	厦门	3.9622	31	乌鲁木齐	3.1406
18	青岛	4.2739	25	郑州	3.9248	32	石家庄	3.0902
19	呼和浩特	4.2360	26	南宁	3.7531	33	拉萨	3.0355
20	宁波	4.1686	27	长沙	3.7259	34	南昌	2.8569
21	合肥	4.0849	28	福州	3.2542	35	银川	2.7372
22	贵阳	4.0808	29	太原	3.2170	36	兰州	2.7036

从表 4-1 可以看出，在排名靠前的城市中，除了北京、上海和广州等城市外，海口的排名也比较突出，显示海南岛作为国际旅游岛战略目标的实施，海口城市公共基础建设已经取得实效，环境质量得到有效提升。

根据各城市公共基础指标分值的高低进行排序，可以更加直观地看到 36 座城市在城市公共基础发展状态和发展程度方面所呈现出来的基本现状（见图 4-1）。

首先，从各城市公共基础发展程度看，最突出的一点就是整体发展不平衡，城市之间存在着明显的层级落差。北京、上海和广州等城市的公共基础评价分值比较明显地高于其他城市，具有一定的发展优势。但是，杭州虽然是国内比较公认的一座休闲城市，但是在城市公共基础环境指标的分值排名却没有名列前茅，原因在于杭州在城市轨道交通、公路、铁路和航空等指标方面的分值相比于其他一些大城市相对较低，这在一定程

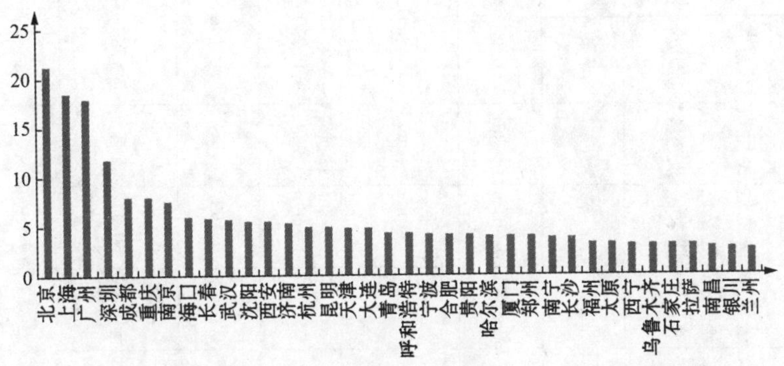

图 4-1　36 个城市公共基础指标统计

度上造成公共基础评价的综合分值往下递减。其次，在城市公共基础方面一些排名相对靠后的城市，除了原先城市存在的公共基础条件比较薄弱外，也有部分原因是由于城市正面临转型发展之中，公共基础设施建设处于调整的阶段，导致产生暂时性滞后现象。最后，各城市之间在城市公共基础发展方面也存在较大差距。如评价分值排名第一的北京(21.1405)与位居末位的兰州(2.7036)之间，分值相差将近 8 倍，深刻反映出在城市公共基础建设层面，存在着巨大的不平衡性。

二、公共基础指标的相关性分析

构成城市休闲化公共基础指标有 13 项，通过分析，发现城市休闲化质量与公共基础指标彼此之间具有一定的相关性。一是城市休闲化指数与公共交通的相关性，从研究结果看，城市休闲化指数与公交车(公共汽车、电车)客运量、轨道交通客运量、民用航空旅客发送量、公路运输完成客运量和铁路运输客运量等指标呈显著正相关，相关系数分别为 0.954、0.883、0.852、0.715、0.633(见表 4-2)。

表 4-2　36 个城市休闲化指数(LCI)与公共基础指数的相关性

		城市休闲化指数	城市化率	城市（建成区）绿化覆盖率	城市绿地面积	城市人均公共绿地面积	空气质量达到及好于二级的天数	国控主要城市区域环境噪声	市区人均居住面积	公共汽车、电车客运量	轨道交通客运量	公路运输完成客运量	铁路运输客运量	民用航空旅客发送量	交通事故发生数(倒数)
城市休闲化指数	Pearson Correlation	1	0.525**	0.332	0.758**	0.266	−0.119	0.128	−0.378*	0.954**	0.883**	0.633**	0.715**	0.852**	−0.309
城市化率	Pearson Correlation	0.525**	1	−0.022	0.597**	0.254	−0.119	0.445**	−0.322	0.534**	0.518**	0.364*	0.367*	0.586**	−0.386*
城市（建成区)绿化覆盖率	Pearson Correlation	0.332	−0.022	1	0.219	0.191	0.391*	−0.251	0.042	0.340*	0.262	0.367*	0.115	0.256	−0.153
城市绿地面积	Pearson Correlation	0.758**	0.597**	0.219	1	0.157	0.138	0.138	−0.515**	0.685**	0.790**	0.463**	0.546**	0.798**	−0.320
城市人均公共绿地面积	Pearson Correlation	0.266	0.254	0.191	0.157	1	0.018	0.371*	0.017	0.229	0.041	0.372*	0.160	0.072	−0.188
空气质量达到及好于二级的天数	Pearson Correlation	−0.119	−0.119	0.391*	0.138	0.018	1	−0.218	0.124	−0.207	−0.066	−0.012	−0.172	0.052	0.178
国控主要城市区域环境噪声	Pearson Correlation	0.128	0.445**	−0.251	0.138	0.371*	−0.218	1	−0.277	0.166	0.023	0.159	0.087	0.111	−0.302

（续表）

		城市休闲化指数	城市化率	城市（建成区）绿化覆盖率	城市绿地面积	城市人均公共绿地面积	空气质量达到及好于二级的天数	国控主要城市区域环境噪声	市区人均居住面积	公共汽车、电车客运量	轨道交通客运量	公路运输完成客运量	铁路运输客运量	民用航空旅客发送量	交通事故发生数(倒数)
市区人均居住面积	Pearson Correlation	−0.378*	−0.322	0.042	−0.515**	0.017	0.124	−0.277	1	−0.382*	−0.520**	−0.076	−0.288	−0.523**	−0.082
公共汽车、电车客运量	Pearson Correlation	0.954**	0.534**	0.340*	0.685**	0.229	−0.207	0.166	−0.382*	1	0.844**	0.651**	0.752**	0.813**	−0.313
轨道交通客运量	Pearson Correlation	0.883**	0.518**	0.262	0.790**	0.041	−0.066	0.023	−0.520**	0.844**	1	0.337*	0.666**	0.942**	−0.162
公路运输完成客运量	Pearson Correlation	0.633**	0.364*	0.367*	0.463**	0.372*	−0.012	0.159	−0.076	0.651**	0.337*	1	0.409*	0.342*	−0.291
铁路运输客运量	Pearson Correlation	0.715**	0.367*	0.115	0.546**	0.160	−0.172	0.087	−0.288	0.752**	0.666**	0.409*	1	0.672**	−0.277
民用航空旅客发送量	Pearson Correlation	0.852**	0.586**	0.256	0.798**	0.072	0.052	0.111	−0.523**	0.813**	0.942**	0.342*	0.672**	1	−0.214
交通事故发生数(倒数)	Pearson Correlation	0−.309	−0.386*	−0.153	−0.320	−0.188	0.178	−0.302	−0.082	−0.313	−0.162	−0.291	−0.277	−0.214	1

**. 在 0.01 水平(双侧)上显著相关。

*. 在 0.05 水平(双侧)上显著相关。

与公共交通的相关性体现在几个方面。首先是城市交通的发达程度是影响城市社会经济发展和人民生活水平的重要因素，因此，城市公共交通的畅通性和多样性对城市休闲化指数有重要影响。其次是城市休闲化时代，由于居民外出活动的频度大幅度提高以及外来游客进入城市开展观光旅游和商务旅游活动数量的大规模提升，城市内外交通功能的重要性已经愈发突出，交通能力已经成为衡量城市休闲功能的一项重要指标。

二是城市休闲化指数与生态环境的相关性。从分析结果看，城市休闲化指数与城市绿地面积、城市（建成区）绿化覆盖率和城市人均公共绿地面积等指标的相关性也十分显著，相关系数分别为 0.758、0.332 和 0.266。城市绿地面积代表城市所拥有的户外公共休闲空间范围，城市（建成区）绿化覆盖率则反映城市中心及周边地区的绿化覆盖率和林木覆盖率，人均绿地面积体现人均数量的多少，三者共同体现了一个城市的户外公共休闲环境质量。因此，扩大城市户外公共休闲绿地空间是优化城市公共休闲绿地环境的重要指标，也是提升城市休闲化环境质量的关键因素。

三是城市休闲化指数与城市化率的相关性。从分析结果看，城市休闲化指数与城市化率的相关系数较强，相关系数为 0.525，说明二者之间存在比较密切的关系。

第二节　公共基础指标分类分析

一、城市化水平

城市化进程在一定意义上就是城市规模不断扩大的过程，涵盖了经济规模、人口规模和用地规模三个方面。自改革开放以来，我国城市化水平的发展已取得长足进步。在 2011 年，36 座城市的城市化水平的均值约为 67%，其中城市化水平达到 80%以上的城市有深圳、广州、上海、厦门、北京、太原和天津等 7 座城市（见图 4-2）。

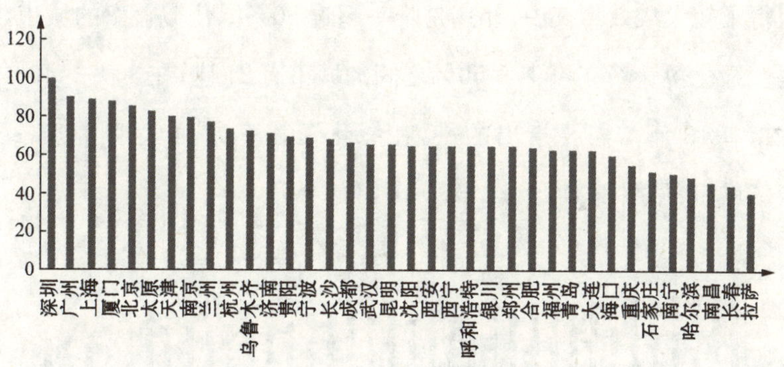

图 4-2　36 个城市化水平一览图　单位：%

一般情况下，由于城市休闲服务的主体是本地居民，所以城市化水平的提升成为推动城市休闲化综合均衡发展的重要因素。此外，农村及外来人口大量导入，城市常住人口数的不断递增，对城市休闲服务设施的配置与休闲质量的保障也是一个严峻的挑战。

二、城市环境

（一）城市绿化覆盖率

城市绿化覆盖率，是指城市建成区内各单位管理的一切用于绿化乔灌木和多年生草本植物的垂直投影面积，包括园林绿地以外的道路绿化覆盖面积（即道路的隔离带、中心绿岛和林荫道及行道树的覆盖面积）和单林树木的覆盖面积。城市绿化覆盖率是城市环境质量的重要组成部分，也是居民和游客从事户外休闲旅游活动的基础条件。城市休闲化水平的提升离不开城市环境的改善和优化，一个城市绿化覆盖率的高低，一定程度上反映了该地区人居环境质量和户外活动场地舒适性的程度，也体现了一座城市休闲环境质量的发展水平。

从实际情况看，经过多年发展，36 座大城市城市绿化覆盖率建设工作都取得了较大成效。其中，北京是唯一超过 50%绿化覆盖率的城市，接近 52%。绿化覆盖率在 40%～50%之间的城市有 21 座，在 30%～40%之间的城市有 13 座。需要指出的是，在绿化覆盖率方面，兰州是唯一低于 30%的城市（见图 4-3）。

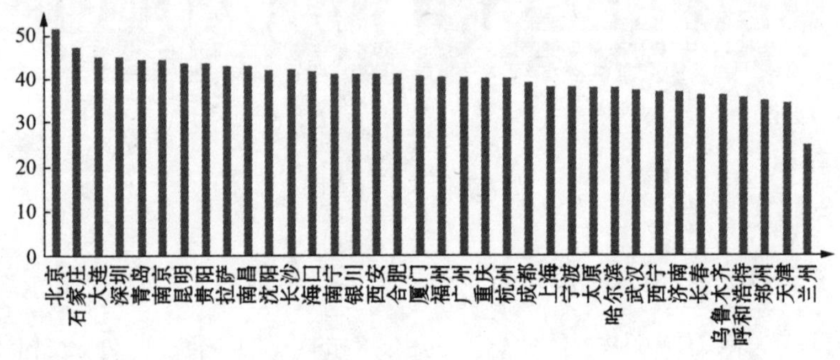

图 4-3　36 个城市化水平一览图　单位：%

（二）城市绿地面积和人均绿地面积

1. 城市绿地面积

城市绿地面积是指用作绿化的各种绿地面积，包括公园绿地、单位附属绿地、居住区绿地、生产绿地、防护绿地和风景林地的总面积。城市绿地面积对于优化城市人居环境与户外休闲活动场地起着举足轻重的作用。从统计数据分析看，36 座城市绿地面积拥有量差异悬殊（见图 4-4）。

一是从总体上看，城市绿地面积规模参差不齐，绝对拥有量相对较低。从统计数据分析可以看出，拥有 10 万公顷以上绿地面积的仅有广

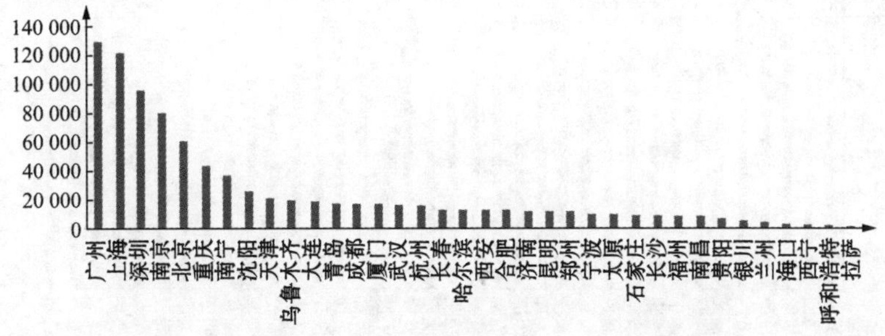

图 4-4 36 个城市绿地面积一览 单位:公顷

州和上海两座城市;拥有 2～10 万公顷绿地面积的城市有 7 座;多达 27 座城市的绿地面积在 2000 公顷与 2 万公顷之间。二是城市之间在公共绿地面积发展方面悬殊严重。广州绿地面积拥有量最高,约有 13 万公顷,拉萨最低,不足 2000 公顷,两者相差逾 60 余倍。三是与前几年相比,大多数城市绿地面积都有了程度不等的增加,说明近年来各个城市相关管理部门在城市生态环境建设方面加大了投入,并产生了积极的生态效益。

2. 人均公共绿地面积

城市人均公共绿地面,是指城市公共绿地面积的人均占有量,以平方米/人表示。相对于城市绿地面积而言,城市人均公共绿地面积更具体地表现为城市居民可以共享的绿色空间,是城市环境资源一种均值化的体现,使得不同阶层的居民可以相对公平地享用城市绿化资源。在城市发展过程中,城市人均公共绿地面积大小,是衡量政府作为的一种尺度,考核的是政府对公共绿地资源进行再分配的能力。从统计数据看,36 座城市在人均公共绿地面积拥有量方面呈现出比较明显的不平衡现象(见图 4-5)。

首先,在 36 座城市中,人均公共绿地面积最高者为杭州,达到 22 余平方米,也是唯一突破人均公共绿地 20 平方米的城市。杭州拥有良好的

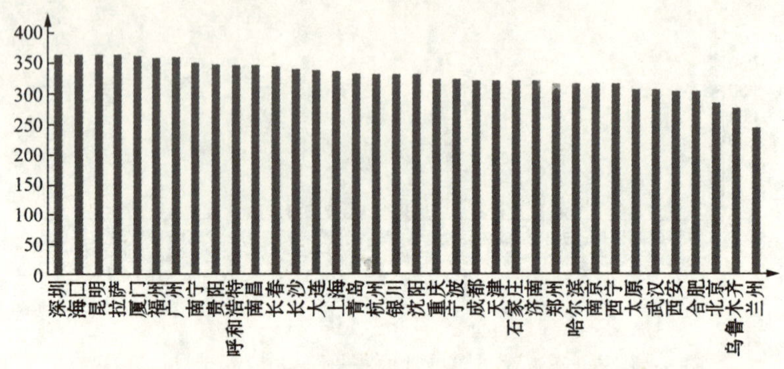

图 4-5　36 个城市人均公共绿地面积　单位:平方米

公共休闲环境,绿地是重要的体现,从这个意义上讲,绿色杭州构成了休闲之都的重要内容。相比较而言,上海公共绿地面积绝对值较高,位居全国第二(见图 4-4),可是分摊在 2300 余万常住人口这一庞大的市民群体身上,数量就明显偏低,位居倒数第四,由此说明上海公共绿地建设挑战严峻,任重道远。此外,人均公共绿地面积在 15～20 平方米之间的城市有 6 座;在 10～15 平方米之间的有 22 座城市;在 5～10 平方米之间的有 5 座;低于 5 平方米的仅有 2 个城市。其次,人均公共绿地面积最大的城市与最低者之间相差 6 倍有余,说明城市之间发展的不平衡比较明显。最后,与 2009 和 2010 年相比,36 座城市在人均公共绿地面积方面都出现了上涨,表明近年来在各级城市管理部门的努力下,城市户外绿色休闲环境质量有了一定的改善。

(三) 城市空气质量

空气污染指数(API)适用于表示城市的短期空气质量状况和变化趋势。空气污染指数是根据环境空气质量标准和各项污染对人体健康和生态环境的影响,确定污染指数的分级及相应的污染物浓度限值。2012 年我国采用的空气污染指数分为五级,其中 API 值小于等于 50,说明空气质量为优，相当于达到国家空气质量一级标准，而 API 大于 50 小于等于 100，表明空气质量良好，相当于达到国家空气质量二级标准①。一个城市全年的空气质量状况好坏，不仅影响人们休闲活动的频次，也影响人们的休闲活动质量。根据统计数据整理，各城市空气质量良好率排名如下（见图 4-6）。

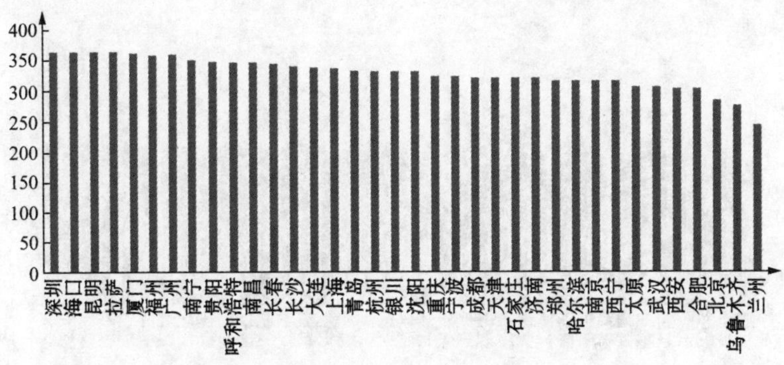

图 4-6　36 个城市空气好于或达到二级天数统计　单位：天数

从图 4-6 空气质量指标看，有 7 座城市指标高于 360 天，其中深圳、海口与昆明 3 座城市的空气指标优良率高达 365 天，为全国最高。与此同时，北京、乌鲁木齐和兰州 3 座城市的指标低于 300 天，排在最后 3 位。其中北京因为是首都的缘故，所以近年来北京糟糕的空气质量广受关注，不仅严重影响了市民日常的休闲活动，也在一定程度上打消了部分游客在空气质量较低的时段里前往北京旅游的念头。与 2013 年 1 月相比，2014 年同期北京入境游客接待量下降 21.7%[3]。与 2011 年相比，36 座城市中有 28 座城市的空气质量指标有了不同程度的提高，占总数的 77.77%，有力说明各级管理部门在改善空气环境质量方面工作取得了一定的进展。

① http://baike.baidu.com/view/30738.htm.2012.12.14.

(四)城市主要区域环境噪声

城市噪声主要由交通噪声、建筑噪声、工业噪声和社会噪声等造成。城市噪声是影响居民户内外休闲活动质量的组成部分,也是评价城市休闲环境质量的因素之一。因此,控制和降低城市噪声,有助于改善城市居民的休闲环境质量。根据统计资料整理,36 座城市的环境噪声指标排列如下(见图 4-7)。

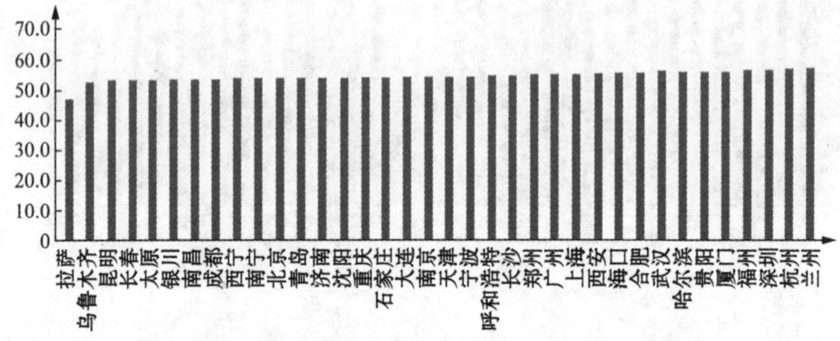

图 4-7　36 个城市区域环境噪声等效声级(分贝)指数　单位:分贝

从 36 座城市的环境噪声统计指标看,除了拉萨的噪声指标在 50 分贝以下,其他 35 座城市的噪声大致维持在 52～57 分贝之间。与 2010 年相比,有 20 座城市的噪声指标出现了下降,而同时,又有 16 座城市的噪声指标显示增加,表明随着城市车辆保有量的逐步递增,城市环境噪声的控制也将面临更加严峻的挑战。

三、居住条件

幸福指数与居民所在城市的生存和生活的难易程度相关的。城市人均居住面积是构成居民家庭生活幸福指数的重要内容。特别是就中国人的居住观念而言,更是反映了他们对住房的心理安全性和对所居城市归属性的集中体现。而居住条件的改善既是城市居民对基本的住宿环境保障心理安全性的反映，也是对日常休闲化生活满意度追求的物质支撑载体。根据统计数据整理，36 座城市的城区居民人均居住面积如下（见图 4-8）。

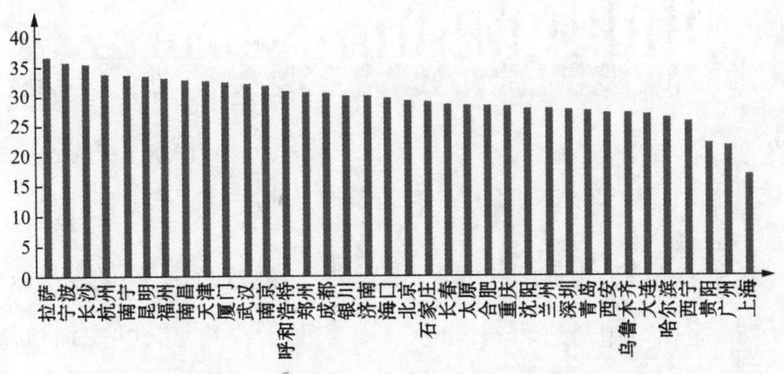

图 4-8　36 个城市人均居住面积　单位：平方米

从城市居民人均居住面积的统计数据来看，城市之间还是存在一定的差异。如拉萨、宁波、长沙和杭州等城市居民居住指标相对较高，而综合指数排名相对靠前的北京、上海、广州和深圳等大城市在人均居住面积指标方面则明显较低，尤其是上海位居末位。

四、城市交通

（一）公共汽车（电车）

公共汽车（电车）是城市公共交通的主要方式。一个城市公共汽车、电车网络布局的完整性与运载量的有效性，不仅是城市内部交通发达与成熟的典型体现，而且更是城市居民外出从事休闲活动方式在频度上递增、空间上延伸以及在时间上节约的综合展现。根据对 36 座城市公共汽车（电车）客运量的统计，可以察觉各城市之间存在较大的差异性（见图 4-9）。

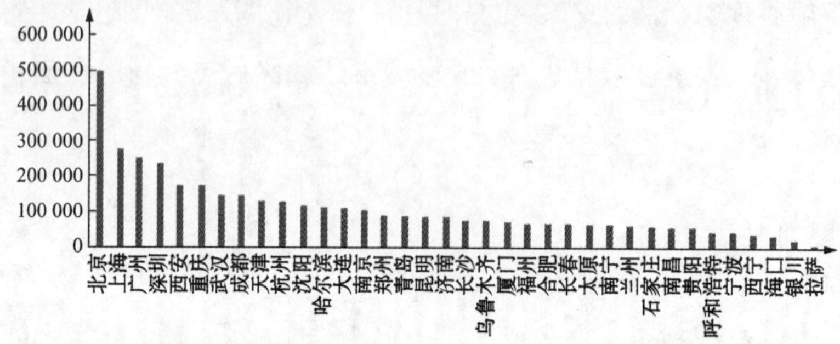

图 4-9　36 个城市公共汽车(电车)客运量　单位:万人次

从统计数据看,北京公共汽车(电车)年客运量高达 50 亿人次以上,在所有 36 座城市中遥遥领先,也从一个侧面反映北京公共交通所承受的巨大压力。上海、广州和深圳年客运量也维持在 20 亿人次以上。西安、重庆、武汉、成都、天津、杭州、沈阳、哈尔滨、大连和南京等 10 座城市年客运量都保持在 10 亿人次以上。以上统计数据足以说明我国大城市内部公共交通运输任务都十分繁忙且沉重。可以预计,随着城市休闲化程度的不断加快,城市内部公共交通的客运能力将会面临更大的挑战。

(二) 轨道交通

轨道交通是城市内部的一种交通形式,一般包括地铁、轻轨、磁悬浮、单轨和有轨电车等。城市轨道交通系统不仅具有大容量的运输能力、高速性及准时性等特点,而且体现有效利用土地面积、节能、安全性能高等优势,相对于其他交通方式可以减少大气污染。因此,近年来有越来越多的城市加大了对轨道交通投入力度和建设强度。在当前,尽管开通轨道交通运营的城市还是少数,但是在建或即将投入运营的城市已经为数不少。在北京、上海、广州、深圳等轨道交通运营较为成熟的城市,轨道交通客运量在城市公交系统客运量中已经占有相当大的比重,在大大方便人们出行的同时,也极大地提升了人们对城市公共交通的满意度。轨道交通所带来的短途出行的相对低成本和高满意度,在一定程度上有力地推进了城市休闲化进程。根据对12座已有轨道交通的城市数据的统计,游客接待情况如下(见图4-10)。

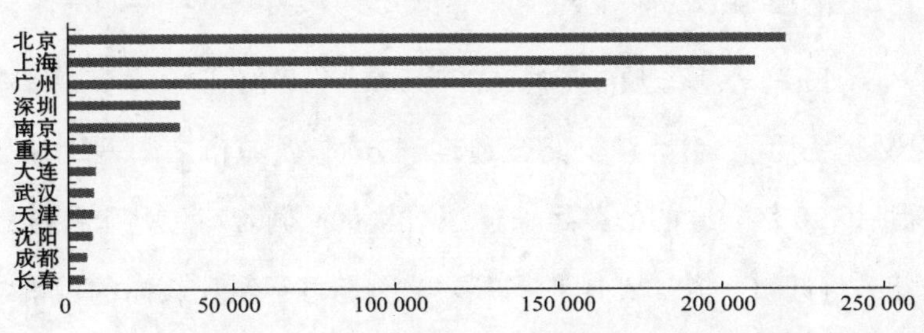

图4-10　12座城市轨道交通客运量统计　单位:万人次

从轨道交通的现状看,我国各大城市的发展还非常不平衡。即使在已经建成轨道交通的城市之间,承担的客运数量也存在很大的差距。上海和北京年运载量都在20亿人次以上,而长春仅为4500万人次左右。可以肯定的是,随着更多的城市推进轨道交通建设的不断发展,城市交通的便捷度会进一步完善。

(三)公路运输

如果说轨道交通、公共汽车电车等方式是城市内部的交通网络系统的话,那么公路运输就是城市通向外界的一种渠道和方式,体现的是开放空间条件下,同城化地区内部的城市乃至中远程以外地区的城市之间,旅客依靠交通大巴进行互相流通的状况。根据公路运输统计资料整理得出的指标,大致反映了36座城市公路客运的基本情况(见图4-11)。

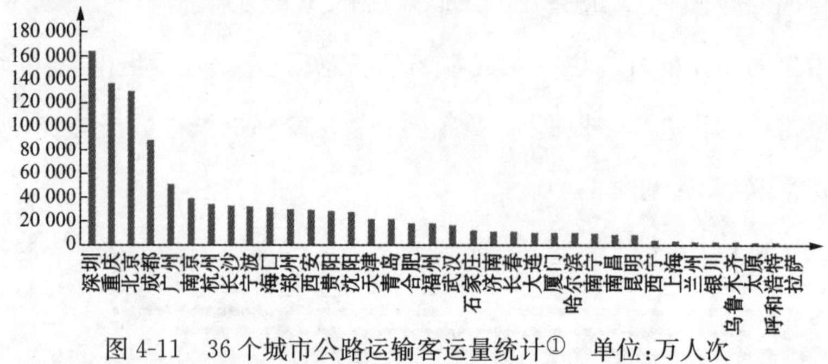

图 4-11　36 个城市公路运输客运量统计①　单位:万人次

从数据统计分析看,在公路交通运输方面,各城市之间差别比较显著。深圳以 16 亿人次的公路运输量独居鳌头。倘若与位列末尾的拉萨相比,相差将近 400 倍。从上图可以看出,公路客运量比较高的城市多集中在社会经济发达和旅游业比较成熟的城市。这是因为对于城市公路客运量高低的影响因素,除了国内生产总值、居民消费水平、人口数量以及国内外旅游人次等因素外[4],还有赖于城市周边公路系统的完善程度以及各种基础设施的配套与完备。

(四) 铁路运输

进入高铁时代,作为陆上最重要的运输工具,我国铁路运输的功能与格局已经发生了巨大变化,愈加具有日常化与大众化的交通运输特色,并与公路交通互为补充。根据铁路客运统计数据看,大致可以反映各城市铁路客运的基本状况(见图 4-12)。

从统计数据看,广州铁路年运输量最高,是国内唯一突破 1 亿人次运输量的城市。紧随其后的是北京、成都、武汉与上海,接待量处于 6～9 千万人次之间。显然,铁路运输量排名居前的城市,都是交通的枢纽型城市。此外,从影响铁路运输的直接因素看,主要有人口数量、运输方式结

① 关于城市公路运输年客运量的统计,上海统计的是客运发送量,与全国其他城市的统计口径不一致,导致客运总量较低。

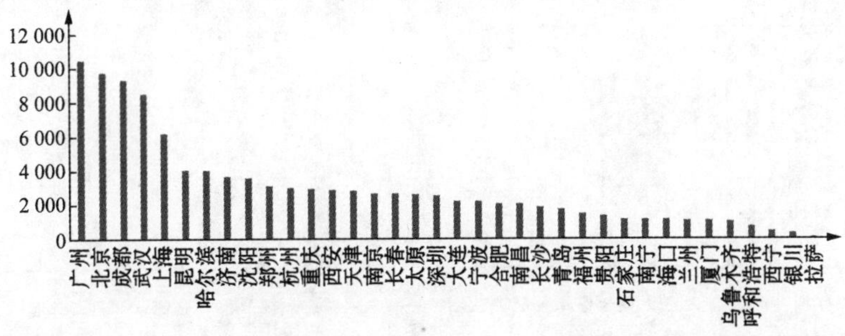

图 4-12　36 个城市铁路运输客运量统计一览图　单位:万人次

构、运输服务水平、工商业的发展以及居民消费水平[5],以及国内外旅游人次等,这些因素在一定程度上可以较为合理地解释各个城市间铁路客运量的差异。拉萨由于受到城市自身地理环境的影响,铁路运输系统发展相对薄弱,年接待量不足百万。

（五）航空

航空运输是现代化的运输方式之一。从发展趋势讲,航空运输越来越成为一种大众化的运输方式。影响航空运输量的因素主要包括运输距离、机场的吞吐量、人口密度、邮政电信业务总量、城市地面交通以及城市性质等[6]。航空客运量主要反映了一座城市与国内外中远程距离城市之间的一种联系方式,对一座城市旅游业的发展影响深远。根据航空运输统计数据的计算,可以发现我国大城市航空运输分布的基本格局(见图 4-13)。

从统计数据看,上海航空客运全年接待规模逾 7700 万人次,在全国名列前茅,这与上海社会经济发达、商务繁荣,具有高度国际化特点的城市现状相吻合。北京和广州位居第 2 和第 3。从对外运输的角度讲,这三者是我国接待国外航空的枢纽空港,也是国外入境旅游者的集散空港。从整体看,全国城市航空运输业发展并不平衡,有 25 座城市的航空旅客

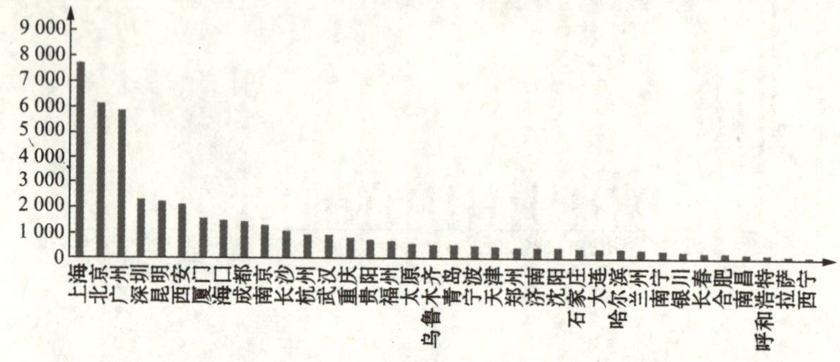

图 4-13　36 个城市航空客运量　单位:万人次

接待量在 1000 万人次以下，其中有 16 座城市年航空旅客接待量在 500 万人次以下，而排名末位的西宁全年运输量不足百万人次。

(六) 交通事故发生数

城市道路交通事故一般是指车辆在道路上因过错或者意外而造成人身伤亡或者财产损失的事件。通过交通事故数量的统计与分析，可以反映城市交通运输质量的安全性程度。交通事故发生率的高低可以反映一个城市交通系统的科学性、交通秩序的有序性、交通知识的普及性以及交通文明的倡导性等基本特点。道路交通的安全性也是衡量城市休闲环境质量的基本内容。根据城市交通事故发生数的统计，我国城市交通事故发生数的分布情况如下(见图 4-14)。

从城市休闲质量评价角度讲，交通事故发生数是一个负向指数，事故率越多越好。从上图可以看出，深圳、广州、杭州、南京、厦门和福州等6 座城市的交通事故发生率指数相对较低，而海口、长春和呼和浩特则相对较高，其中海口与呼和浩特的事故率约高于深圳 50 倍。与上年相比，有多达 25 个城市的交通事故率有所增加，说明在城市从事休闲与旅游活动过程中，需要认真对待城市交通安全存在的现实与潜在的事故风险。

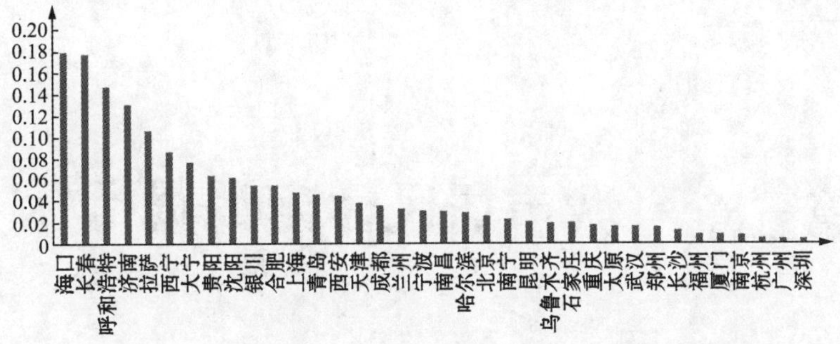

图 4-14　36 个城市交通事故发生数指数　单位:1/百起

本章主要参考文献

[1]　吕宁.休闲城市的内涵及其实践[J].经济导刊.2011(2).

[2]　中国新闻网. 2012 中国新型城市化报告[EB/OL]. http://www.chinanews.com/gn/2012/10-31/4290659.shtml,2012-10-31.

[3]　劳动报.雾霾一周"遮掩"中国旅游市场[N].上海:劳动报,2014-02-27:2.

[4]　王生昌等.公路客运量预测方法的比较[J].长安大学学报(自然科学版).2005,25(5).

[5]　郭孜政.铁路客运量影响因素层次结构分析[J].交通运输过程与信息学报.2007,5(4).

[6]　张永莉.我国城市间航空客运量影响因素的实证分析[J].经济地理.2007,27(4).

第五章 城市居民休闲消费指标

第一节 休闲消费评价指数

一、休闲消费指标构成与评价结果

（一）指标构成

一般而言，生产与消费是一种对应关系。生产越发展，居民生活消费能力越高。居民休闲消费是指以发展型、享受型消费为核心内容的消费，是一种知识限定性消费，是一种体验消费和个性消费，是一种时间约束硬化消费。由于休闲消费的特殊性，居民的休闲消费能力必然不同于一般意义上的生活消费能力[1]。居民休闲消费能力，是指一定时期内城市居民为了满足休闲需要而进行消费的能力。

在本研究中，居民休闲消费能力指标主要从以下几方面展开：一是城市居民进行休闲消费的宏观条件（地区生产总值、人均生产总值、恩格尔系数、消费价格指数）；二是家庭或个人休闲消费支出构成（居民人均可支配收入、居民家庭人均消费性支出、人均家庭设备用品及服务消费支出、人均医疗保健消费支出、人均交通通信消费支出、人均教育文化娱乐服务消费支出）；三是居民出游率；四是居民家庭拥有的休闲物质设施（彩色电视机、电脑)等多类指标,共计13项。

城市居民的休闲消费能力和消费水平受到城市经济发展水平的影响,城市宏观经济发展水平是反映居民休闲消费能力的基础,由以下四项评价指标构成。首先是城市地区生产总值,即一座城市内所有常住单位在一定时期内生产活动的最终成果,反映一个城市经济发展的总体水平。其次是城市人均国内生产总值。其次,人均国内生产总值(Real GDP per capita),也称作"人均GDP",作为发展经济学中衡量经济发展状况的指标,是从宏观上衡量一座城市经济发展与居民生活水平的一个标准。再次是恩格尔系数(Engel's Coefficient),是指食品支出总额占个人消费支出总额的比重,在国际上通常用于衡量居民生活水平高低的一项重要指标,一般情况下随居民家庭收入和生活水平的提高而下降。最后是城市居民消费价格指数,反映城市居民家庭所购买的生活消费品价格和服务项目价格变动趋势和程度的相对数。通过价格指数的变化,可以观察价格波动对居民生活的影响程度。

居民家庭收入是居民休闲消费能力的基础,通常用城镇居民人均可支配收入进行表示,是指反映居民家庭全部现金收入能用于安排家庭日常生活的那部分收入。一般来讲,居民扣除了向政府缴纳的个人所得税、遗产税、赠与税、不动产税、人头税、汽车使用税以及交给政府的非商业性费用以后的余额。城镇居民人均可支配收入是国内外衡量城市居民收入水平和生活水平的最重要和最常用的指标。

根据《中国统计年鉴》的口径,城市居民家庭消费种类可分为八大类消费,分别是食品、衣着、家庭设备用品及维修服务、医疗保健、交通通信、文娱教育及服务、居住、其他商品和服务。有关居民休闲消费支出和方式主要从三个方面进行分析,一是从居民休闲消费支出的角度出发,选用了城市居民家庭人均消费性支出、城市居民人均家庭设备用品及服务消费支出、城市居民人均医疗保健消费支出、城市居民人均交通通信消费支出、城市居民人均教育文化娱乐服务消费支出等指标，在一定程度上可以反映一座城市居民休闲消费的基本状况。二是从每百户城市居民家庭年末彩色电视机拥有量和每百户城市居民家庭年末家用电脑拥有量的角度进行评价，分析一座城市居民家庭拥有休闲消费设施的能力。三是从城市居民出游率角度进行评价。城市居民出游率是衡量一座城市居民离开常住地到国内外其他地方开展休闲活动的能力。所谓旅游出游率，是指一定时期内一座城市居民外出旅游人数与其总人口数的比率。

（二）评价结果

运用城市休闲化评价模型对涉及城市休闲产业 13 个指标的相关数据进行计算，可以得出 36 座城市在休闲产业能力发展方面各自得分状况（见表 5-1）。

表 5-1　36 个城市居民休闲消费能力指标评价

序号	城市	PI	序号	城市	PI	序号	城市	PI
1	广州	9.3305	13	武汉	5.8026	25	太原	4.4029
2	上海	8.9063	14	沈阳	5.7619	26	郑州	4.2857
3	北京	8.0160	15	西安	5.7321	27	南昌	4.2118
4	深圳	7.5540	16	青岛	5.6057	28	昆明	4.1128
5	宁波	7.0668	17	大连	5.5969	29	贵阳	4.0793
6	天津	6.6176	18	成都	5.3340	30	石家庄	3.9530
7	杭州	6.3593	19	福州	5.2369	31	兰州	3.8976
8	南京	6.3059	20	合肥	5.0128	32	银川	3.8166
9	济南	6.1853	21	呼和浩特	4.9926	33	海口	3.5281
10	厦门	5.9888	22	长春	4.7519	34	乌鲁木齐	3.2726
11	长沙	5.9372	23	南宁	4.6006	35	西宁	3.0953
12	重庆	5.8279	24	哈尔滨	4.5839	36	拉萨	2.8854

首先，从指标分值排序看，城市居民休闲消费能力呈现出一定的由东部向中西部地区城市分布的特征。排名居前的城市主要分布在东部沿海地区，而这一地区恰恰是中国社会经济比较发达的区域；排名靠后的城市基本分布在西部或边缘地区，这一分布现象也从一个侧面反映居民休闲消费能力高低与城市社会经济发展程度相对应。也就是说社会经济发展程度是居民休闲消费能力强弱的基础，也是重要的评价尺度。深圳作为特区在社会经济发展的同时，也促进居民形成了比较强烈的休闲消费需求以及坚实的休闲消费能力，是一个极其鲜明的发展个案。此外，宁波作为浙江省的一个计划单列市，在居民休闲消费能力评价方面也名列前茅，甚至排名超越浙江省会城市杭州，说明在城市社会经济发展的支撑下，居民休闲消费能力在整体性、均衡性与合理性方面具备一定的优势。

其次，中部地区的长沙，近年来休闲产业发展速度较快，在市民休闲娱乐产品开发、活动方式等方面在全国具有一定影响；在文化产业发展特色上也独具一格，尤其是电视媒体影响力在全国的渗透力有目共睹，而这种市场休闲消费氛围又与居民比较旺盛的休闲消费能力密不可分。因此长沙居民休闲消费能力在中西部地区城市中相对居前，在市场与消费彼此融合中体现了一定的发展逻辑性和相关性。与此同时，西部地区的成都围绕休闲之都的建设活动也搞得风风火火，但是在居民休闲消费能力相关指标评价方面却稍逊于长沙，当然与东部地区城市相比，差距更大一些。

最后，中西部地区城市居民休闲消费能力普遍较弱，排名相对靠后，与城市社会经济发展状况基本吻合。此外，位居第一的广州与处在末尾的拉萨在居民消费能力评价分值相差约 3.3 倍左右，说明两地居民休闲消费能力之间存在一定差距。但是需要指出的是，这是四个大类指标中差异最小的，也从一个侧面表明我国社会经济发展对我国居民提高休闲消费能力的影响不断趋于均衡化和合理化。根据各城市居民休闲消费能力指标评价分值的高低进行排序，可以更加直观地看到 36 座城市居民休闲消费能力强弱分布的基本态势(见图 5-1)。

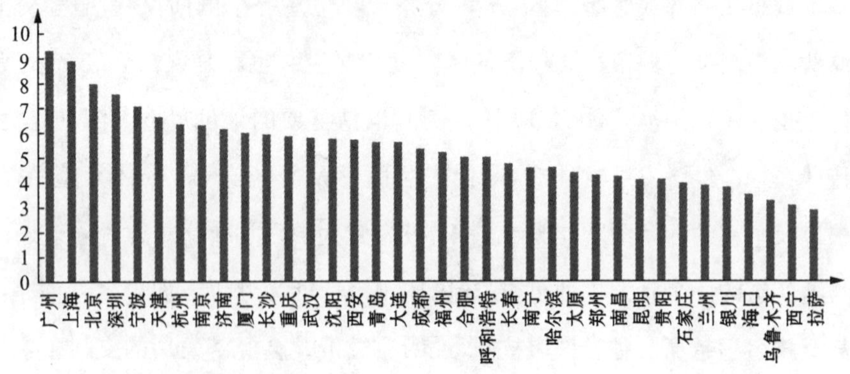

图 5-1　36 个城市居民休闲消费能力指标统计一览图

根据居民休闲消费能力指标得分高低进行排序，可以比较清晰地看出居民休闲消费能力高低的分布具有一定的规律性。从指标分值等级分布看，我国城市居民休闲消费能力大致形成三个层次，居民休闲消费能力较高的城市有 5 个，约占 13.89%；偏低的城市有 7 个，约占 19.44%；居民休闲消费能力居于中等程度的城市有 22 个，约占 66.67%。从年度指标分值的比较看，尽管近年来不少城市居民休闲消费能力指标的分值有一些微小的变化，但是从整体上看，居民休闲消费能力东强西弱的基本格局没有发生变化。

二、休闲消费能力指标的相关性分析

构成城市居民休闲消费能力的指标有 13 项。经过分析发现，城市休闲化水平与居民休闲消费能力指标之间存在一定的相关性(见表 5-2)。

一是城市休闲化质量与地区生产总值、人均生产总值指标之间存在相关性，相关系数分别为 0.966、0.536，显然，城市休闲化质量与地区生产总值之间呈显著相关，说明城市社会经济发展的总体水平对城市休闲化水平具有明显影响力；而人均生产总值对城市休闲化水平的影响稍弱。

二是城市休闲化水平与居民家庭收入及消费支出之间存在相关性。研究发现，城市休闲化水平与居民家庭人均消费性支出、城市居民人均家庭设备用品及服务消费支出、城市居民人均教育文化娱乐服务消费支出、城市居民人均可支配收入、城市居民人均交通通信消费支出相关性也十分显著，相关系数分别为 0.757、0.736、0.668、0.663、0.571，说明城市休闲化水平与本地居民人均消费性支出能力之间相互影响。居民人均休闲消费支出能力能够促进城市休闲化水平的提高，推进休闲产业的发展和集聚；城市休闲化水平提升有利于进一步刺激居民的休闲需求，提高居民休闲消费能力。两者互为影响，互相促进。

三是城市休闲化水平与家庭耐用家电产品之间存在相关性。研究发现，城市休闲化水平与每百户城市居民家庭年末家用电脑拥有量、每百户城市居民家庭年末彩色电视机拥有量正相关关系也较强，相关系数分别为 0.679、0.577，说明看电视、上网是现阶段城市居民日常十分重要的休闲活动。相关研究表明，上海居民平时休闲活动类型中，电视和上网两项活动的比例占到 47%[2]。

四是城市化水平与居民旅游活动之间存在相关性。研究显示，城市化水平与居民出游率之间存在一定的相关性，相关系数为 0.452，表明居民收入状况对其从事的旅游活动频率有一定影响。

表 5-2　36 个城市休闲化指数(LCI)与消费能力指数的相关性

		城市休闲化指数	地区生产总值	人均生产总值	城镇居民家庭恩格尔系数	城市居民消费价格指数	城市居民人均可支配收入	城市居民家庭人均消费性支出	城市居民人均家庭设备用品及服务消费支出	城市居民人均医疗保健消费支出	城市居民人均交通通信消费支出	城市居民人均教育文化娱乐服务消费支出	城市居民出游率	每百户城市居民家庭年末彩色电视机拥有量	每百户城市居民家庭年末家用电脑拥有量
城市休闲化指数	Pearson Correlation	1	0.966**	0.536**	−0.173	−0.028	0.663**	0.757**	0.668**	0.184	0.571**	0.736**	0.452**	0.577**	0.679**
地区生产总值	Pearson Correlation	0.966**	1	0.637**	−0.218	−0.038	0.683**	0.764**	0.683**	0.201	0.581**	0.721**	0.418*	0.562**	0.685**
人均生产总值	Pearson Correlation	0.536**	0.637**	1	−0.386*	−0.121	0.832**	0.831**	0.665**	0.340*	0.724**	0.719**	0.195	0.333	0.640**
城镇居民家庭恩格尔系数	Pearson Correlation	−0.173	−0.218	−0.386*	1	−0.201	−0.399*	−0.404*	−0.455**	−0.730**	−0.236	−0.435*	−0.171	−0.028	−0.232
城市居民消费价格指数	Pearson Correlation	−0.028	−0.038	−0.121	−0.201	1	−0.062	−0.008	0.029	0.295	−0.085	0.117	0.347*	−0.248	−0.084
城市居民人均可支配收入	Pearson Correlation	0.663**	0.683**	0.832**	−0.399*	−0.062	1	0.937**	0.760**	0.231	0.877**	0.824**	0.328	0.596**	0.851**

（续表）

		城市休闲化指数	地区生产总值	人均生产总值	城镇居民家庭恩格尔系数	城市居民消费价格指数	城市居民人均可支配收入	城市居民家庭人均消费性支出	城市居民人均家庭设备用品及服务消费支出	城市居民人均医疗保健消费支出	城市居民人均交通通信消费支出	城市居民人均教育文化娱乐服务消费支出	城市居民出游率	每百户城市居民家庭年末彩色电视机拥有量	每百户城市居民家庭年末家用电脑拥有量
城市居民家庭人均消费性支出	Pearson Correlation	0.757**	0.764**	0.831**	−0.404*	−0.008	0.937**	1	0.819**	0.311	0.884**	0.892**	0.413*	0.569**	0.826**
城市居民人均家庭设备用品及服务消费支出	Pearson Correlation	0.668**	0.683**	0.665**	−0.455**	0.029	0.760**	0.819**	1	0.272	0.669**	0.774**	0.201	0.494**	0.755**
城市居民人均医疗保健消费支出	Pearson Correlation	0.184	0.201	0.340*	−0.730**	0.295	0.231	0.311	0.272	1	0.078	0.365*	0.146	−0.101	0.007
城市居民人均交通通信消费支出	Pearson Correlation	0.571**	0.581**	0.724**	−0.236	−0.085	0.877**	0.884**	0.669**	0.078	1	0.732**	0.266	0.573**	0.834**

（续表）

		城市休闲化指数	地区生产总值	人均生产总值	城镇居民家庭恩格尔系数	城市居民消费价格指数	城市居民人均可支配收入	城市居民家庭人均消费性支出	城市居民人均家庭设备用品及服务消费支出	城市居民人均医疗保健消费支出	城市居民人均交通通信消费支出	城市居民人均教育文化娱乐服务消费支出	城市居民出游率	每百户城市居民家庭年末彩色电视机拥有量	每百户城市居民家庭年末家用电脑拥有量
城市居民人均教育文化娱乐服务消费支出	Pearson Correlation	0.736**	0.721**	0.719**	−0.435*	0.117	0.824**	0.892**	0.774**	0.365*	0.732**	1	0.480**	0.554**	0.778**
城市居民出游率(国内)	Pearson Correlation	0.452**	0.418*	0.195	−0.171	0.347*	0.328	0.413*	0.201	0.146	0.266	0.480**	1	0.224	0.297
每百户城市居民家庭年末彩色电视机拥有量	Pearson Correlation	0.577**	0.562**	0.333	−0.028	−0.248	0.596**	0.569**	0.494**	−0.101	0.573**	0.554**	0.224	1	0.713**
每百户城市居民家庭年末家用电脑拥有量	Pearson Correlation	0.679**	0.685**	0.640**	−0.232	−0.084	0.851**	0.826**	0.755**	0.007	0.834**	0.778**	0.297	0.713**	1

**. 在 0.01 水平(双侧)上显著相关。

*. 在 0.05 水平(双侧)上显著相关。

第二节　休闲消费指标分类分析

一、城市经济发展条件

（一）地区生产总值

地区生产总值可以直观地反映出一座城市经济综合发展的程度，也能够作为衡量一座城市居民休闲消费能力高低的基础条件。尽管城市地区生产总值的高低不是决定居民休闲消费能力高低的唯一因素，但是从实际的情况看，还是会产生相当大的影响。根据36座城市地区生产总值的统计，具体分布格局如下（见图5-2）。

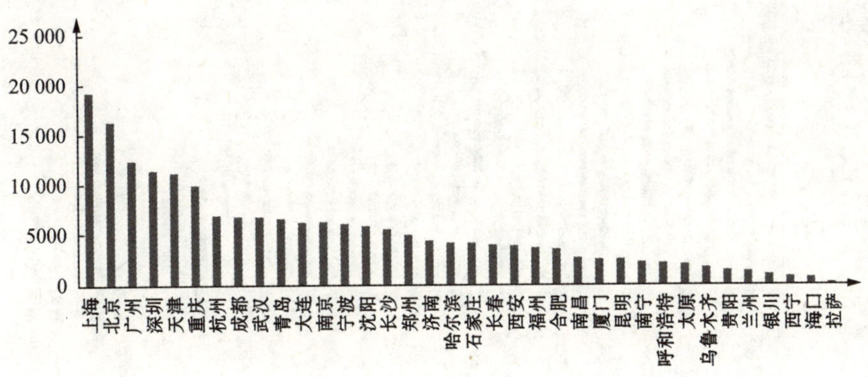

图5-2　36个城市地区生产总值排名一览图　单位：亿元

在所有城市中，上海地区生产总值最高，超过1.9万亿元。第2位的北京也达到1.6万亿元。从具体排列看，大致可以分成以下四个层次，第一层次是1.5万亿元以上，仅有上海与北京两座城市；第二层次是1～1.5万亿元，有广州、深圳、天津和重庆四座城市；第三层次是0.5～1亿元，有杭州等9座城市；第四层次是0.5万亿元以下，有郑州等21座城市。从上图可以发现，位居前列的 6 座城市，涵盖了四个直辖市。如果从空间看，除了重庆市，其他 5 座城市都位于东部沿海地区。此外，各城市在地区生产总值的数量之间形成非常大的反差，如城市地区生产总值最高的上海与最低的拉萨之间相差将近 99 倍。

（二）城市人均国内生产总值

城市人均国内生产总值，是观察城市发展重要的宏观经济指标之一，也是衡量各城市居民生活水平的一个重要标准，还可用作测度城市居民休闲消费能力的一个客观指标。根据 36 座城市人均 GDP 的实际状况进行排序，可以看清楚我国大中城市人均 GDP 分布的一个基本格局（见图 5-3）。

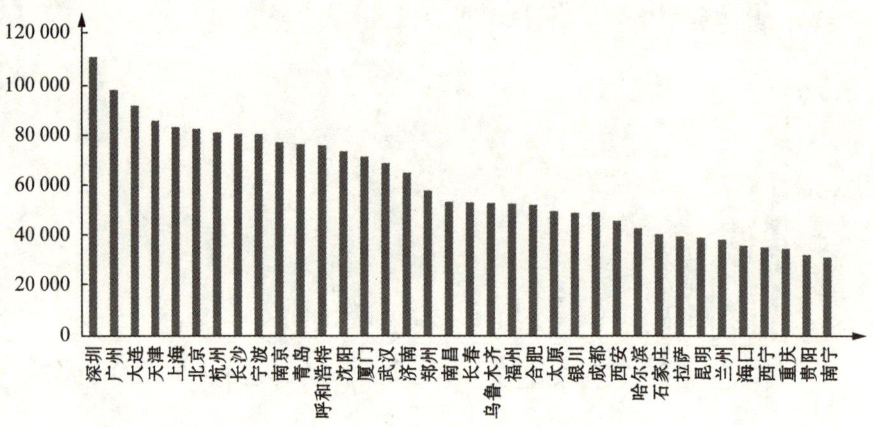

图 5-3　36 个城市人均 GDP 排名一览图　单位:元

图 5-3 显示，在地区生产总值排名居前的上海、北京和重庆等大城市，在人均国内生产排名上都不同程度地往后挪位了，其中重庆更是跌至倒数第 3 位。总体上看，我国大中城市人均 GDP 的高低构成基本上形成了由东向西逐渐递减的分布态势。需要指出的是，位于西部地区的呼和浩特市近年来经济持续高速增长，2010 年经济总量与“十五”末相

比翻一番，因而就城市人均 GDP 而言，该市在西部地区城市中间名列前茅。

（三）城镇居民家庭恩格尔系数

恩格尔系数主要揭示了居民家庭收入和食品支出之间的演变关系，系数越大，家庭生活越贫困；反之，生活越富裕。联合国根据恩格尔系数的大小，制定了一个划分生活水平的标准，即一个国家平均家庭恩格尔系数大于 60％为贫穷；50％～60％为温饱；40％～50％为小康；30％～40％属于相对富裕；20％～30％为富足；20％以下为极其富裕。改革开放以来，我国城市居民家庭恩格尔系数持续下降，从一定程度上体现我市城市居民生活质量在提高，消费结构逐步升级。因此对一个城市来讲，居民家庭平均恩格尔系数也就成为衡量一个城市富裕程度的主要标准之一。根据 36 座城市的统计数据，恩格尔系数排列如下（见图 5-4）。

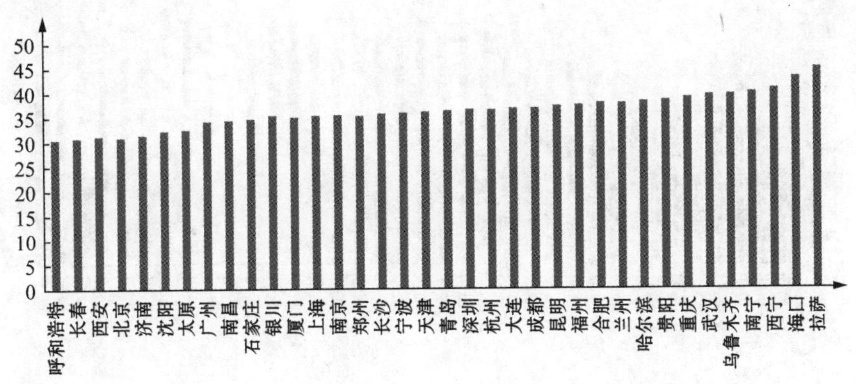

图 5-4　36 个城市恩格尔系数排名一览图　单位：％

根据联合国的划分标准，在 36 座城市中，有 32 座城市的恩格尔系数处于相对富裕的发展阶段，占总数的 88.88％，其中有 10 座城市低于 35％的标准。在这些城市中最令人瞩目的是呼和浩特，恩格尔系数仅为

30.64%,接近联合国设定的城市发展的富足阶段的目标。此外,尽管还有拉萨等4个城市的恩格尔系数在40%以上,处于小康发展阶段,但是已经比较靠近相对富足的阶段。总的看来,经过30余年改革开放的发展,我国城市居民生活水平已经获得极大提高,也为居民休闲生活质量的提升奠定了重要的经济物质基础。

(四) 城市居民消费价格指数

城市居民消费价格指数作为衡量宏观经济表现的重要指标,一般可以用作判断现实经济生活的通货膨胀水平。城市居民消费价格指数通常包括食品、烟酒及用品、衣着、家庭设备用品及维修服务、医疗保健和个人用品、交通和通讯、娱乐教育文化用品及服务、居住等八大类商品及服务项目价格。根据统计数据,36座城市居民消费价格指数构成如下(见图5-5)。

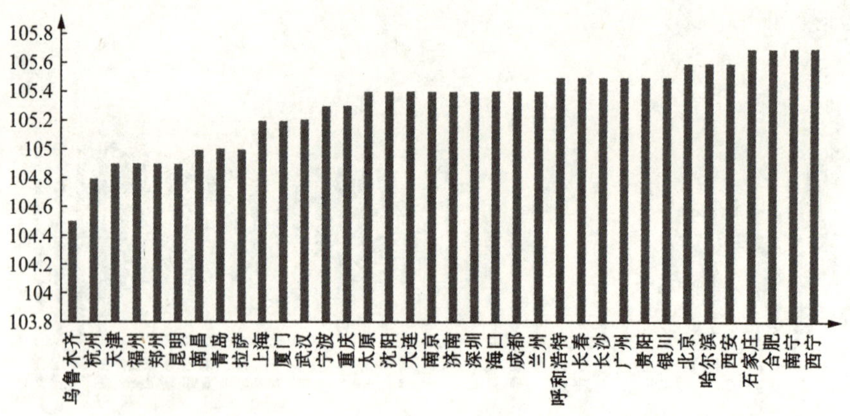

图5-5　36个城市居民消费价格指数统计一览图　单位:%

由于消费价格指数反映了城市居民家庭所购买的生活消费品价格和服务项目价格变动趋势和程度的相对数。通过观察价格指数的变化,在一定程度上可以表明价格波动对居民休闲生活的影响程度。

二、城市居民收入与消费支出

(一) 居民人均可支配收入

城市居民人均可支配收入是指反映居民家庭全部现金收入能用于安排家庭日常生活的那部分收入。一般认为,人均可支配收入是影响居民休闲消费最重要的因素。一个城市的人均可支配收入往往可以体现这个城市居民的消费水平,从而对居民休闲消费的购买倾向和消费喜好形成影响。从统计数据看,各城市之间居民可支配收入的差距依旧比较明显(见图 5-6)。

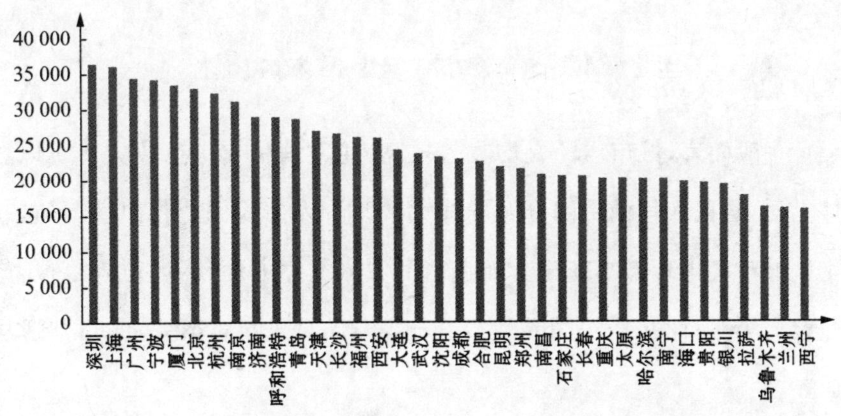

图 5-6　36 个城市居民人均可支配收入一览图　单位:元

从具体数据可见,人均可支配收入在 30000 元以上的城市有 8 座,其中,深圳与上海以 36000 余元位居前两位,处于 20000～30000 元之间的有 21 座城市,20000 元以下的城市有 7 座,基本位于中西部地区。

(二) 居民人均消费支出

人均消费支出是指居民用于满足家庭日常生活消费的全部支出,包括购买实物支出和服务性消费支出。人均消费支出既是衡量居民生活水平和生活质量的重要指标，也是推动城市经济增长的直接因素。居民人均消费支出包括了用于休闲消费支出的内容，居民人均消费支出的高低，在相当大的程度上也体现了居民休闲生活水平与质量的高低(见图 5-7)。

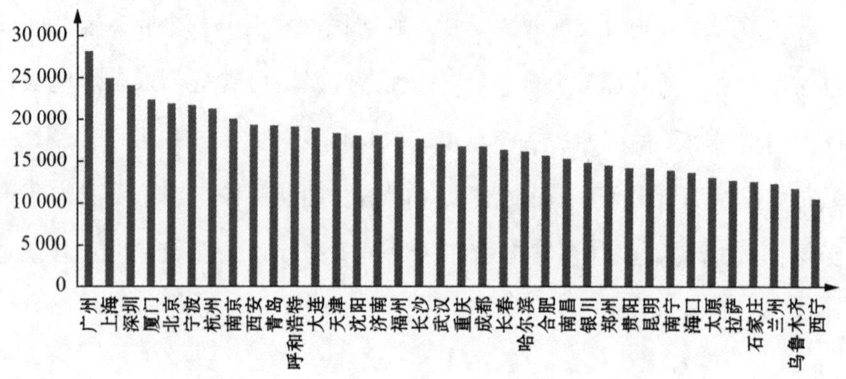

图 5-7　36 个城市人均消费性支出一览图　单位:元

一般而言，城市居民人均收入较高，通常消费支出也较大。所以总体上看，居民人均消费的分布曲线大致与收入曲线保持相似性，只是有个别城市会出现微小变化。如在居民收入排序方面，深圳位列首位，广州位居第三；而在居民消费性支出排名上，深圳跃居第一，广州则退居第三。

(三) 人均家庭设备用品及服务消费支出

城市居民人均家庭设备用品及服务性消费水平的高低是反映居民生活质量的重要标志。随着居民家庭收入水平的不断提高，居民对发展型、享受型消费资料的需求也同步增加，而发展型与享受型生活在提高居民日常生活质量的同时，也极大地丰富了居民休闲生活。今天服务性消费已逐步成为了居民生活领域的一个消费热点，也成为揭示我国居民休闲消费需求逐步高涨的一个缩影(图 5-8)。

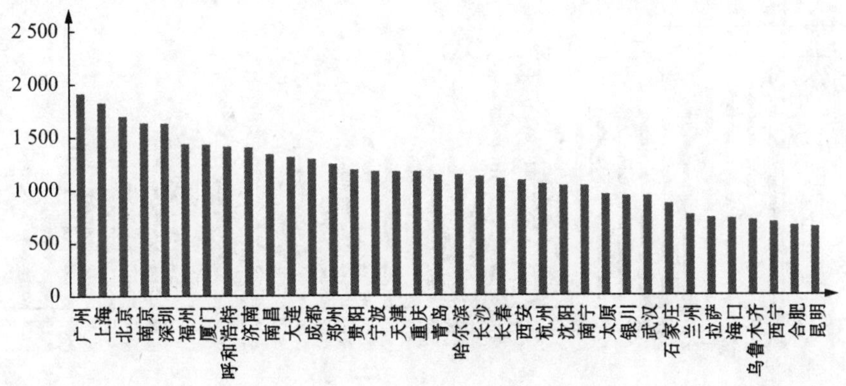

图 5-8　36 个城市居民人均家庭设备用品及服务消费支出一览图　单位:元

(四) 人均家庭医疗保健消费支出

从城市居民的生活角度出发,相对于衣、食、住、行等基本生活消费而言,医疗保健消费从一定程度上讲是一种弹性较小的消费品。当然,在当前家庭收入水平普遍提高的情况下,居民对身体保健的观念已经发生很大转变,无病防病的观念已进入百姓家庭,保健和养生已引起居民的广泛重视,从而使保健消费成为当今时代居民家庭一种层次较高的消费,支出比重也不断提高(见图 5-9)。

图 5-9 显示,人均家庭医疗保健消费支出名列前三位的是呼和浩特、长春和沈阳,紧随其后的是北京、大连和天津。显而易见,北方城市的居民在人均家庭医疗保健消费支出方面具有明显优势,而在收入和支出许多方面都占据相对优势的上海、广州和深圳等城市在这方面的排名却明显靠后,广州第 10,上海第 17,深圳排名更是跌落至第 31,这一现象不是偶然一年,近年来已形成一种常态,值得引起有关方面的重视。

(五) 人均交通通信消费支出

在当代城市中,交通和通信消费已经成为人们生活中不可或缺的部

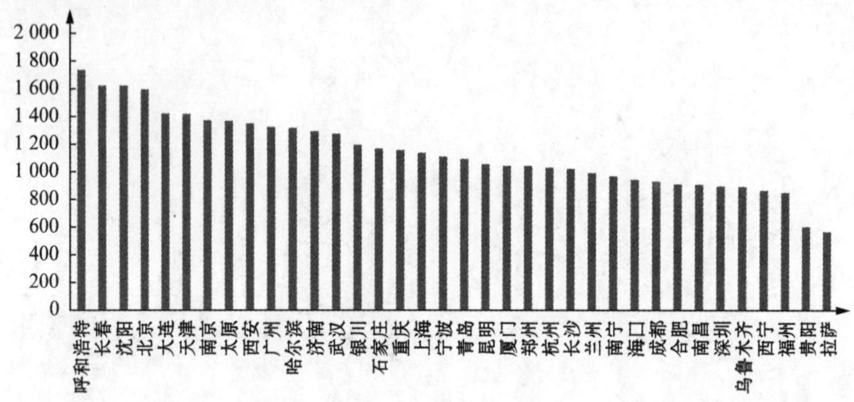

图 5-9　36 个城市居民人均家庭医疗保健消费支出一览图　单位:元

分。尤其是随着人们社会交往的日益频繁、信息观念的普遍加强,以及现代交通工具和高科技信息产品的迅速发展,居民人均交通和通讯消费支出已经日渐增长(见图 5-10)。

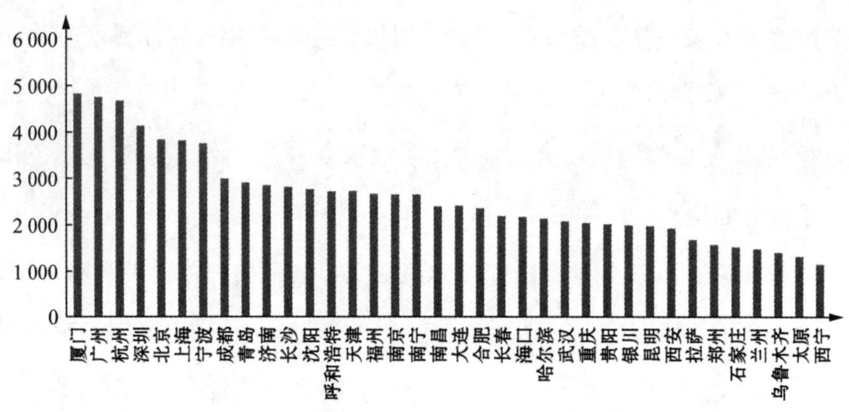

图 5-10　36 个城市居民人均交通通信消费支出一览图　单位:元

图 5-10 显示,我国城市居民用于交通和通信消费的层次性比较清晰,大致可以分为三个层次。厦门、广州、杭州和深圳等 4 座城市居民人均交通和通信消费突破 4000 元,其中厦门最高,达到 4800 余元。紧接着,北京、上海和宁波居民的消费在 3700～3900 元之间。两者合计有 7 座城

市，为第一层次，占总数的 19.4%。消费在 2000～3000 元之间的城市有 18 座，占总数的 50%。在 1000～2000 元之间的有 10 座城市，占总数的 30.6%。此外，排名第一的厦门和位居末位的西宁居民的消费相差 4 倍有余，说明不同城市间居民的消费支出差距还比较严重。

(六) 人均教育文化娱乐服务消费支出

教育文化娱乐服务消费支出，包括文化娱乐用品、文化娱乐服务、教育三类消费，是反映居民生活消费结构变化的一个重要指标，也是反映居民休闲生活质量，甚至休闲生活方式变化的一个重要指标。近年来，随着政府管理部门加大了对教育乱收费问题的治理，一定程度上使教育支出费用比重有所降低，而与居民休闲生活高度相关的文化娱乐服务消费支出不断增加，比重不断提高。当然，各城市的经济发展程度不同，消费支出也有差异(见图 5-11)。

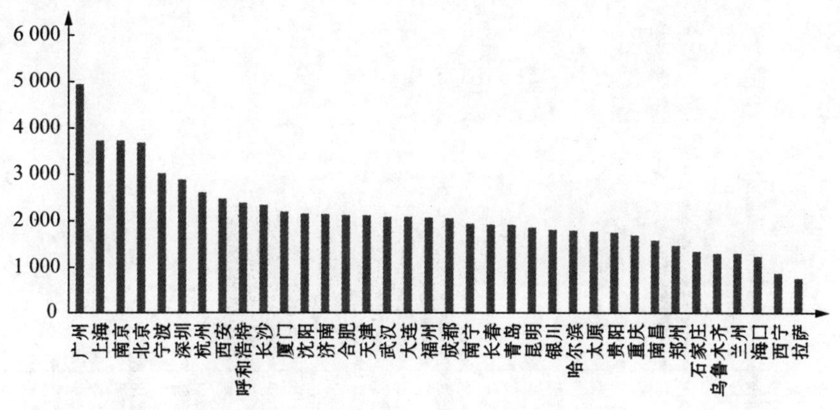

图 5-11　36 个城市居民人均教育文化娱乐服务消费支出一览图　单位:元

图 5-11 显示，广州市民在教育文化娱乐服务消费方面的支出最高，约为 5000 元，独占鳌头，比位居第 2 的上海要高出 1000 余元。广州娱乐文化设施众多，娱乐夜生活丰富，相关休闲产业成熟，与居民的消费支出状

况高度吻合。各城市发展不平衡，约有 47%的城市居民人均教育文化娱乐服务消费低于 2000 元，且主要分布在中西部地区。广州与拉萨居民之间的消费差距在 7 倍左右，应该说非常严重。

三、城市居民出游率

城市居民出游率通常是指一年内一座城市外出旅游人数与居民总人数的比例。在国际上，出游率通常是作为衡量居民出游状况的重要指标。从城市居民休闲生活质量评价角度看，出游率也是一项重要内容。旅游活动是重要的经济消费现象。近年来，随着城市居民收入水平的不断提高，居民出游率也水涨船高。尤其是节假日与黄金周期间，各地景区爆棚，从一个侧面折射出各城市居民出游热情的高涨，也表明各大城市社会经济的持续发展，不断提升居民的休闲消费能力。据统计，2011 年我国国内旅游人数就高达 26.4 亿人次。根据统计数据整理，各城市居民出游率高低分布如下(见图 5-12)。

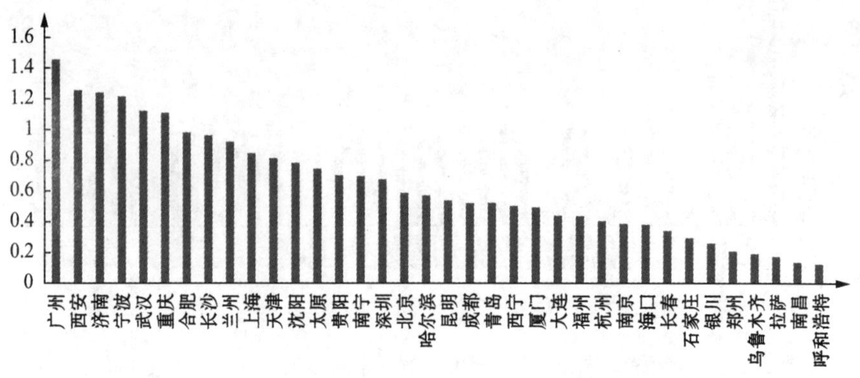

图 5-12　36 个城市居民出游率一览图　单位：%

图 5-12 表明，广州、西安和济南等城市在居民出游率排序上靠前，而上海、北京和深圳等比较发达的城市居民出游率排名则相对靠后。上述

现象表明，城市社会经济发展程度和发展状态对居民出游率高低有一定影响，但是不一定表现为同步。目前这种状况在一定程度上与表 5-2 所显示的城市休闲化水平与出游率相关性系数存在一定的吻合性。当然，具体情况还需要在进一步收集整理相关材料的基础上进行深入的研究和探索。

四、居民家庭家电耐用消费品

（一）每百户城市居民家庭年末彩电拥有量

彩电是居民家庭日常最普通、也是使用率最高的休闲产品。彩电在我国城市居民家庭中已经普及，彩电的销售量也比较稳定。从国际经验看，目前世界发达国家居民日常花费在电视上的时间基本维持在休闲时间的 45％左右，我国也大致如此。从目前状况看，电视仍然是全球第一大休闲项目。根据统计数据，各大城市彩电拥有量分布如下（见图 5-13）。

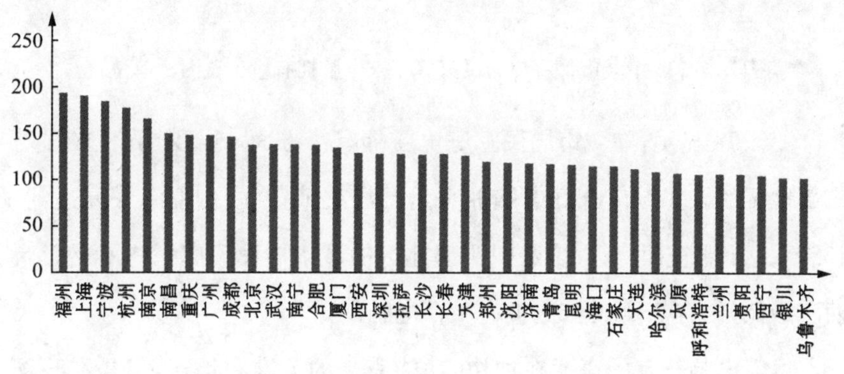

图 5-13　36 个城市百户居民家庭年末彩电拥有量一览图　单位：台

从图 5-13 可以看出，我国城市居民家庭彩电拥有量之间的差距非常小，是涉及居民休闲消费能力指标中差距最小的指标，充分表明在基本的休闲方式中，城市居民家庭几乎处于同一发展阶段。应该看到，我国城市有线电视和网络电视工程的建设与推广，以及居民家庭住宿条件的改善，都极大地缩小了地区之间的发展差距。

（二）每百户城市居民家庭年末电脑拥有量

电脑最初是工作的工具，而随着电脑功能的多元化与网络功能的健全，电脑集成了工作与娱乐的双重功能。据统计，2011 年我国网民数量已接近 5 亿，是全球网民增速最快的国家之一。根据统计资料，各城市居民家庭电脑拥有量分布如下（见图 5-14）。

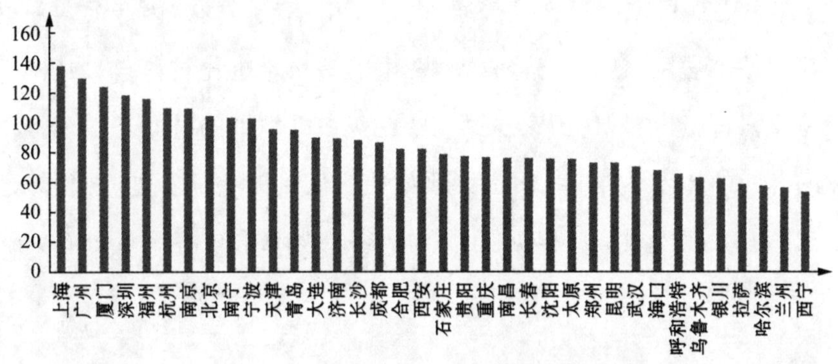

图 5-14　36 个城市每百户居民家庭年末电脑拥有量一览图　单位：台

图 5-14 显示，在城市居民家庭电脑拥有量方面，地区差异比较显著。东部地区的许多城市家庭电脑拥有量已经突破 100 台，上海最高达到了 138 台。相比较而言，大多数中西部地区的城市居民家庭平均不足 1 台。西宁最低，约有 53％的家庭拥有 1 台电脑。

尽管电脑普及的速度在加快，功能完善的节奏在提速，但是在我国，电脑要想真正取代电视成为居民休闲活动第一排名的位置，还需要假以时日。

本章主要参考文献

[1]　郭鲁芳.休闲消费的经济分析[D].杭州:浙江大学博士学位论文，2004.

[2]　楼嘉军.论休闲与休闲时代[M].上海:上海交通大学出版社,2013:79.

第六章　城市休闲产业指标

第一节　休闲产业评价指数

自从20世纪80年代以来，休闲产业作为现代服务产业的组成部分，在欧美发达国家获得蓬勃发展，已趋于成熟。休闲产业的不断发展与完善对全球经济已产生了相当大的促进作用。近年来，随着我国休闲产业的发展以及对国内消费市场的拉动作用，休闲产业对社会经济发展的重要性和关联性正在逐步凸显。休闲产业对于整个国民经济的发展具有推动作用，有助于平衡市场需求，保证国民经济的平稳运行，对于经济结构转型具有导向作用。休闲产业能力是城市休闲发展质量评价的组成部分，一定程度上是城市现代服务业发展的综合反映。

一、指标构成与评价结果

（一）指标构成

休闲产业能力(Industrial Capacity，简称IC)指标是评价城市休闲化质量指标的重要组成部分。一般认为，休闲产业是指为社会公众(本地居民和外来游客)提供休闲产品和休闲服务的活动，并保证人们在休闲活动的全过程获得各种享受和满足的部门的集合[1]。城市休闲产业能力是指是区域内能够持续有效和最大化地吸引与接待当地居民和外来游客及利用相关资源的经济能力的综合体现，也是城市休闲产业在整体上表现出的一种吸引居民与游客、满足休闲消费、利用各种休闲资源的系统性能力。在本研究中，城市休闲产业能力评价指标包括以下几方面，产业地位（经济比重、就业人数比重）；消费环境（社会消费品零售总额、限额以上批发零售销售总额、限额以上住宿和餐饮业零售总额和企业个数）；文化产业（博物馆、文化馆、公共图书馆、影院/剧场）；旅游产业（旅行社数量、星级饭店数量、星级饭店营业收入、入境过夜旅游者停留天数、入境过夜旅游者人均花费）和接待能力（国内旅游人数、入境旅游人数、）等五个方面的多类指标，共计 18 项。

1. 产业地位

城市第三产业占 GDP 比重是衡量现代城市经济结构优化程度的重要指标。第三产业是指不生产物质产品的行业，通常称作服务业。第三产业占一个城市 GDP 比重的高低，反映了该城市经济结构的状况，占比越高，产业结构越合理，社会经济越发达。此外，第三产业就业人数占全部就业人数的比重，则是从另一个层面成为对一个城市产业经济结构的合理程度和服务业发展程度进行评价的尺度。休闲产业是第三产业的重要组成部分，第三产业的经济比重和就业比重能够比较真实地反映出一个城市休闲产业发展的成熟度。

2. 消费环境

社会消费品零售总额在一定程度上是与居民生活质量与生活水平相关。随着居民收入水平的提高，居民休闲活动频度不断加强，与休闲或休闲相关的各种消费形式层出不穷，如餐饮消费、健康消费、娱乐消费等无不与社会消费品零售有关。因此，从城市休闲质量评价角度讲，社会消费品零售额、限额以上住宿和餐饮业零售总额是评价的重要内容，也成为反映一座城市与休闲服务相关行业发展程度的标尺。其中批发零售业、住宿餐饮业企业规模按照现行统计方法分为限额以上和限额以下。限额标准为:①批发业:年末从业人员20人及以上,年销售额2000万元及以上;②零售业:年末从业人员60人及以上,年销售额500万元及以上;③住宿业:星级宾馆、饭店;④餐饮业:年末从业人员40人及以上,年营业额200万元及以上。限额以上批发、零售、住宿和餐饮业企业的统计代表了当地服务业规模经济的企业发展情况,

3. 文化产业

公共文化服务设施是指以政府管理部门为主提供的、以保障本地居民和外来游客从事休闲文化活动的设施与场所,包括博物馆、文化馆、图书馆、影院/剧院以及纪念地等,是城市公共文化服务体系的重要组成部分。在服务内容、经营管理等方面,又与文化产业相衔接。公共文化服务设施配置的完整性与系统性是一座城市休闲文化质量的综合体现,也体现了城市竞争的软实力。本文主要从数量角度对城市文化产业的代表性设施进行分析。

4. 旅游产业

旅游业是城市休闲产业的重要组成部分。当前,我国旅游业继续呈现出良好的发展势头,国内旅游、出境旅游和入境旅游已经形成了一个比较合理的发展格局。在许多城市的经济体系中,旅游业作为支柱产业或战略产业,发挥出越来越重要的作用。选取旅行社数量,星级饭店数量,以及星级饭店营业额几项数据来评价城市旅游产业的发展状况,其中数量指标是从反映旅游产业的发展规模,而星级饭店营业额、入境旅游者人均花费等则描述了旅游产业的经营绩效。

5. 接待能力

接待能力主要从国内旅游者人数和入境旅游者人数两个方面进行评

价，比较综合地反映了一座城市外向型的功能特征和满足外来游客服务需求的能力。

（二）评价结果

通过城市休闲化评价模型，对涉及城市休闲产业 18 个指标的相关数据进行计算，可以得出 36 座城市在休闲产业能力发展方面各自得分状况（见表 6-1）。

表 6-1　36 个城市休闲产业能力指标评价分值一览表

序号	城市	PI	序号	城市	PI	序号	城市	PI
1	北京	34.6600	13	青岛	8.6365	25	太原	5.54704
2	上海	31.1837	14	西安	8.0380	26	长春	5.1894
3	广州	17.7022	15	哈尔滨	7.4172	27	南宁	4.7467
4	重庆	16.3815	16	郑州	7.2896	28	呼和浩特	4.3295
5	杭州	14.3617	17	长沙	7.1703	29	贵阳	4.2279
6	深圳	13.7535	18	大连	7.0766	30	南昌	4.2167
7	天津	12.4151	19	福州	7.0579	31	乌鲁木齐	4.0861
8	南京	11.2640	20	石家庄	7.0321	32	兰州	3.9276
9	武汉	11.1202	21	济南	6.9879	33	拉萨	3.4954
10	成都	10.4828	22	昆明	6.7589	34	海口	3.1276
11	宁波	8.71694	23	合肥	5.8838	35	西宁	2.9886
12	沈阳	8.69701	24	厦门	5.6797	36	银川	2.5398

首先，上表显示，北京、上海和广州排名前 3 位，这 3 座城市社会经济相对发达，也从一个侧面表明社会经济发展程度是休闲产业能力发展高度的基础。重庆和杭州紧随其后，其中杭州近年来在休闲产业发展方面颇具特色，大力倡导和推进美食、茶楼、疗休养、演艺、化妆、保健、女装、婴

童、运动休闲、工艺美术等 10 大休闲行业，对于完善杭州休闲产业结构以及提升杭州休闲产业的市场竞争力产生重大影响。其次，在中西部地区经济格局中旅游业发展很快，不少城市的旅游业都是作为地方经济的支柱产业，可是在休闲产业能力的综合评价方面，排名都相对靠后，表明城市休闲产业考察的是服务本地居民和外来游客的综合产业能力，旅游业不是城市休闲产业的全部。

根据各城市休闲产业能力指标评价分值的高低进行排序，可以更加直观地看到 36 座城市休闲产业能力发展的现实状态和发展程度方面所呈现出来的基本格局(见图 6-1)。

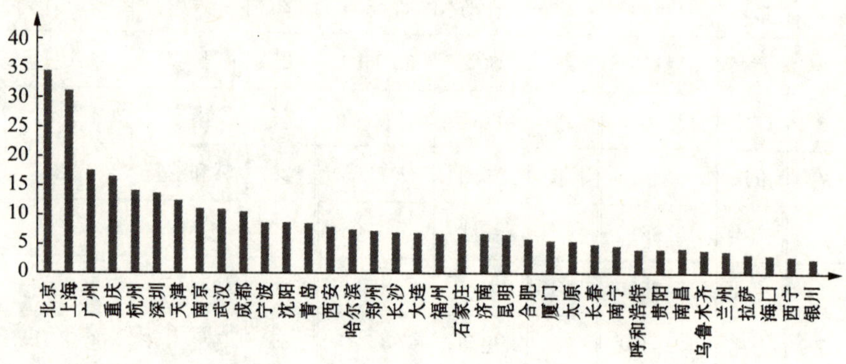

图 6-1　36 个市休闲产业能力指标统计一览

图 6-1 表明，北京和上海在休闲产业方面的发展优势比较明显。从休闲产业发展的整体性看，除了比较发达或相对落后的城市外，现阶段我国大多数城市休闲产业的发展水平处于中等程度，这一现象与我国社会经济发展的现状基本吻合。

二、指标的相关性分析

休闲产业能力指标有 18 项，经过分析发现，城市休闲化指数与休闲产业指标之间存在一定的相关性。

一是城市休闲化指数与批发、零售、住宿和餐饮业存在相关性。从分析结果看，城市休闲化指数与批发、零售、住宿和餐饮业从业人数、社会消费品零售总额、限额以上批发、零售、住宿和餐饮业企业个数、限额以上批发零售业销售总额、住宿和餐饮业零售总额呈显著的正相关，相关系数分别为 0.974、0.957、0.952、0.923 和 0.904(见表 6-2)。

这说明城市休闲化指数与上述指标之间存在直接的关系，也表明城市休闲产业的服务对象主要是本地居民。城市休闲产业在满足居民现实的休闲消费的同时，还能够激发潜在的居民休闲消费需求；而居民休闲消费需求不断高涨，能够进一步促进城市休闲服务产业结构优化与产业转型，从而推动城市休闲化建设，提高城市休闲化水平。

二是城市休闲化指数与旅游业存在相关性。从分析看，城市休闲化指数与星级饭店营业收入、星级饭店数量、旅行社数量、国内旅游人数、入境旅游人数的相关性也非常显著，相关系数分别为 0.934、0.923、0.869、0.818、0.762。一方面，旅游业是休闲产业的重要组成部分。在一座城市中，休闲产业发展成熟，门类比较齐全，接待服务能力比较高的城市，必然也是旅游业比较发达的城市；另一方面，酒店、旅行社、景区等接待服务能力较强的城市，旅游业竞争力也较强[2]，从而能够为本地居民和外来游客从事休闲活动提供有效的服务便利。

三是城市休闲化指数与文化产业存在相关性。从分析看，城市休闲化指数与剧场和影剧院个数、博物馆数量存在较强相关性，相关系数分别为 0.852、0.726。这说明城市休闲化水平与城市文化产业发展之间存在一种互动关系，城市休闲化水平越高，城市文化娱乐设施配备越齐全。

表 6-2　36 个城市休闲化指数(LCI)与产业能力指数的相关性

		城市休闲化指数	第三产业占GDP比重	第三产业就业人数占全部就业人数的比重	社会消费品零售总额	限额以上批发、零售、住宿和餐饮业从业人数	限额以上批发零售业销售总额	限额以上批发、零售、住宿和餐饮业企业个数	限额以上住宿和餐饮业零售总额	文化馆数量	博物馆数量	公共图书馆数量	剧场、影剧院个数	旅行社数量	星级饭店数量	星级饭店营业收入	国内旅游人数	入境旅游人数	入境过夜旅游者停留天数	入境过夜旅游者人均花费
城市休闲化指数	Pearson Correlation	1	0.433**	0.262	0.957**	0.974**	0.923**	0.952**	0.904**	0.408*	0.726**	0.617**	0.852**	0.869**	0.923**	0.934**	0.818**	0.762**	0.294	0.483**
第三产业占GDP比重	Pearson Correlation	0.433**	1	0.518**	0.344*	0.473**	0.510**	0.435**	0.346*	−0.036	0.195	−0.088	0.473**	0.425**	0.459**	0.535**	0.148	0.381*	0.032	0.411*
第三产业就业人数占全部就业人数的比重	Pearson Correlation	0.262	0.518**	1	0.179	0.223	0.220	0.192	0.195	0.194	0.093	0.174	0.376*	0.282	0.258	0.307	0.142	0.050	−0.099	0.171
社会消费品零售总额	Pearson Correlation	0.957**	0.344*	0.179	1	0.934**	0.888**	0.911**	0.910**	0.403*	0.760**	0.692**	0.817**	0.820**	0.833**	0.864**	0.804**	0.757**	0.307	0.481**
限额以上批发、零售、住宿和餐饮业从业人数	Pearson Correlation	0.974**	0.473**	0.223	0.934**	1	0.950**	0.959**	0.877**	0.351*	0.762**	0.562**	0.868**	0.905**	0.903**	0.958**	0.808**	0.754**	0.267	0.517**

（续表）

		城市休闲化指数	第三产业占GDP比重	第三产业就业人数占全部就业人数的比重	社会消费品零售总额	限额以上批发、零售、住宿和餐饮业从业人数	限额以上批发零售业销售总额	限额以上批发、零售、住宿和餐饮业企业个数	限额以上住宿和餐饮业零售总额	文化馆数量	博物馆数量	公共图书馆数量	剧场、影剧院个数	旅行社数量	星级饭店数量	星级饭店营业收入	国内旅游人数	入境旅游人数	入境过夜旅游者停留天数	入境过夜旅游者人均花费
限额以上批发零售业销售总额	Pearson Correlation	0.923**	0.510**	0.220	0.888**	0.950**	1	0.976**	0.794**	0.314	0.668**	0.545**	0.871**	0.869**	0.898**	0.947**	0.734**	0.677**	0.255	0.524**
限额以上批发、零售、住宿和餐饮业企业个数	Pearson Correlation	0.952**	0.435**	0.192	0.911**	0.959**	0.976**	1	0.827**	0.409*	0.720**	0.605**	0.857**	0.883**	0.937**	0.944**	0.818**	0.651**	0.276	0.545**
限额以上住宿和餐饮业零售总额	Pearson Correlation	0.904**	0.346*	0.195	0.910**	0.877**	0.794**	0.827**	1	0.370*	0.651**	0.568**	0.739**	0.724**	0.808**	0.822**	0.746**	0.683**	0.266	0.336*
文化馆数量（省、地市级＋县级）	Pearson Correlation	0.408*	−0.036	0.194	0.403*	0.351*	0.314	0.409*	0.370*	1	0.448**	0.605**	0.377*	0.356*	0.389*	0.265	0.645**	0.092	0.121	0.201
博物馆数量	Pearson Correlation	0.726**	0.195	0.093	0.760**	0.762**	0.668**	0.720**	0.651**	0.448**	1	0.554**	0.671**	0.812**	0.597**	0.660**	0.758**	0.579**	0.245	0.490**

（续表）

		城市休闲化指数	第三产业占GDP比重	第三产业就业人数占全部就业人数的比重	社会消费品零售总额	限额以上批发、零售、住宿和餐饮业从业人数	限额以上批发零售业销售总额	限额以上批发、零售、住宿和餐饮业企业个数	限额以上住宿和餐饮业零售总额	文化馆数量	博物馆数量	公共图书馆数量	剧场、影剧院个数	旅行社数量	星级饭店数量	星级饭店营业收入	国内旅游人数	入境旅游人数	入境过夜旅游者停留天数	入境过夜旅游者人均花费
公共图书馆数量	Pearson Correlation	0.617**	−0.088	0.174	0.692**	0.562**	0.545**	0.605**	0.568**	0.605**	0.554**	1	0.601**	0.543**	0.501**	0.485**	0.742**	0.262	0.142	0.348*
剧场、影剧院个数	Pearson Correlation	0.852**	0.473**	0.376*	0.817**	0.868**	0.871**	0.857**	0.739**	0.377*	0.671**	0.601**	1	0.871**	0.830**	0.891**	0.754**	0.488**	0.231	0.650**
旅行社数量	Pearson Correlation	0.869**	0.425**	0.282	0.820**	0.905**	0.869**	0.883**	0.724**	0.356*	0.812**	0.543**	0.871**	1	0.845**	0.896**	0.797**	0.572**	0.233	0.628**
星级饭店数量	Pearson Correlation	0.923**	0.459**	0.258	0.833**	0.903**	0.898**	0.937**	0.808**	0.389*	0.597**	0.501**	0.830**	0.845**	1	0.941**	0.751**	0.585**	0.268	0.526**
星级饭店营业收入（第三季度）	Pearson Correlation	0.934**	0.535**	0.307	0.864**	0.958**	0.947**	0.944**	0.822**	0.265	0.660**	0.485**	0.891**	0.896**	0.941**	1	0.717**	0.656**	0.290	0.559**
国内旅游人数	Pearson Correlation	0.818**	0.148	0.142	0.804**	0.808**	0.734**	0.818**	0.746**	0.645**	0.758**	0.742**	0.754**	0.797**	0.751**	0.717**	1	0.415*	0.193	0.469**

（续表）

		城市休闲化指数	第三产业占GDP比重	第三产业就业人数占全部就业人数的比重	社会消费品零售总额	限额以上批发、零售、住宿和餐饮业从业人数	限额以上批发零售业销售总额	限额以上批发、零售、住宿和餐饮业企业个数	限额以上住宿和餐饮业零售总额	文化馆数量	博物馆数量	公共图书馆数量	剧场、影剧院个数	旅行社数量	星级饭店数量	星级饭店营业收入	国内旅游人数	入境旅游人数	入境过夜旅游者停留天数	入境过夜旅游者人均花费
入境旅游人数	Pearson Correlation	0.762**	0.381*	0.050	0.757**	0.754**	0.677**	0.651**	0.683**	0.092	0.579**	0.262	0.488**	0.572**	0.585**	0.656**	0.415*	1	0.136	0.200
入境过夜旅游者停留天数	Pearson Correlation	0.294	0.032	−0.099	0.307	0.267	0.255	0.276	0.266	0.121	0.245	0.142	0.231	0.233	0.268	0.290	0.193	0.136	1	0.348*
入境过夜旅游者人均花费	Pearson Correlation	0.483**	0.411*	0.171	0.481**	0.517**	0.524**	0.545**	0.336*	0.201	0.490**	0.348*	0.650**	0.628**	0.526**	0.559**	0.469**	0.200	0.348*	1

**. 在0.01水平(双侧)上显著相关。

*. 在0.05水平(双侧)上显著相关。

第二节　休闲产业指标分类分析

一、第三产业占比

（一）第三产业占 GDP 比重

一般来说，如果一个城市的服务业产出占到 GDP 总量达 50%，就意味着这个城市的产业结构开始以服务经济为主；如果比重达到 60%，就可以认为基本形成了以服务经济为主的产业结构。第三产业包含了旅游、娱乐、文化、艺术、教育和科学等以提供非物质性产品为主的部门。居民各种形式的休闲活动几乎涉及所有的第三产业门类。第三产业的发展为居民休闲活动的发展创造了条件，而居民休闲活动的深入也促进了第三产业的优化发展。根据统计材料，各城市第三产业占 GDP 的比重分布如下（见图 6-2）。

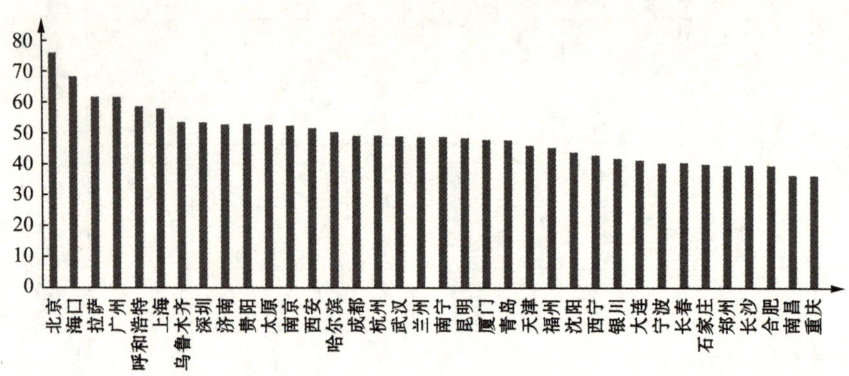

图 6-2　36 个城市第三产业占 GDP 比重一览图 单位：%

图 6-3 显示，已有 14 个城市第三产业占 GDP 总量达 50%以上，约占总数的 39%；有 5 个城市占比低于 40%。总体上看，近年来以服务经济为

主的第三产业的快速发展，也为各城市休闲产业的发展奠定了扎实的基础。

（二）第三产业就业人数占全部就业人数的比重

第三产业就业人数占全部就业人数的比重，通常反映了第三产业结构调整的进程和服务经济质量的高低。发达国家第三产业的就业人数占全部就业人数的比重一般都在60%～70%左右，是吸引就业人数最多的产业部门。现阶段，我国第三产业发展相对落后，第三产业就业比重自然较低，而且各城市差异颇大。由于第三产业以服务部门为主，就业人数比重在一定程度上反映了城市休闲产业发展的状况。各城市第三产业就业人数占全部就业人数的比重统计如下(见图6-3)。

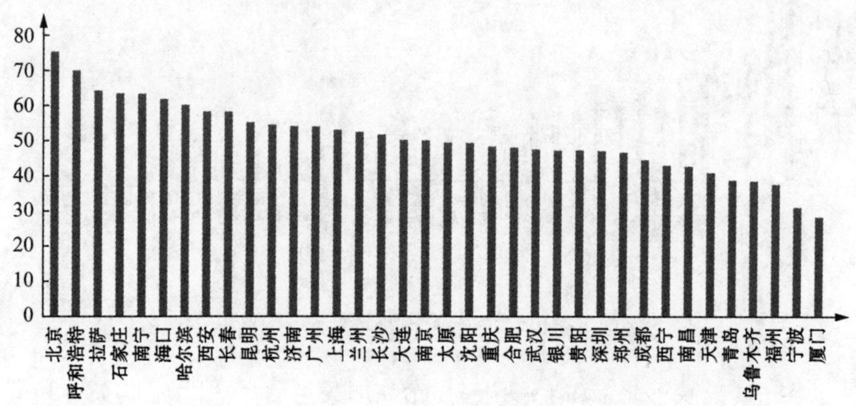

图6-3　36个城市第三产业就业人数占全部就业人数比重一览图 单位：%

北京和呼和浩特第三产业就业人数占全部就业人数的比重超过70%，在各城市中遥遥领先，其中北京已经达到75%以上，是国内城市中服务业最发达的城市，而北京休闲产业的综合水平也在国内名列前茅。

二、社会消费品销售额

(一) 社会消费品零售总额

城市社会消费品零售额反映了一定时期内城市居民休闲物质文化生活水平的变化情况,也反映一座城市社会商品购买力的实现程度,以及零售市场规模和业态规模等状况,在国际上通常是作为衡量城市商业服务经济景气度的重要指标。从统计数据看,北京、上海和广州位居前 3 位,其中北京和上海相比于广州优势更大(见图 6-4)。

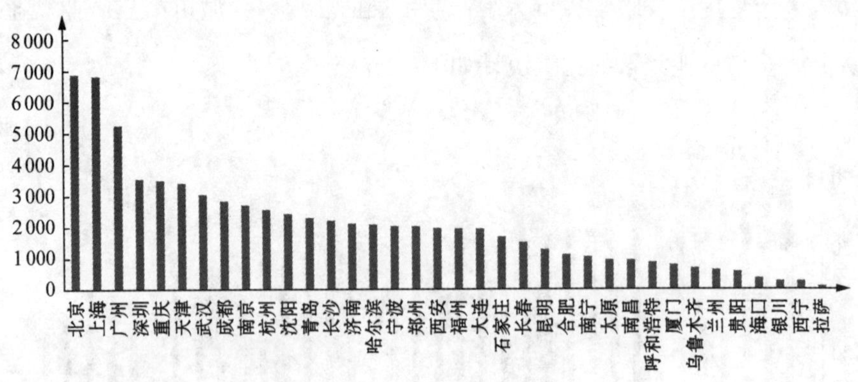

图 6-4　36 个城市社会消费零售总额一览图 单位:亿元

图 6-4 反映了北京和上海两座城市在居民生活水平、商品购买力和市场规模等方面在国内城市中具有无可比拟的综合优势。从整体上看,大多数城市社会消费品零售总额在 3000 亿元以下,不及北京和上海的一半,显示社会消费品零售业态还处于中小规模状态。此外,拉萨、西宁和银川等西部城市在这方面与东部大城市的差距十分明显。

(二) 限额以上批发、零售、住宿和餐饮业从业人数

限额以上批发、零售、住宿和餐饮业是第三产业的重要组成部分,也是吸纳劳动力就业的主要渠道之一。这里的限额以上的标准如下(见表 6-3)。

表 6-3 限额以上批发、零售业、住宿和餐饮业的划分标准

行业类别	统计指标名称	计量单位	限额以上企业
批发业	年主营业务收入	万元	2000 及以上
	年末从业人员	人	20 及以上
零售业	年主营业务收入	万元	500 及以上
	年末从业人员	人	60 及以上
餐饮业	年主营业务收入	万元	200 及以上
	年末从业人员	人	40 及以上
住宿业	是否已评定星级	——	一星级及以上
	或是否为旅游饭店	——	或为旅游饭店

从近年来的发展实际可以看出，各大城市限额以上批发、零售、住宿和餐饮业日趋繁荣，行业结构日益优化，吸纳了大量的劳动力就业，成为促进城市经济稳定较快发展的重要力量，这也是城市居民休闲生活方式丰富、休闲消费能力提高的必然结果。各城市统计结果如下(见图 6-5)。

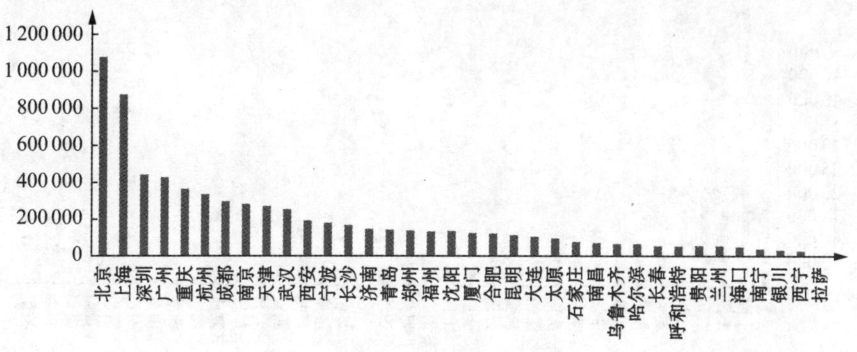

图 6-5 36 个城市限额以上批发、零售、住宿和餐饮业从业人数一览图 单位:人

首先，根据数据分析看，北京和上海在限额以上批发、零售、住宿和餐饮业方面的就业人数最高，这与北京和上海服务产业发达，市场规模庞大，居民人口众多以及外来游客流量巨大等直接相关。其次，从层次看，北京和上海就业人数在 80 万以上，为第一层次，占总数的 5.56%；深圳和

广州等 8 座城市就业人数在 20～45 万之间，为第二层次，占 22.22%；西安等 26 座城市就业人数低于 20 万，为第三层次，占 72.22%。最后，从差异看，首位的北京与末位的拉萨之间相差近 146 倍，反映了两座城市在产业规模与产业就业人数方面存在的巨大差异。

（三）限额以上批发零售业销售总额

限额以上批发零售业是社会化大生产过程中的重要环节，其销售总额的高低是决定一座城市经济运行速度、管理质量和市场效益的引导性力量。从宏观大背景走势看，社会经济持续健康稳定发展，居民收入水平整体上处于较快上升阶段。因此，无论是从总量上，还是从结构上看，城市居民消费都有相当大的发展空间，这为城市批发零售行业的发展提供了现实基础。批发零售业销售总额与居民日常休闲消费水平与休闲生活质量关系密切。各城市限额以上批发零售业销售总额的统计结果如下(见图 6-6)。

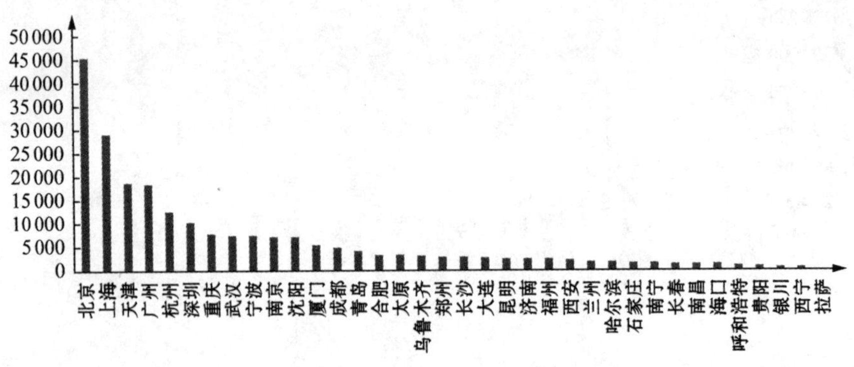

图 6-6　36 个城市限额以上批发零售业销售总额一览图　单位:亿元

从图 6-6 看，排名居前的城市之间的数据排列不是缓慢递减，而是犹如阶梯式下降，显示各城市之间在限额以上批发零售业发展中存在的较大的不平衡性。其中北京一城独大，比位居次席的上海领先优势明显。此外，首位城市与末位城市之间的差距也进一步扩大至1255倍，深刻折射出我国城市之间在服务产业发展领域存在的巨大鸿沟这一现状。

（四）限额以上批发、零售、住宿和餐饮业企业个数

限额以上批发、零售、住宿和餐饮业企业个数反映了一个城市商业服务经济发展的市场环境和产业态势，与城市本地居民休闲消费活动和外来游客的消费活动关系密切。各城市限额以上批发、零售、住宿和餐饮业企业个数统计如下（见图6-7）。

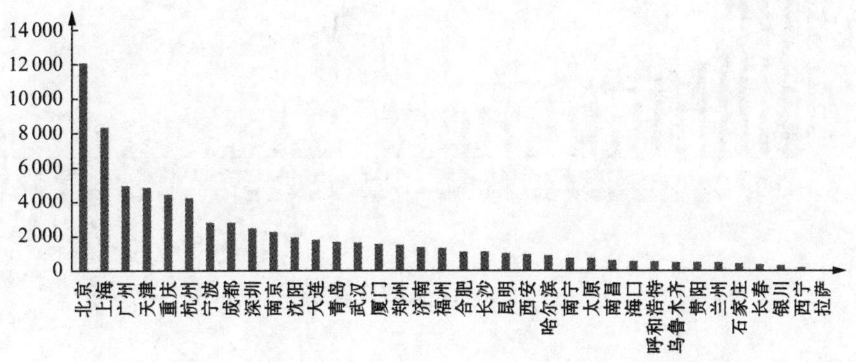

图6-7　36个城市限额以上批发、零售、住宿和餐饮业企业数　单位:个

在名列前茅的城市中，除了四个直辖市外，广州和杭州企业数量也相对较多，其中杭州近年来在城市商业服务业方面的发展比较突出，尤其是在休闲之都发展战略的引导下，居民休闲活动与游客度假活动都获得了迅速发展，极大地推进了与休闲旅游相关的服务业的发展。

从企业数量分析看，可以分成5个层次，北京高居榜首；上海占据次席；广州、天津、重庆和杭州在第三层次；宁波、成都、深圳和南京在第四层次；其余26个城市企业数量均在2000个以下，属于第五层次，占总数的72%以上。上述情况表明各城市之间发展极不平衡。

（五）限额以上住宿和餐饮业零售总额

城市住宿和餐饮业零售总额是社会消费品零售总额进行分类的一个统计。从居民日常休闲活动与游客各种形式的旅游活动看，或多或少都与住宿和餐饮服务业产生直接关系，所以从住宿和餐饮业零售总额入手，有助于进一步了解居民和游客在住宿与餐饮方面消费的状况。各城市统计如下（见图 6-8）。

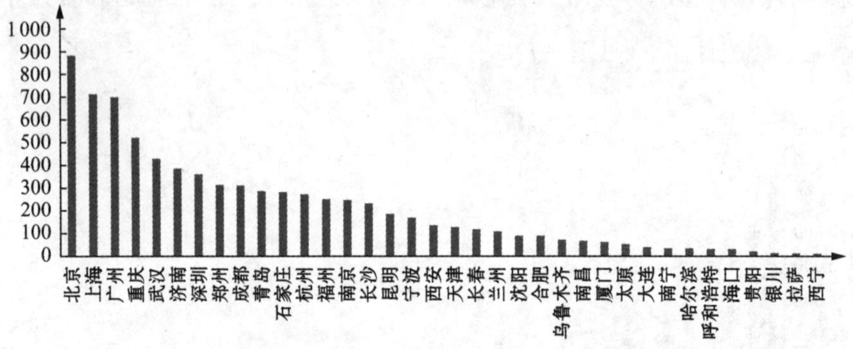

图 6-8　36 个城市限额以上住宿和餐饮业零售总额　单位：亿元

从图 6-8 看，北京依然占据第 1 位，上海和广州位列其后。值得关注的是广州在社会消费品零售总额、限额以上批发、零售、住宿和餐饮业企业个数和销售总额等数据方面均与上海存在较大差距，唯独在住宿和餐饮业零售总额的数据方面与上海相差无几，这一现象与广州旅游业发达和餐饮业繁荣的状况基本吻合。从总体上看，我国城市限额以上住宿与餐饮业发展规模还比较弱，有 26 个城市各自的销售总额低于北京数据的三分之一规模，有 15 个城市各自的销售总额接近或低于北京数据的九分之一。此外，拉萨排名略高于西宁，表明近年来旅游业的发展对于提高当地住宿与餐饮业的销售总额发挥了相应的作用。

三、公共文化设施

（一）博物馆

博物馆是城市文化产业服务体系的组成部分。一般认为，博物馆是征集、典藏、陈列和研究代表自然和人类文化遗产的实物的场所，通常是一座城市的文化地标。博物馆是非营利性的文化服务机构，通常对社会公众免费开放，用以满足居民和游客的学习、教育和娱乐目的。各城市博物馆数量统计如下（见图 6-9）。

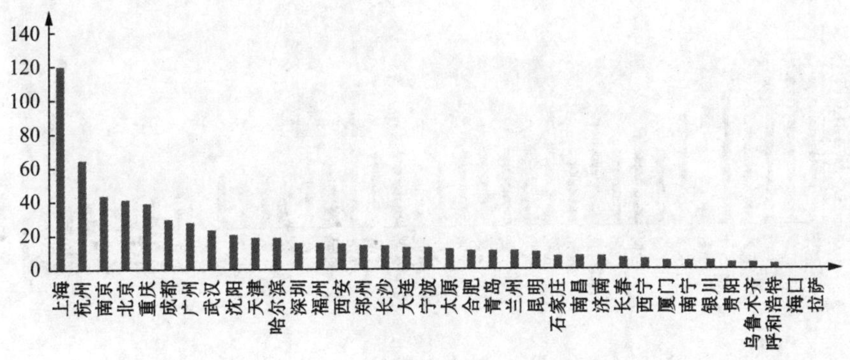

图 6-9　36 个城市博物馆数量一览图　单位：个

图 6-9 显示，首先，从总体上看，我国城市博物馆数量普遍较少，与发达国家城市拥有的博物馆数量相比差距较大。上海以 120 个高居榜首，杭州次之，有 65 个；而南京和北京为 44 个和 41 个，其他城市都在 40 个以下。其次，从比较看，各城市之间博物馆的发展非常不平衡。拉萨与海口仅有 1 个，仅为上海的 1/120，差距悬殊。再次，从城市综合发展角度看，经济和文化发展也有一定的不平衡性。以深圳为例，经济指标发展名列前茅，而博物馆数量仅有 16 个，名列 12 位，博物馆建设方面相对滞后。

（二）文化馆

文化馆是城市文化产业服务体系的组成部分，也是弘扬社会主义核心价值体系的重要载体。城市文化馆通过开展公益性文化艺术服务和艺术教育工作，培训基层文化人员和文艺骨干，开展文化交流活动，是推广群众文艺活动发展的重要场所。在城市大众文化的发展进程中，文化馆正在发挥着越来越重要的作用。各城市文化馆数量统计如下（见图6-10）。

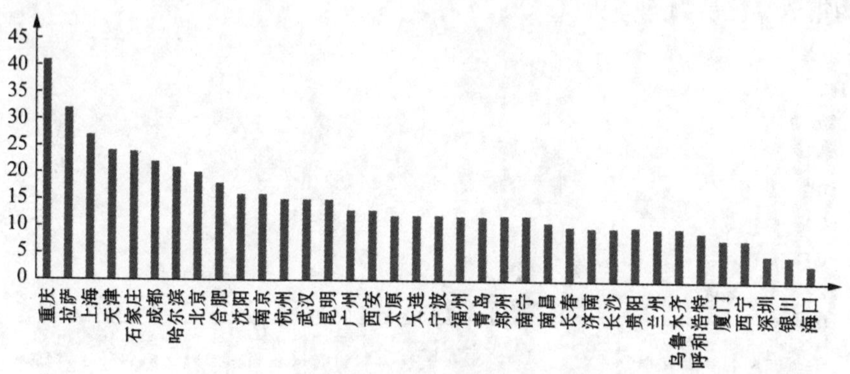

图 6-10 36个城市文化馆数量一览图 单位：个

在文化馆建设方面，重庆相对突出，以41个位列第一。尽管各城市在文化馆数量建设方面存在差异，但是相对而言，差距不是很大。需要指出的是，位于倒数第3位的深圳，仅有5个文化馆，在一定程度上表明深圳在经济高速发展的同时，在文化馆建设方面存在比较严重的短板现象。

（三）图书馆

图书馆是城市文化产业服务体系的组成部分。图书馆有保存人类文化遗产、开发信息资源、参与社会教育等职能，也是供大众阅览图书文献的地方。各城市图书馆数量统计如下（见图6-11）。

从图6-11可以看出，在我国城市之间公共图书馆发展虽然有一定的

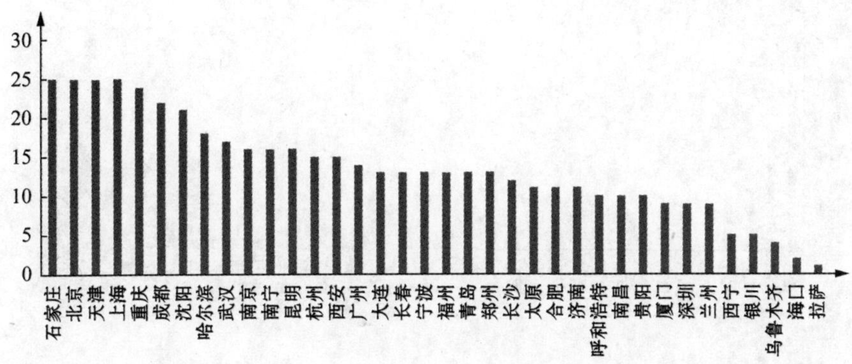

图 6-11 36 个城市文化馆数量一览图 单位:个

差异性,但是总体上差距不大。值得注意的是,有四个城市的图书馆并列第一,在所有指标中是十分鲜见的。其中,石家庄是四个城市中最引人关注,无论是城市人口规模或经济规模都无法与北京、上海和天津相比,然而在图书馆建设方面却高居榜首,远高于广州和深圳等人口和经济规模大的城市的拥有数量。

(四) 剧场/影院

剧场/影院是城市文化产业服务体系的组成部分。剧场,有时又称剧院,是指特定的、由永久性的建筑体构成的表演场所,亦可作为表演场所的总称。剧院通常指室内的表演场所,而剧场则同时适用于户外广场及室内建筑。电影院是给观众放映电影的场所,其建筑必须满足电影放映的工艺要求,使电影院达到应有的、良好的视觉和听觉质量。剧场/影院是城市居民和外来游客从事文化娱乐活动的重要场所,也是多元文化沟通的载体与桥梁。无论是剧场还是影院,都是文化、娱乐和建筑综合发展的结晶体,不仅是一个城市居民和游客从事文化娱乐夜生活的重要场所,而且在一定程度上代表了一个城市文化娱乐设施发展的水平。各城市剧场/影院数量统计如下(见图 6-12)。

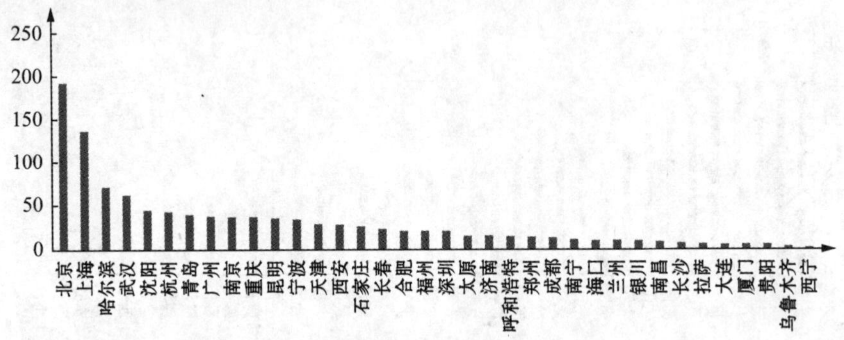

图 6-12　36 个城市文化馆数量一览图　单位:个

图 6-12 表明,北京以 193 个的数量遥遥领先,上海以 136 个紧随其后,而哈尔滨和武汉分别以 72 个与 64 个分列 3、4 位。其余 32 个城市剧场/影院数量都低于 50 个,其中有 8 个城市的剧场/影院数量少于 10 个。对那些城市而言,今后围绕剧场/影院的建设工作还是相当繁重的。

四、旅游接待服务

2011 年我国国内旅游人数达 26.41 亿人次,入境过夜旅游人数 5758.07 万人次,旅游业总收入 2.25 万亿元。[①] 旅游产业体系日趋完善,产业功能不断扩展,产业素质不断提升,我国正在从世界旅游大国向世界旅游强国转变。

(一) 旅行社数量

旅行社是指以营利为目的,从事旅游业务的企业。其中旅游业务是指为旅游者代办出境、入境和签证手续,招徕、接待旅游者,为旅游者安排食宿等有偿服务的经营活动。旅行社数量也从一个侧面反映一座城市旅

① 国家旅游局. 2011 年中国旅游业统计年报[R],http://www.cnta.gov.cn/html/2012－10/2012－10－25－9－0－71726.html

游业发展规模和发展程度的重要指标。各城市旅行社数量统计如下(见图 6-13)。

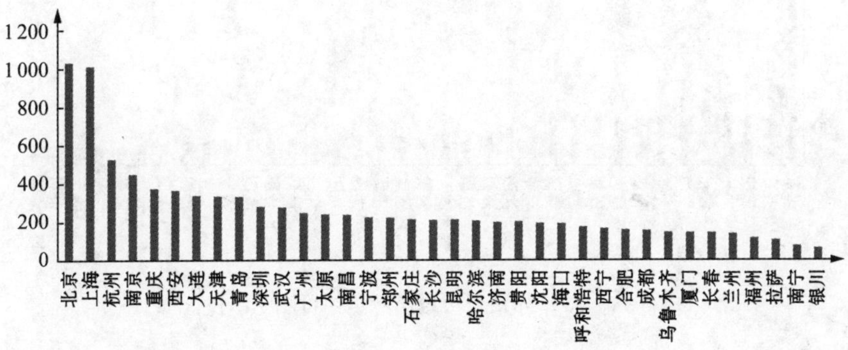

图 6-13　36 个城市旅行社数量统计　单位:个

从图 6-13 可以看出,北京和上海稳居前列,旅行社数量都在 1000 家以上。这也与两座城市旅游业在国内领先的地位基本吻合。杭州和南京旅行社的数量约为北京和上海的一半,其余城市旅行社的数量都在 400 家以下,其中南宁和银川还不足 100 家,说明城市之间旅行社发展程度存在比较明显的差距。

(二) 星级饭店数量

星级饭店是指以夜为时间单位向旅游客人提供配有餐饮及相关服务的住宿设施(按不同习惯它也被称为宾馆、酒店、旅馆、旅社、宾舍、度假村、俱乐部、大厦、中心等),经由国家(省级)旅游局评定达到一定的星级标准(通常分为五个等级)。一个城市星级饭店的数量反映了当地旅游业的接待服务能力。各城市星级饭店数量统计如下(见图 6-14)。

北京星级饭店数量遥遥领先,在数量上比位居第 2 位的上海多了将近一倍,表明北京具有极强的中高档旅游接待能力,这一现状也符合北京作为我国的首都,公务旅游、商务旅游、会奖旅游和其他各种形式的中高

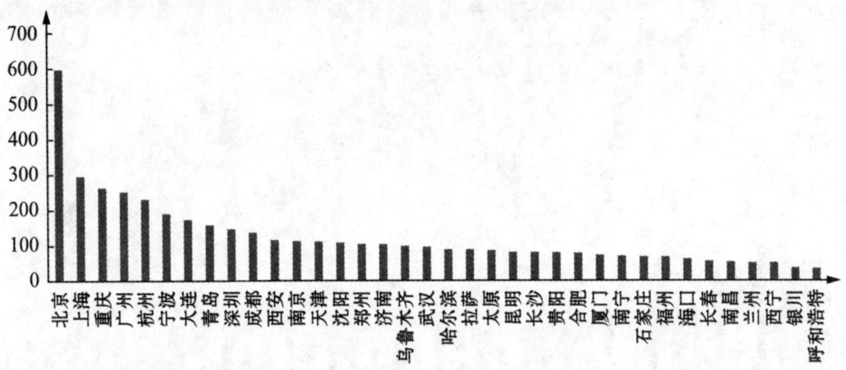

图 6-14　36 个城市星级饭店数量一览图　单位:个

档次旅游活动相对发达的发展格局。有 20 座城市星级饭店数量在 100 家以下,表明这些城市与东部地区发达城市之间存在着差距,同时也蕴含着巨大的发展潜力。

(三) 星级饭店营业收入

星级饭店营业收入是指企业在从事销售商品,提供劳务和让渡资产使用权等经营业务过程中形成的经济利益的总流入。星级饭店营业收入高低直接反映了一座城市饭店行业整体的经营状况,也在一定程度上折射出一个城市旅游业发展效益的高低。各城市旅游业中星级饭店营业收入统计如下(见图 6-15)。

从统计结果看,北京星级饭店营业收入排名第一毫无疑义,与其星级饭店数量众多基本吻合。但是从星级饭店数量排名与营业收入排名比较看,也还是体现出一些差别。以上海为例,从数量上讲,上海约为北京的一半;而从营业收入角度看,上海约为北京的 62%。再看重庆,数量排名全国第 3 位,营业收入排序却跌落至第 6 位。还有就是广州,数量上排在重庆之后,位居全国第 4 位,营业收入排名第 3 位,比重庆高出 3 位。另外一个变化比较大的城市就是拉萨,星级饭店数量排名全国第 20 位,营业

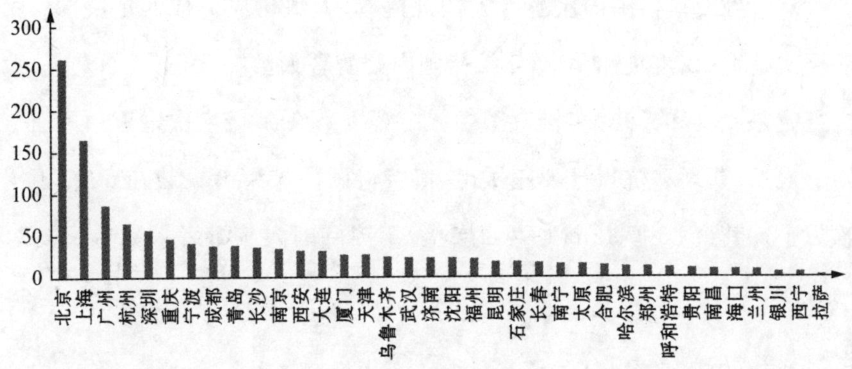

图 6-15　36 个城市星级饭店营业收入一览图　单位:元

收入排名则垫底,说明拉萨旅游市场季节性变化特征十分显著,从而对饭店行业的营业收入产生较大影响。

(四) 国内旅游人数

国内旅游者人数,是指我国大陆居民和在我国常住 1 年以上的外国人、华侨、港澳台同胞离开常住地,在境内其他地方的旅游设施内至少停留一夜,最长不超过 6 个月的人数。国内旅游者人数通常成为衡量一座城市接待国内旅游者能力的直接指标。各城市统计如下(见图 6-16)。

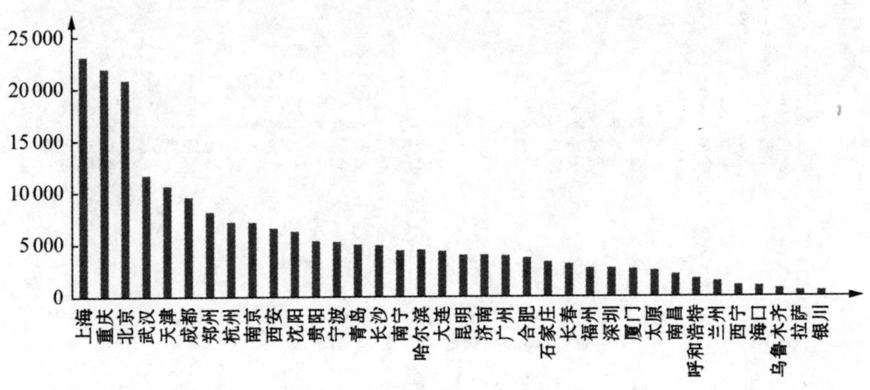

图 6-16　36 个城市接待国内旅游者人数一览图　单位:万人次

从各城市接待国内旅游者人数规模看，大致可以分成四个层次。第一层次是上海、重庆和北京，年接待国内旅游者人数在 2 亿人次以上。第二层次是武汉和天津，年接待国内旅游者人数在 1 亿人次以上。第三层次是成都、郑州和杭州等 8 座城市，年接待国内旅游者人数在 5000 万人次以上。其余 23 座城市为第四层次，年接待国内旅游者人数低于 5000 万人次。

（五）入境旅游人数

入境旅游人数是指来中国(大陆)观光、度假、探亲访友、就医疗养、购物、参加会议或从事经济、文化、体育、宗教活动，且在中国(大陆)的旅游住宿设施内至少停留一夜的外国人、港澳台同胞等游客。入境旅游人数是反映一座城市接待国外旅游者能力的直接指标。倘若从城市休闲功能的外向型特征出发，综合反映了城市休闲产业能力满足外来游客的观光及其他相关需求。各城市接待入境旅游者人数统计如下(见图 6-17)。

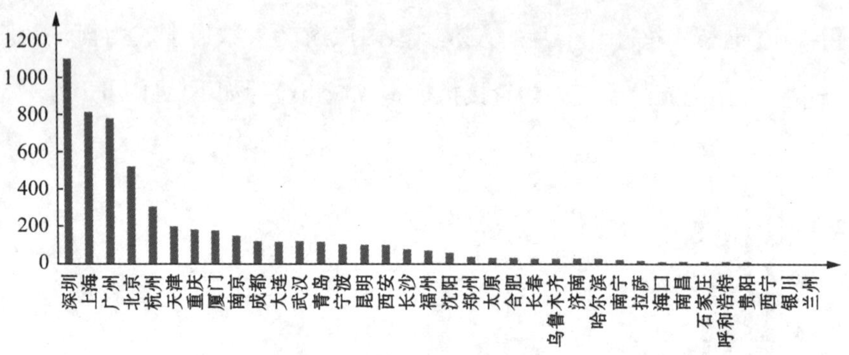

图 6-17　36 个城市接待入境旅游者人数一览图　单位：万人次

从总体上看，东部地区城市接待入境旅游者人数较高，而西部边远地区城市明显偏低，其中兰州最低，与深圳相差将近 1000 倍，与上海也有 800 倍的差距。从各城市接待入境旅游者人数分布看，差异比较大。深圳优势比较明显，以年接待入境旅游者 1100 余万的规模高居榜首。当然，这也与深圳毗邻香港有关。广州的情形在相当大程度上与深圳相似。上海以 800 余万的接待量名列第 2 位，显示了上海作为国内最大的工商业城市和亚太地区重要的经济中心城市在旅游市场中的影响力。北京位列第 4，年接待入境旅游者人数为 520 万左右，比上海约低 300 万。需要关注的是西部地区的南宁与拉萨，近年来入境旅游发展体现出良好的发展势头。南宁借助于与东盟的合作平台，促进了入境旅游的发展。而拉萨则以自身独特的人文和自然资源优势，不断扩大在国际旅游市场中的影响力。

（六）入境过夜旅游者停留天数

入境过夜旅游者停留天数是指境外旅游者在一座城市平均停留的时间，是衡量一座城市旅游业接待境外旅游者能力的分类指标。一般意义上讲，旅游者在当地停留时间越长，对当地旅游业的贡献就越大，旅游业的绩效就越好，旅游业发展也就越健康。各城市统计数据整理如下（见图 6-18）。

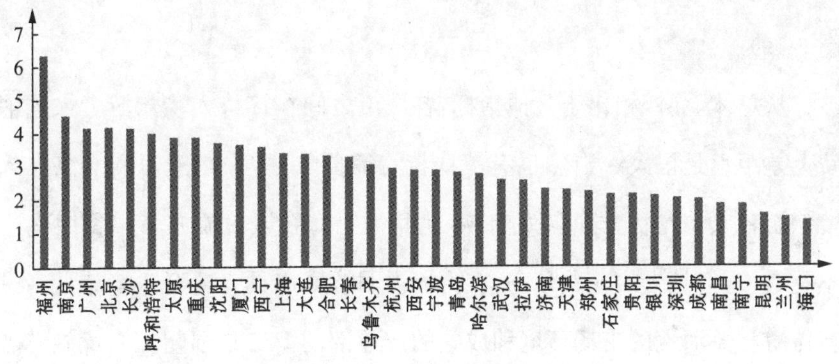

图 6-18　36 个城市入境旅游者停留天数一览图　单位：天

首先,从统计结果看,福州入境旅游者停留时间最长,为6.36天,位列第1。一方面,应该说与福州和台湾地区相邻密切相关,因为每年有大量台湾地区的同胞回福建开展各种形式的旅游活动;另一方面,近年来福州城市环境大幅改善,接待服务设施日益完善,也为入境旅游者的停留提供了极其便利的条件。其次,南京和长沙入境旅游者的停留天数与广州和北京在同一层次,在一定程度上说明近年来我国二线城市涉外旅游接待服务能力有了很大提升。再次,在入境旅游者停留天数方面,深圳位列第30位,与其巨大的入境旅游者接待量相比,折射出该地入境旅游者鲜明的流动特征。还有就是上海,排名第12位,从一个侧面显示上海具有枢纽中转旅游目的地的特点,也即游客接待量比较大,但是游客流动率也比较高。最后,海南岛作为国际旅游岛的建设目标正在实施,而海口入境旅游者停留时间最短,需要引起海南省有关部门的高度重视。

(七)入境过夜旅游者人均花费

入境过夜旅游者人均花费是反映一座城市接待的境外旅游者在当地的消费能力,也是衡量该城市入境旅游服务效益的分类指标,也即入境旅游者人均花费越高,城市旅游业效益越好。各城市统计数据整理如下(见图6-19)。

从总体上讲,相比于其他指标,各城市之间在接待入境旅游者人均消费上差距不是很大。当然也有一些特点需要关注,一是上海和北京在入境旅游者人均花费方面名列前茅,尤其是上海在入境旅游者停留时间上不是最长,但是人均花费最高,有力地说明该城市具有适合入境旅游者进行旅游相关消费的市场环境和成熟的产业部门。二是福州在入境旅游者停留时间上最长,但在游客消费方面则排名第7位,一定程度上表明福州在旅游市场环境与旅游服务产业方面需要采取进一步完善与优化的措

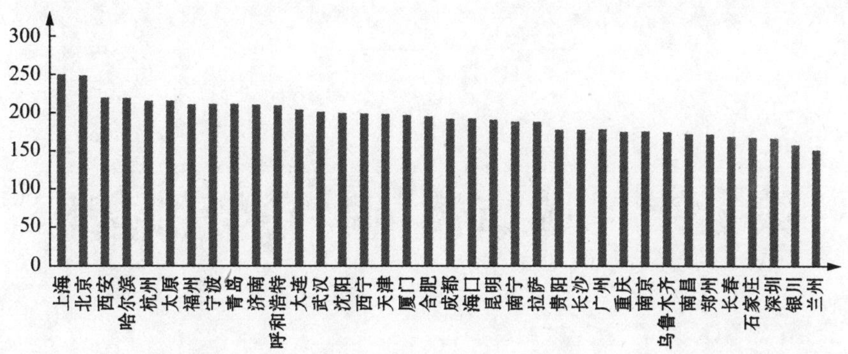

图 6-19　36 个城市入境旅游者人均消费一览图　单位:美元

施。三是在入境旅游者接待量方面居前的深圳与广州,却在游客入境消费方面排名则分别排名 34 位和 26 位,再次证实了两个城市入境旅游者具有较强的流动性特点,于是对当地旅游业而言在消费方面缺少有效的积淀。

本章主要参考文献

[1]　楼嘉军. 休闲新论[M]. 上海:立信会计出版社,2005.

[2]　杨勇. 中国省级旅游业竞争力分析——省级旅游业结构与影响因素[J]. 山西财经大学学报,2007,29(10):53-60.

第七章　城市休闲特色资源指标

第一节　休闲特色资源评价指数

休闲资源是城市休闲化发展的资源基础。城市休闲化发展离不开休闲资源的支撑，休闲资源不但是城市休闲功能的一部分，同时也是城市休闲吸引力的重要组成部分。在休闲资源的城市功能方面，休闲资源一方面承担了为当地居民提供休闲场所与休闲活动对象的功能，另一方面还承载了为旅游者提供休闲活动场所与对象的作用，因此在发掘和塑造休闲特色资源的过程中，要兼顾当地居民休闲需求以及旅游者休闲需求的两重需求。同时，作为城市休闲吸引力的重要组成部分，休闲资源是城市休闲精神文明的积淀与集中体现，不仅反映了城市当前的休闲发展状况，同时也是城市休闲历史的遗留，为现今的休闲活动提供了审美对象，也对现今本区域人们的休闲活动方式产生了深远的影响。本书将就中国城市休闲化评价体系中的休闲资源进行深入的探讨，分析我国休闲资源的发展状况。

一、指标构成与评价结果

（一）指标构成

所谓城市休闲资源，是指城市能够满足本地居民与外来游客开展各种形式休闲活动需求的自然资源、人文资源和社会资源的总称。而城市特色休闲资源(Characteristic Resources,简称 CR)主要是选取了能够代表一座城市特色和资源特点的部分核心资源,作为城市休闲化质量评价的组成内容。在本研究中,城市休闲特色资源评价指标包括以下几方面内容。

一是城市拥有的重要的历史文化遗产,主要是指全国重点文物保护单位。全国重点文物保护单位凸显了一座城市历史文化遗产的积淀深度与遗产的等级程度,是城市历史发展的精华部分。

二是城市获得的各种来自国家层面的称号,如国家历史文化名城、国家文明城市、国家卫生城市、国家园林城市、国家环境保护模范城市、优秀旅游城市,这些称号既反映了城市所具有的各种资源性质,也体现了城市在推进社会进步和城市文明建设方面所作出的努力,进而演变成为重要的社会资源,成为吸引本地居民和外来游客在城市开展各种休闲活动的重要吸引物。

三是城市供本地居民开展户外活动的场地,主要是指城市拥有的各种类型的城市公园,这是居民从事日常户外休闲活动最主要的场所。

四是城市拥有的适合居民与游客活动的各种经营性景区,包括国家风景名胜区、国家 4A 级以上景区、国家地质公园以及国家森林公园等。

需要指出的是,由于在具体的数据处理中,上述国家历史文化名城、国家文明城市、国家卫生城市、国家园林城市、国家环境保护模范城市、优秀旅游城市等称号在指标权重过高,为了使具体指标的计算更合理与更科学,我们将各个城市获得的国家历史文化名城、国家文明城市、国家卫生城市、国家园林城市、国家环境保护模范城市以及优秀旅游城市等 6 个称号一起纳入到城市荣誉称号之中,合并为一项指标,因此城市休闲资源评价指标最后形成了 7 个指标项。

（二）评价结果

根据收集的相关材料，通过城市休闲化评价模型，对涉及城市休闲资源的7个指标的相关数据进行整理与计算，可以得出36座城市在休闲资源方面各自的得分状况（见表7-1）。

表7-1　36个城市休闲资源评价分值一览表

序号	城市	CR	序号	城市	CR	序号	城市	CR
1	北京	16.5806	13	广州	4.0979	25	南宁	1.8256
2	重庆	14.5643	14	南京	3.9324	26	贵阳	1.7987
3	深圳	6.5550	15	福州	3.8442	27	济南	1.7388
4	西安	5.9434	16	天津	3.7642	28	南昌	1.6621
5	郑州	5.9275	17	武汉	3.5388	29	太原	1.6072
6	大连	5.9264	18	成都	3.4909	30	合肥	1.4178
7	杭州	5.6792	19	长沙	3.1191	31	银川	1.3911
8	昆明	5.5988	20	青岛	2.7402	32	呼和浩特	1.3559
9	石家庄	5.3119	21	厦门	2.3439	33	海口	1.2396
10	哈尔滨	4.8444	22	西宁	2.0063	34	拉萨	1.1388
11	上海	4.6958	23	长春	2.0049	35	乌鲁木齐	0.8412
12	宁波	4.2479	24	沈阳	1.8743	36	兰州	0.8293

首先，表7-1显示，从整体上看，北京和重庆在休闲资源的类型与等级层面的优势十分明显。其次，从排名看，一些国内外比较著名的旅游城市，如西安、大连、杭州和昆明等排名比较靠前。再次，从评价分值排序看，深圳排名第3位，令人略感意外。细加分析可以发现，主要是深圳在城市公园建设方面体现出一定的数量优势，据深圳统计年鉴记录，其城市公园数量高达800余个，于是提升了城市整体的评价分值。最后，值得注意的是，从旅游市场的一般意义上讲，城市休闲资源越丰富，对外来游客的吸引力也越大。但是从实际的旅游市场发展看，也有例外。如从城市

休闲资源的评价分值角度看，拉萨排名倒数第 3 位，然而拉萨却以城市人文和自然资源的独特性令无数中外游客慕名前往。

根据对各城市休闲资源指标评价分值统计，并按照高低进行排序，可以更加清晰地观察到 36 座城市在休闲资源能力方面所形成的基本格局(见图 7-1)。

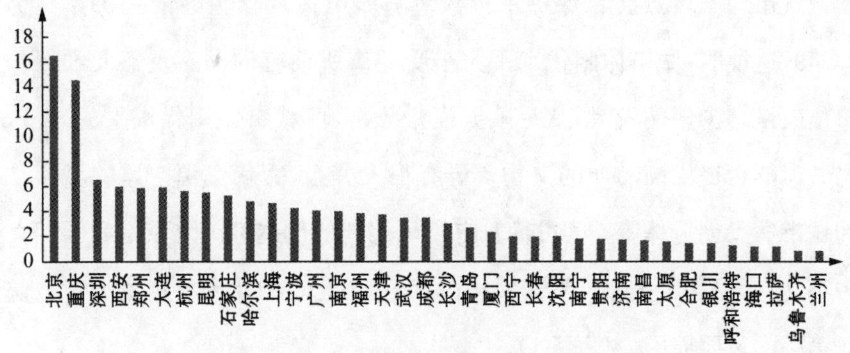

图 7-1　36 个城市休闲资源评价分值一览图

根据图 7-1 排列，我们可以把 36 座城市休闲资源能力分为三个层次，北京和重庆位居第一层次；深圳等 17 座城市资源分值在 3～6.5 之间的属于第二层次；青岛等 17 座城市资源得分值在 3 以下的为第三层次。

二、指标的相关性分析

构成城市休闲资源的指标有 7 项，经过分析发现，城市休闲化质量与休闲资源指标之间存在一定的相关性(见表 7-2)。

从表 7-1 可知，城市休闲化指数与国家 4A 级以上景区数量、国家地质公园数量、国家森林公园数量、国家重点文物保护单位、国家荣誉称号数量呈正相关关系，相关系数分别为 0.826、0.672、0.651、0.649、0.558。

城市拥有的国家 4A 级以上景区数量、国家地质公园数量、国家森林公园数量与城市休闲化指数关联性较强。一方面，国家 4A 级以上景区、国家地质公园和国家森林公园都属于优质的旅游资源，其数量大小和品质高低是城市休闲公共设施完善与否的反映，公共休闲空间越充分，城市休闲化水平越高；另一方面，由于本身资源禀赋处于劣势的城市，可以通过提升城市内部的休闲空间品质来推动城市休闲化水平建设。

城市国家重点文物保护单位数量与城市休闲化指数的相关系数为0.649，这说明，城市休闲化水平大小受城市所拥有的国家重点文物保护单位数量多少影响较大，从另一方面来分析，即城市休闲化水平的高低，与城市能否提供高品质的文物资源有很大关系，文化资源浓厚的城市在为城市居民创造休闲空间方面具有不可比拟的优越性。北京是我国四大古都之一，保存了大量珍贵的文物遗存，这是北京的休闲特色资源指数位居第一的重要原因(见表 7-1)。

城市获得的荣誉称号数量与城市休闲化指数的相关系数为 0.558，城市荣誉称号对提升城市竞争力，提高城市知名度和影响力具有重要意义。相关性明显说明，城市的地位和等级有助于改善民生、优化环境、提升城市形象品位，促进城市休闲化发展。

城市国家森林公园数量与国家重点文物保护单位数量、国家 4A 级以上景区数量和国家地质公园数量呈显著正相关关系，相关系数分别为0.707、0.833、0.715。这说明，城市拥有的国家森林公园数量和城市拥有的国家重点文物保护单位数量、国家 4A 级以上景区数量、国家地质公园数量之间相互促进、相互影响，城市拥有的国家森林公园数量越多，则城市的高品质旅游休闲资源越丰富。可以看出，城市公共休闲空间的建设需要健康优良的休闲资源，而高品质的休闲资源正是休闲活动的产品和服务载体，是休闲经济发展的基础，有利于城市休闲功能的完善和休闲城市的培育。

第二节 休闲特色资源指标分类

一、全国重点文物保护单位

我国历史悠久，拥有丰富的文化遗产，文物作为文化遗产的重要组成部分，对于社会主义精神文明建设具有深远的意义。根据2002年10月28日第九届全国人民代表大会常务委员会第三十次会议通过的《中华人民共和国文物保护法》第十三条的规定，中国国务院所属的文物行政部门（国家文物局）在省级、市、县级文物保护单位中，选择具有重大历史、艺术、科学价值者确定为全国重点文物保护单位，或者直接确定，并报国务院核定公布。因此，国家重点文物保护单位是具有重大历史、艺术、科学等价值的不可移动的文物，不仅是文化有形实体的体现，同时也传递了一座城市无形的历史文化，具有较高的价值内涵。一个城市国家重点文物保护单位的拥有量从一个方面客观地反映了该地区的历史文化资源的丰度，也从侧面体现了该地区的精神文化建设水平，这是城市休闲文化资源建设的重要基础。各城市国家重点文物保护单位统计数据如表7-2。

图7-2显示，北京以125家数量的绝对优势名列第1位，与北京作为我国著名的千年古都的历史地位高度吻合，更为难得的是，历史上的北京并没有因为朝代的更替而发生大规模的破坏，使得北京比其他的历史古都保存了数量更多和价值更大的文物古迹。紧随其后的郑州、重庆、西安也是我国不同历史时期发挥重要影响的地区，有着非常鲜明的历史文化积淀。需要指出的是，在资源评价总分值位居第3位的深圳，在国家重点文物保护单位数量上仅有1项，位列倒数第一。由此也说明深圳作为我

表 7-2　36 个城市休闲化指数(LCI)与特色资源指数的相关性

		城市休闲化指数	国家荣誉称号数	国家重点文物保护单位数量	国家风景名胜区数量	国家 4A 级以上景区数量	公园个数	国家地质公园数量	国家森林公园数量
城市休闲化指数	Pearson Correlation	1	0.558**	0.649**	0.216	0.826**	0.458**	0.672**	0.651**
国家荣誉称号数	Pearson Correlation	0.558**	1	0.443**	0.187	0.481**	0.327	0.381*	0.271
国家重点文物保护单位数量	Pearson Correlation	0.649**	0.443**	1	0.319	0.805**	0.071	0.761**	0.707**
国家风景名胜区数量	Pearson Correlation	0.216	0.187	0.319	1	0.225	0.133	0.460**	0.256
国家 4A 级以上景区数量	Pearson Correlation	0.826**	0.481**	0.805**	0.225	1	0.162	0.745**	0.833**
公园个数	Pearson Correlation	0.458**	0.327	0.071	0.133	0.162	1	0.298	0.187
国家地质公园数量	Pearson Correlation	0.672**	0.381*	0.761**	0.460**	0.745**	0.298	1	0.715**
国家森林公园数量	Pearson Correlation	0.651**	0.271	0.707**	0.256	0.833**	0.187	0.715**	1

**. 在 0.01 水平(双侧)上显著相关。

*. 在 0.05 水平(双侧)上显著相关。

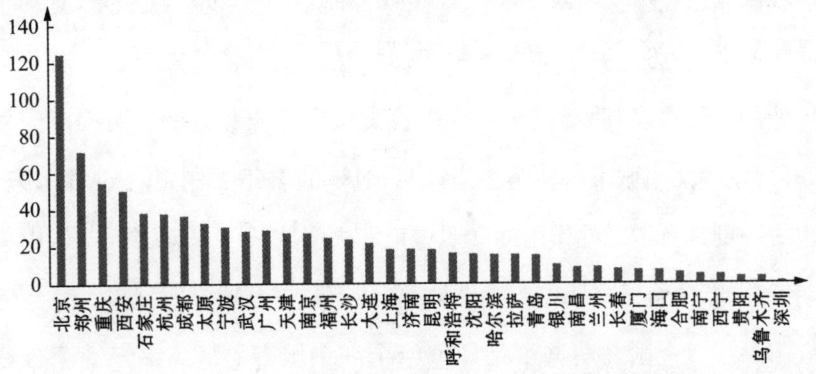

图 7-2　36 个城市国家重点文物保护单位数量　单位:个

国改革开放的产物,是一个十分年轻的城市,相比于其他城市,历史文化积累相对薄弱。

二、国家荣誉称号

在城市“国家荣誉称号”类目中,包含了国家历史文化名城、全国文明城市、国家卫生城市、国家园林城市、国家环境保护模范城市以及优秀旅游城市等六个方面的内容。对城市而言,这些荣誉称号不仅是一个城市文化精神和形象特征的映射,也是城市休闲资源多面性的体现。

历史文化名城,根据《中华人民共和国文物保护法》,是指“保存文物特别丰富,具有重大历史文化价值和革命意义的城市”。国家历史文化名城称号是一座城市具有独特历史积淀与魅力的体现,是一种特殊的休闲旅游资源。

全国文明城市,是指“在全面建设小康社会,推进社会主义现代化建设新的发展阶段,坚持科学发展观,经济和社会各项事业全面进步,物质文明、政治文明、精神文明与生态文明建设协调发展,精神文明建设取得显著成就,市民整体素质和文明程度较高的城市。全国文明城市称号是反映我国城市整体文明水平的综合性荣誉称号”①。1995年9月,党的十四届六中全会通过的《中共中央关于加强社会主义精神文明建设若干重要问题的重要决议》明确提出:“要以提高市民素质和城市文明程度为目标,开展创建文明城市活动”,“各省、自治区、直辖市要制定规划,到2010年建成一批具有示范性作用的文明城市和文明城区”。2004年9月,中央文明委公布了《全国文明城市测评体系(试行)》。全国文明城市每三年评选表彰一次。全国文明城市是国家给予一个城市的最高综合性荣誉称号,它反映了一个城市整体文明、和谐程度,是一个城市非常有价值的无形资产和影响力的品牌。城市休闲化是建立在较高城市文明水平基础之上的一个发展过程,城市的文明水平是城市综合发展条件的体现,在为本地居民提供良好的工作和生活文明环境的同时,也成为吸引外来旅游者的重要因素。

国家卫生城市,是指各项指标均已达到《国家卫生城市标准》要求,由各省、市、自治区爱卫会向全国爱卫会推荐,并经过中国全国爱国卫生运动委员会办公室考核组验收鉴定,而评选出的卫生优秀城市。申报的城市必须同时具备以下5个基本条件:第一,城市生活垃圾无害化处理率≥80%;第二,城市生活污水处理率≥30%;第三,建成区绿化覆盖率≥30%,人均绿地面积≥5平方米;第四,大气总悬浮微粒年日平均值(TSP):北方城市≤0.350毫克/立方米,南方城市≤0.250毫克/立方米;第五,城市除四害有三项达到全国爱卫会规定的标准。显然,国家卫生城市建设与城市休闲质量提升紧密相关,良好的卫生状况是构成城市名片和形象的主要内容。因此,将国家卫生城市荣誉称号纳入休闲特色资源

① 全国文明城市创建有关知识. 中国城市低碳经济网,[2012-09-20]. http://www.cusdn.org.cn/news_detail.php?id=216605.

体系中，也是兼顾了当地居民与外来游客对于城市休闲卫生环境资源的特定需求。

国家园林城市是我国住房和城乡建设部为鼓励城市绿化而设立的城市称号。具体是根据中华人民共和国住房和城乡建设部的《国家园林城市标准》，评选出分布均衡、结构合理、功能完善、景观优美，人居生态环境清新舒适、安全宜人的城市。1992年开始第一批评审工作。国家园林城市称号是综合判断一座城市园林休闲环境资源建设的一种方式，能够获得这一称号的城市，无论是在城市园林结构分布还是园林景观环境建设方面，都能为居民与游客提供较为理想的园林环境的休闲条件。

国家环境保护模范城市是原国家环保局根据《国家环境保护"九五"计划和2010年远景目标》提出的21世纪城市建设目标，是我国城市环境保护的最高荣誉。国家环境保护模范城市是全国城市科学发展的杰出代表，是国际社会可持续发展城市的优秀典范，是在强化城市环境保护工作、推动经济发展方式转变、构建和谐社会等方面发挥了积极示范作用的模范①。根据评选规定，一个城市只有在已具备全国卫生城市、城市环境综合整治定量考核和环保投资达到一定标准的基础上才能有条件创建。国家环境保护模范城市的创建工作有利于城市遵循可持续发展原则，积极推进城市生态文明的和谐发展，有助于提升城市生态休闲环境的发展质量。

中国优秀旅游城市评选工作自1998年开始，依据《创建中国优秀旅游城市工作管理暂行办法》和《中国优秀旅游城市检查标准》，由国家旅游局进行评选的城市称号。根据《中国优秀旅游城市检查标准》，包含

---

① 关于进一步强化国家环境保护模范城市示范带头作用的通知．中国城市低碳经济网[2012-09-10]．http://www.cusdn.org.cn/news_detail.php?id=214255.

了对于城市旅游发展水平、城市旅游定位与规模、旅游产业投入和支持、城市旅游业发展机制、城市旅游业管理体系、城市旅游业文明建设、城市的生态自然环境、城市的现代旅游功能、城市旅游交通、城市旅游开发管理、旅游促销与产品开发、城市旅游住宿设施等 20 个项目的综合评定情况，能够全面地反映城市旅游发展情况。旅游城市建设是城市休闲化过程的重要组成部分，在休闲特色资源评价中，优秀旅游城市荣誉称号能够在一定程度上反映出城市休闲资源特点与资源发展及保护的状况。

从总体上看，东部经济发达地区的城市排名相对靠前。在合计 6 个相关的荣誉称号中，拥有所有称号的城市仅有北京、南京、宁波和成都四个。拥有 5 个荣誉称号的城市略多，有大连、杭州、福州、厦门、青岛、广州、深圳和重庆等 8 座城市(见图 7-3)。

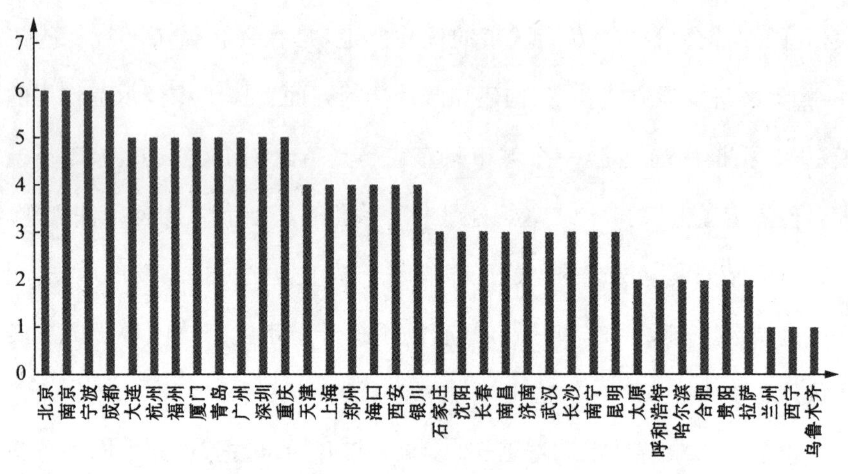

图 7-3　36 个城市国家级荣誉称号获得数一览图　单位:个

需要指出的是，在所有 6 个荣誉称号中，唯有优秀旅游城市称号为 36 个城市均有，由此可见，近年来旅游发展如火如荼，旅游城市建设在全国各地都处于受到高度关注的地步，并且取得了明显效果。与此同时，也应该注意到，有超过半数的城市未获得国家文明城市、国家卫生城市与国家环境保护模范城市称号(见表 7-3)。

表 7-3　36 个城市获得各种荣誉称号数量分布一览表

称号	历史文化名城	文明城市	卫生城市	园林城市	环境保护模范城市	优秀旅游城市
拥有率	69.44%	30.56%	44.44%	77.78%	47.00%	100.00%

尽管 6 项荣誉称号在整体上与城市休闲环境建设密切相关，但是在城市现实发展中的作用也呈现出差异性，除了优秀旅游城市和历史文化名城建设相对来说与外来游客关系较为紧密以外，其余文明城市、卫生城市、园林城市与环境保护模范城市等 4 项称号主要与本地居民的日常生活环境或休闲娱乐环境相关。36 座城市获得的各种荣誉称号的比例高低，也在一定程度上折射出当今城市综合环境建设出现的价值导向与存在的短板。

三、城市公园

城市公园一般是指由城市管理部门修建并经营的作为自然观赏区和供公众休息游玩的公共区域，具有改善城市生态、防火、避难等作用，具有公共属性。在城市休闲化发展中，城市公园主要为当地居民提供休闲游憩的主要场所，同时兼顾为外来游客提供休闲游憩服务，是城市休闲资源的重要组成部分。36 座城市公园的统计数据如下(见图 7-4)。

从图 7-4 看，排名首位的城市是深圳，公园数量高达 824 个，遥遥领先①。深圳作为沿海地区中国对外开放的特区城市，具有雄厚的经济基

① 在年鉴中明确表明深圳城市公园的数量

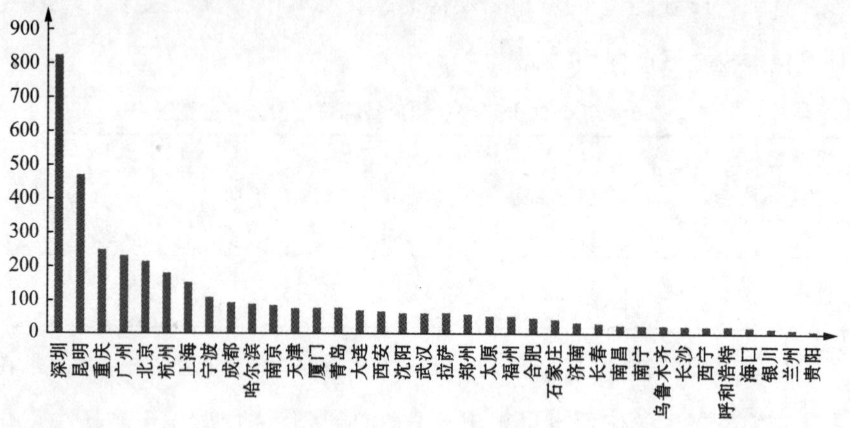

图 7-4　36 个城市公园数量一览表　单位：个

础，在城市生态文明建设方面也一直走在前列，该地区居民生活水平相对较高，居民日常休闲需求较为成熟，有助于推动城市公园的建设与发展。位居次席的是昆明，公园数量也有 468 个。随后的重庆、广州和北京也都有 200 余个。

从整体上看，中西部地区在公园数量的排名上相对靠后。一般而言，绝大多数城市公园从资源属性上讲属于人造性资源，是由政府管理部门出资建造的公共性休闲活动场所。因此，从一定程度上，城市公园个数的多少与当地经济发展水平、城市发展目标和居民的休闲需求等息息相关。从近年来城市公园发展变化看，东部地区的城市公园发展数量增长相对缓慢，中西部地区城市公园建设数量体现出一定的上涨势头，说明东部发达地区的城市公园的发展已经进入一个较为成熟稳定的发展阶段，而中西部地区近年来逐步得到发展，人们的生活水平不断提高，休闲活动需求日益旺盛，以满足当地居民日常休闲活动为主的城市公园的建设也得到了应有的重视。

四、各类景区

（一）国家风景名胜区

风景名胜区是指具有观赏、文化或者科学价值，自然景观、人文景观比较集中，环境优美，可供人们游览或者进行科学、文化活动的区域。国家风景名胜区是由国务院批准的，具有国家代表性的，基本处于自然状态或者保持历史原貌，能够反映重要自然变化过程和重大历史文化发展过程的自然景观和人文景观。从资源特点与功能来看，国家风景名胜区具有满足本地居民娱乐需求和外来游客观光要求的双重职能。36 座城市统计结果如下（见图 7-5）。

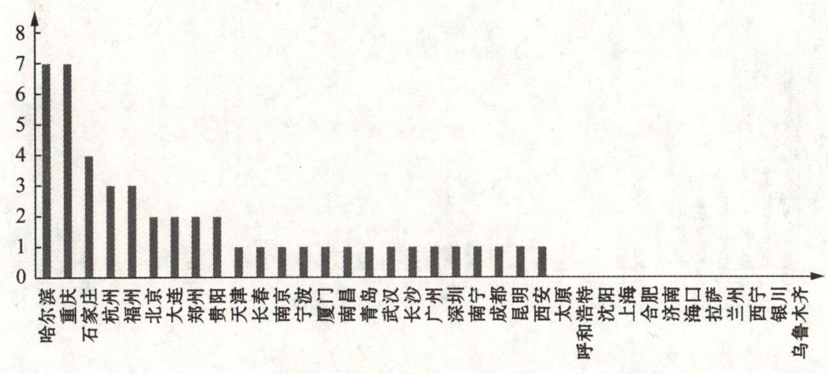

图 7-5　36 个城市国家风景名胜区数量一览表　单位:个

从统计结果看，哈尔滨和重庆明显领先，各自拥有 7 家国家风景名胜区。由于国家风景名胜区具有比较高的申报门槛，因此，包括上海在内的三分之一的城市没有国家风景名胜区这一项目。

（二）国家 4A 级以上景区

在国家旅游局颁布的《旅游景区水平等级的划分与评定》中规定，旅游景区是指具有参观游览、休闲度假、康乐健身等功能，具备相应旅游服务设施并提供相应旅游服务的独立管理区，该管理区应有统一的经营管理机构和明确的地域范围，包括风景区、文博院馆、寺庙观堂、旅游度假区、自然保护区、名胜古迹、主题公园、旅游度假村、森林公园、地质公园、湿地公园、游乐园、动物园、植物园及工业、农业、经贸、科教、军事、体育、文化艺术等各类旅游景区①。根据目前的相关规定，我国旅游景区采用 A 级划分标准，可分为五级，从高到低依次为 5A、4A、3A、2A 和 1A 级。在 4A 级及以上景区中，规定要求在旅游交通、游览条件与设施、旅游安全、邮电服务、旅游购物、经营管理、资源和环境保护、旅游资源吸引力、市场吸引力、接待能力以及游客满意度方面都具有较高的水准。36 座城市有关 4A 级以上景区统计数据如下(见图 7-6)。

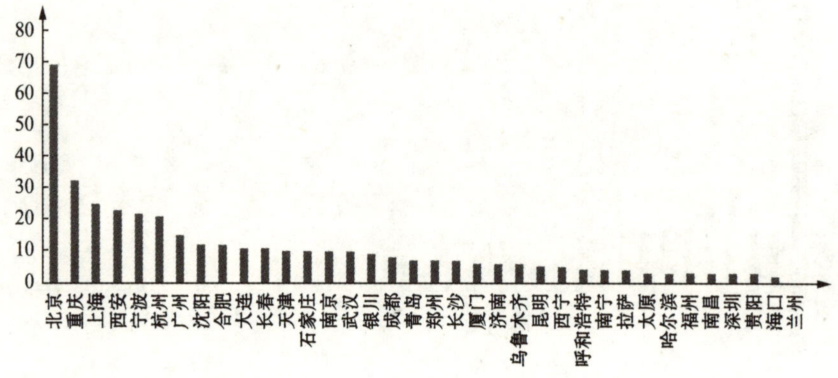

图 7-6　36 个城市国家 4A 级以上景区数量一览图　单位：个

从图 7-6 可以看到，在 4A 级以上景区类别上，北京有 69 家，稳居第一。位居次席的重庆也有 32 家，但是北京比重庆多了 1 倍有余，说明北京的景区资源优势十分显著，也从一个侧面揭示众多的景区成为北京每年接待上亿人次游客的重要的资源支撑条件。上海、西安、宁波和杭州各

① 中华人民共和国国家旅游局.《旅游景区水平等级的划分与评定》(修订)(GB-T17775-2003).

自拥有了20余家4A级以上景区，大致处于相似的发展程度。特别需要关注的是，在所有城市中，唯独兰州市尚未拥有4A级以上景区，反映了该市在旅游业发展方面与其他城市相比存在着不小的差距。

（三）国家地质公园

中国国家地质公园是以具有国家级特殊地质科学意义、较高的美学观赏价值的地质遗迹为主体，并融合其他自然景观与人文景观而构成的一种独特的自然区域。国家地质公园是珍贵的、不可再生的地质自然遗产。从某种程度上来说，国家地质公园对一座城市而言是一类“硬性”资源，与城市所处地理位置、特殊资源的构成密切相关，因此，各城市间在此项目上的差异相对较大。从现状看，目前仅北京、重庆、郑州、大连、昆明、西安、深圳、长沙、武汉、南京、上海、石家庄和天津等13个城市拥有国家地质公园，拥有总数为23个，可见国家地质公园是一种较为稀缺的特色休闲资源(图7-7)。

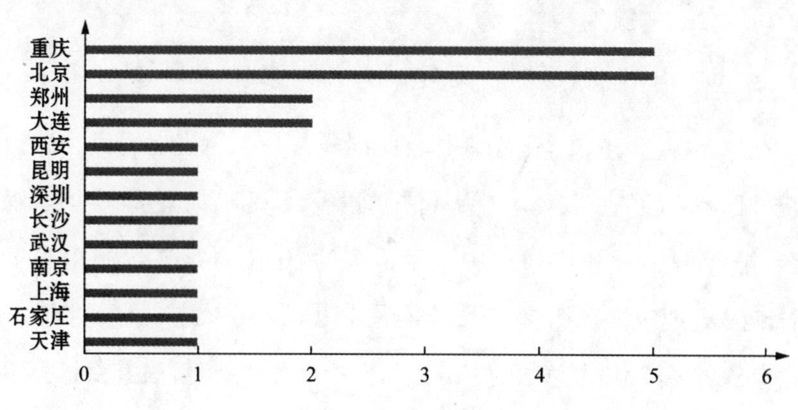

图7-7　36个城市国家地质公园数量一览图　单位:个

国家地质公园能够从科学、教育、审美、娱乐等多方面为本地居民与游客提供独特的休闲体验，是一座城市独特休闲资源的重要组成部分。

（四）国家森林公园

我国森林公园分为国家森林公园、省级森林公园和市、县级森林公园等三个等级。国家森林公园是指由国家林业局准予设立的，森林景观特别优美，人文景物比较集中，观赏、科学、文化价值高，地理位置特殊，具有一定的区域代表性，旅游服务设施齐全，有较高的知名度，可供人们游览、休息或进行科学、文化、教育活动的场所。36座城市国家森林公园数量统计如下（见图7-8）。

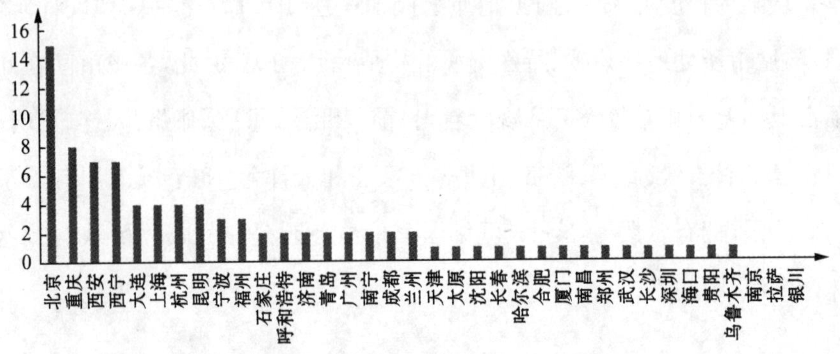

图7-8　36个城市国家森林公园数量一览图　单位：个

在休闲特色资源中，国家森林公园同样是一个为当地居民和游客提供户外休闲活动的重要场所。从上图可以发现，北京拥有15个国家森林公园，排名第一，是所有城市中数量最多的，比位居第二位的重庆多了7个。西安与西宁分别拥有7个，名列三四位。23座城市分别拥有1～2个国家森林公园，约占总数的三分之二左右。总体上看，国家森林公园在我国具备比较大的发展空间，这对于优化城市户外休闲空间具有相当大的促进作用。

第八章 结论与建议

第一节 基本结论

研究结论

第一，从评价指数分析看，除了北京、上海等少数城市处于中上水平外，我国大城市的休闲化水平在整体上处于中下水平。这一现象表明经过改革开放30余年的发展，我国城市休闲化建设工作虽已取得一定进步，但是与满足城市居民日益增长的高频度的日常休闲消费需求相比，与提高居民的生活幸福度和满意度的发展目标相比，还存在不小差距。

第二，从评价指数的关联性讲，一方面，从城市休闲化指数与四个分项指数看，城市休闲相关产业与城市休闲化水平之间存在高度正向相关关系，即一个城市休闲产业结构完善，发展规模大，城市休闲化程度相对较高；反之，则相对较低。其次是公共基础能力，一个城市的基础设施的完备性和休闲环境的优良性能显著提升城市休闲化水平。相关性最低的是特色资源，但特色资源对城市休闲化水平具有正相关关系。另一方面，从城市休闲化指数与51个领域指数看，城市休闲化指数与剧场、影剧院个数，旅行社数量，星级饭店数量，星级饭店营业收入，社会消费品零售总额，批发、零售、住宿和餐饮业从业人数，限额以上批发零售业销售总额，限额以上批发、零售、住宿和餐饮业企业个数，住宿和餐饮业零售总额，国内旅游人数，公共汽车、电车客运量，轨道交通客运量，民用航空旅客发送量，地区生产总值和国家4A级以上景区数量等15项指数高度相关。

第三，从评价指数所涉及的城市空间分布看，位于我国各区域的大城市之间休闲化水平差异比较明显，总体上呈现出由东向西逐渐递减的态势，即东部沿海地区的城市休闲化水平相对较高，中西部内陆地区城市休闲化水平普遍较低。这一分布格局与我国现阶段区域经济发展水平的分布现状基本吻合。

第四，从评价指数排名变化看，凸显了我国社会经济发展的新特点。2011年有14个城市的排名比2010年有不同程度的提高，占所评价城市总数的39%，其中东部有6个（天津、宁波、沈阳、青岛、济南、海口），中部有4个（郑州、武汉、长沙、太原），西部有4个（重庆、呼和浩特、西宁、银川），排名上升的城市主要是东部和西部城市。可以预计，随着东中西部地区加速发展，今后几年，评价指数的变化幅度将会进一步加强，而中西部地区城市休闲化水平的提高及水平的提升将是一个值得期待的发展亮点。

第五，从评价分类模型看，本研究根据城市休闲化评价指标体系，将城市休闲化建设划分为四种类型，即“城市休闲化——公共基础”模型、“城市休闲化——消费能力”模型、“城市休闲化——产业能力”模型、“城市休闲化——特色资源”模型，不同模型下的城市有不同的发展模式，依此能够更为准确把握城市在推进城市休闲化目标的战略指导下，应该重点培育、挖掘、建设的内容以及着力完善、提高、改进的要素。

总之，通过对我国城市休闲化现状的分析与研究，对于促进我国城市建设优化发展、推进城市休闲旅游服务业深化发展，以及提升居民休闲生活满意度将产生积极与深远的影响。

第二节　发展趋势

一、城市休闲化建设进程加快，休闲化水平实现质的飞跃

进入新世纪以来，我国经济持续健康发展，居民收入水平不断提高，休闲需求不断高涨，且在世界休闲浪潮的推动下，我国城市休闲化建设越来越受到中央和地方各级政府重视，城市休闲化水平发生了质的变化。我国居民生活方式、社会服务功能和社会经济结构等方面相继形成休闲化特点。从具体指标看，各地剧场、影剧院等休闲文化设施建设上台阶、大发展，博物馆数量在2010年后的建设速度甚至比前一段时期快了4倍多，居民的休闲生活更加丰富，城市休闲化水平实现质的飞跃。

二、休闲化水平空间差异明显，特色资源推动休闲主题化

我国城市休闲化呈现明显的地域差异，东部沿海地区显著高于中西部地区，这一分布格局与我国现阶段区域经济发展水平、工业现代化与城市化水平的分布现状基本吻合。北京、上海、广州的城市休闲化水平远远高于其他城市，有关城市休闲化指标差距巨大，北京的限额以上批发零售业销售总额是拉萨的1200多倍。城市经济的快速发展提升了休闲消费能力和休闲产业能力，居民休闲需求转化为城市休闲化发展的现实生产力。成都、重庆等我国西部的中心城市的休闲化水平较高，其特色文化资源与自然资源融合发展，形成主题化的休闲产业体系。尽管经济发展水平不及东部核心城市，但是成都、重庆等拥有丰富特色休闲资源的城市，依托城市优势资源，提升资源品位，提供高质量、多样化的休闲产品，提高休闲服务水平，从而增强城市休闲实力。

三、居民休闲消费力提档升级，精神性休闲消费受到追捧

我国经济持续健康发展，居民收入水平不断提高，消费能力提档升级推动休闲消费需求不断提升。新世纪以来，我国城镇居民文教娱乐用品及服务类消费支出不断增长，年均增长率达16.7%，反映了城市居民生活消费结构的休闲化特征。城市居民的富裕化和休闲时间的充裕化共同促使城市休闲消费能力实现了质的飞跃，综合性内涵不断丰富，居民休闲生活质量实现质的提升，精神性的休闲消费产品逐渐受到人们的追捧，文化休闲逐渐成为人们最喜爱的休闲方式之一。

四、休闲化经济性特征明显，城市休闲功能配置趋于完善

根据国际经验，当一个国家或地区人均GDP进入3000～5000美元阶段以后，居民的生活方式、城市功能和产业结构等方面会相继形成休闲化特点。我国31个省会城市和5个计划单列市人均GDP均已超过5000美元，深圳、北京、上海等16个城市甚至超过了10000美元，整体进入城市休闲化建设快速发展时期，各类公共基础设施获得更新，剧院、体育场等大型公共休闲设施不断完善。经过近二十年来我国城市建设快速发展期间所总结的经验和教训，城市建设规划更加合理，城市功能配置更加注重人居和休闲功能，城市休闲功能成为城市建设的关键维度。

五、中西部城市休闲化水平不断提升，持续发展空间巨大

随着中国西部大开发和中部崛起战略的实施，中西部地区经济迅速发展，内蒙古、贵州、四川和甘肃等地区经济速度远高于全国平均水平。人民生活水平持续稳定提高，人均GDP、人均家庭可支配收入迅速增长，居民恩格尔系数不断下降，生态环境和基础设施建设不断取得新的突破，

教育、卫生及公共服务水平均不断提高。中西部城市休闲化水平不断提高，一些基础较好的中西部城市休闲水平具备了赶超部分东部城市的实力。从排名变化看，近年来排名上升较快的城市主要集中在中西部地区。可以预计，随着中部崛起、西部开发等政策力度的不断加大，必然推进中西部地区城市建设加速发展。今后几年，城市休闲化评价指数的变化幅度将会进一步加强，而中西部地区城市休闲质量的提高及发展水平的提升将是一个值得期待的发展亮点。

六、城市休闲化各维度走向均衡，整体统筹发展趋势明显

随着我国城市休闲建设的深入发展，部分城市休闲化水平四个维度结构性失衡的问题日益显现。为了突破失衡发展的瓶颈，我国城市休闲化建设理念开始扭转为统筹发展、均衡布局，且效果显著。具体来看，我国城市的公园、绿地、文化馆等休闲基础设施不断完善，2012 年我国城市化率首次超过了 50%，达到 52.57%；电影业、餐饮业、文化娱乐等休闲产业供给能力显著提升；居民家庭人均消费性支持、人均教育娱乐文化服务消费性支出显著提高，休闲消费能力不断增强。4A 级以上景区、国家地质公园、国家森林公园数量不断提高，特色旅游资源建设进程不断推进。

七、大项目带动效应明显，新增项目催化效果持续释放

大型休闲娱乐项目逐渐获得各地的重视，对城市休闲化的催化效果将长期持续释放。2011 年 4 月，总投资达到 250 亿元的上海迪士尼乐园项目正式开工建设，2015 年底将开门营业，将带动周边的基础设施建设、餐饮、娱乐等项目的开展，对上海市的休闲产业发展起到很大的带动作用。2010 年开始，北京陆续启动 30 个重大旅游产业项目，总投资达到了 550 亿元，这些项目极大地带动了当地现代服务业的发展，提升了休闲旅

游业在北京经济中的比重，增强了居民消费对经济增长的拉动作用。

八、休闲化发展动力多元互动，全面激活产业供给能力

在城市休闲化进程中，政府、企业、居民构成了重要的推动力。随着可支配收入以及闲暇时间的增多，居民强烈的休闲需求和强大的休闲消费能力全面激活了休闲产业各类企业的供给能力。城市休闲化建设是一项关乎民生福祉的事业，政府作为城市的管理者，通过科学规划、加强引导，吸引有关企业参与城市休闲基础设施建设，全面促进城市休闲化质量的提升，刺激本地居民及外来游客的休闲活动，形成了城市休闲化发展的多元动力结构。

第三节　对策建议

一、强化城市公共基础能力

首先，建设功能完善的城市基础设施是一个城市发展休闲产业的强大动力，能够使城市居民和外来游客获得高质量、多样化的休闲体验。因此，结合城市自身发展特点，完善城市交通体系，最大程度地发挥公路、铁路、地铁/轻轨等交通工具的作用，为居民出行提供便利，减少耗在旅途上的时间。其次，营造一个适宜的人居环境，能够使居民身心获益，并且更愿意到户外进行休闲活动和休闲消费，从而提高一个城市的休闲发展水平。为此，城市要积极改善城市自然环境，加强对自然环境的保护和绿化，具体包括提高城市绿地覆盖率，增加绿化面积，拓展绿化空间，治理大气污染，加强噪声监测和治理。三是逐步提升城市化进程，让更多的民众享受休闲权利。

二、重视相关产业发展

政府要重视休闲相关产业的发展，继续加强零售餐饮业的发展，稳定旅游业的发展，改善和提升文化娱乐演艺业的发展。城市休闲产业在加快城市化、拉动消费、缩小城市居民收入差距等方面有特殊的推动功能，是城市休闲化发展的直接动力。因此，加快休闲产业发展要做好以下几个方面：一是界定休闲产业范围，梳理产业发展脉络，分重点、有阶段地推进与休闲产业紧密相关的产业体系建设。二是制定城市休闲产业发展战略，这要在政府政策引导下，对休闲产业大类中的每一个产业类别出台相应的标准和指导性意见，形成一个完整的休闲产业发展规划和标准。三是组织管理机构来规范休闲产业的发展，休闲产业涵盖范围广，涉及的管理机构和部门较多，为统一化管理和发展休闲产业，相关职能部门之间应统筹协作、合理安排一个基础部门，来引导和管理休闲产业的规范性发展。

三、着力提升休闲消费水平

从政策导向、经济发展方面着手提高居民的休闲消费水平，并需要相关部门的相互配合与积极引导。一是提升城市社会经济发展水平，城市的经济实力与经济规模是居民能够进行休闲消费的客观条件，城市应结合自身特点，优势互补，着力发展经济，形成规模效应。二是积极引导居民休闲消费，结合居民休闲需要，生产和供应相应的休闲产品。休闲产品开发还应该综合考虑社会经济文化环境和个体特征，立足于本地传统文化资源，居民消费现实条件等，供应符合市场规律和消费者需求的休闲消费品，不断提高居民休闲消费力。三是构建城市休闲系统，包括城市休闲供给系统、城市休闲需求系统、城市休闲管理系统和休闲支持系统，保证城市休闲活动的多样性和城市休闲系统要素的广泛性，完善休闲娱乐体系，创造休闲消费引爆点。

四、打造城市休闲特色

打造城市休闲特色，每座城市的休闲特色与氛围必须具有独特气质才能增强本地居民休闲活动的认同感与归属感，进而凸显出城市休闲化发展的竞争力。一是依托城市优势资源，扩大城市公共休闲空间，提供人性化休闲设施，打造满足不同群体需求的城市休闲功能区和聚集区，形成三个不同层次的城市休闲娱乐区。具体讲，第一层次是中央娱乐区，空间上能够与中央商务区和中央商业区相对应的城市休闲娱乐核心区；第二层次是次级休闲娱乐区，重点打造集休闲、购物、旅游、观光、餐饮、娱乐为一体的特色商业街区；第三层次是社区娱乐区，主要满足周边地区居民日常的休闲娱乐活动。三个不同层次的休闲娱乐区，在功能上互补，在休闲市场上互靠，在产业结构上互动，共同推动城市休闲化发展。二是提升资源品位，生产高质量、多样化的休闲产品，提高休闲服务水平，以满足不同群体的休闲需要。譬如，通过整合城市文化资源，增强休闲娱乐区品位；通过维修历史文化遗产，提升休闲景区吸引力等。每个城市资源禀赋丰歉程度不同，关键是能够在有限的资源基础上凝炼精品、锻造品质。

第三篇

专题研究

第九章　上海居民休闲方式与满意度研究

第一节　研究背景

一、研究目的

经过改革开放 30 余年的发展，我国城镇居民生活水平得到普遍提升，休闲已经成为居民生活的一种常态。休闲对城市居民生活质量的影响日益增大，在城市社会经济发展中的地位也日益凸显。进入 21 世纪以来，上海已率先进入休闲时代，基本形成休闲常态化、消费脱物化、城市功能休闲化、生活泛娱乐化、休闲方式虚拟化和极限化等特点。而随着新休假制度的建立、国民休闲计划的出台，城市居民的休闲生活出现了新一轮的变化趋势。尤其值得关注的是，2008 年上海人均 GDP 已经超过 10000 美元。根据国际经验，这一阶段是城市居民休闲生活进行调整的重要时期，而且影响城市居民休闲生活方式选择和休闲生活质量的因素也必然随之发生演变。因此，在这一背景下，对上海居民休闲生活状况进行考察和研究，对于上海休闲城市建设和休闲服务体系发展有着重要的理论指导意义和实践意义。

二、研究样本

本研究主要采用问卷调查法获取资料，调查对象以在职人员为主。课题组于2010年6月期间通过上海致公党基层组织在社区、街道及企事业单位发放了主题为“关于上海居民休闲情况的调查”的问卷共计478份，回收有效问卷464份，有效率达97%，调查样本的基本状况如下(见表9-1)。

表9-1　调查问卷样本构成一览表　单位:%

样本特征	特征值	百分比	样本特征	特征值	百分比
性别	男	46.33	职业	党政干部	11.70
	女	53.67		党政机关办事员	21.41
年龄	18～25	4.71		国企管理者	7.95
	26～35	20.18		个体劳动者	1.77
	36～45	21.52		三资民营私企管理者	5.30
	46～60	35.43		科教技术人员	11.70
	60以上	18.16		自由职业者	3.31
婚姻	未婚	14.25		文卫体	12.14
	已婚	85.75		商业服务人员	3.09
家庭月收入	1000以下	1.81		国企工人	3.75
	1000～3000	22.57		三资民营私企工人	3.31
	3000～5000	25.96		学生	3.75
	5000～8000	24.15		其他(含退休人员)	10.82

（续表）

样本特征	特征值	百分比	样本特征	特征值	百分比
	8000 以上	25.51	家庭住址	长宁	8.22
学历	初中及以下	2.42		虹口	6.44
	高中及中专职校	19.38		杨浦	9.78
	本科及大专	66.74		闸北	10.44
	硕士及以上	11.45		静安	7.11
工时制	标准	67.87		卢湾	8.89
	不坐班	5.80		闵行	9.56
	倒班制	1.93		浦东	13.56
	计件工资制	1.21		普陀	9.78
	不完全工时制	3.38		徐汇	11.33
	弹性工时制	5.80		其他	4.9
	其他(含退休)	14.01			

通过综合分析看，在本次调查中，在企事业单位从事管理和服务工作的中青年人占了较大比重。这部分群体受过良好的高等教育，个人文化素质较好，收入较为稳定，是参加城市休闲活动的主体部分。因此，本次调查样本提供了比较合理和现实的研究视角。

第二节　居民休闲方式选择倾向

一、休闲同伴的选择

休闲同伴是人们参与休闲活动的个体与群体关系的体现，在不同的休闲方式中，休闲同伴的选择首先反映出居民在特定的地域和社区休闲生活中个体和群体的关系及其深层次的文化价值取向。休闲同伴的选择在功能和价值上可以分为三种取向:个人取向、家庭取向和社会取向。上海居民休闲同伴选择的统计结果如下(见表 9-2)。

表 9-2　居民平时休闲活动伙伴选择一览表　单位:%

休闲伙伴	上海居民
家人	35.08
朋友	34.00
同事(同学)	23.43
单独	6.29
其他	1.20

从表 9-2 可知,首先,上海居民在日常的休闲活动中选择家人和朋友作为休闲伙伴的比例是最高的,分别达到 35.08%及 34.0%,可见以血缘和业缘为纽带是上海居民参与休闲活动的主要特征,体现了上海居民在休闲方式选择过程中,对亲情和友情的依赖和信赖;其次,选择“同事(同学)”的比例为 24.43%,排在第三位,但是 2005 年相关调查数据显示,选择同事的比例仅为 5.95%[1],这可能是由于现代社会工作压力的加大,人们的生活交际圈也逐渐缩小,选择同事作为社交对象成为一种迫不及待的需要。因此,人们在进行休闲活动时逐渐倾向于和同事一起;最后,选择单独活动的比例为 6.29%,可见还是有一定的居民在进行休闲活动时选择只身前往。而与 2005 年相关数据比较来看,上海居民休闲伙伴的构成情况呈现相对的“多元化”倾向,并没有走向一种极端的情况。

二、休闲活动方式

所谓休闲方式是指人们利用或支配休闲时间参与休闲活动的形式和方式。而其中休闲时间的多少是影响居民进行休闲活动选择的关键因素之一。因此，本次调查以时间为主要条件，分为平时、周末、小长假、黄金周和带薪假期这五个不同休闲时间段，从“经常”（实际）和“向往”（意愿）两个方面对上海居民的休闲活动方式进行调查。

（一）居民实际休闲方式选择情况

通过调查发现，上海居民在不同时间段内进行的休闲活动呈现多元化的趋势，闲暇时间越长，居民进行休闲活动的空间范围也越大（见表9-3）。

表 9-3　居民实际休闲方式选择一览表　单位：%

休闲活动类型	平时	周末	小长假	黄金周	带薪假期
外省市旅游	1.28	2.13	8.43	19.31	35.36
郊县农家乐、古镇游	2.23	6.87	15.99	12.48	8.59
博物馆、科技馆、名人故居	1.17	2.49	3.20	2.90	3.51
电视	25.45	9.72	10.03	8.86	6.64
上网	21.62	11.97	9.30	9.29	6.45
书刊杂志	14.16	6.16	4.94	4.79	4.11
电影（剧院、音乐厅）	2.77	6.28	3.34	2.76	3.51
现场观看表演（演唱会、体育比赛）	0.85	5.45	1.46	0.43	3.32
卡拉 ok、跳舞	1.70	2.61	2.47	1.74	1.37
逛街、购物	3.73	13.62	9.30	8.13	5.47
外出餐饮	2.88	8.65	6.69	6.10	1.76
泡吧（酒吧、茶馆、咖啡厅）	0.85	1.66	1.46	1.01	1.17
室内活动（瑜伽、跳操、健身运动）	3.20	2.25	2.33	1.16	1.37
户外运动（散步、跑步、远足）	8.31	6.87	5.23	4.50	2.74
节日庆典（旅游节、庙会）	0.11	0.24	2.04	2.90	1.76
志愿者及公益性服务	1.17	1.18	0.58	0.58	0.58

（续表）

休闲活动类型	平时	周末	小长假	黄金周	带薪假期
朋友聚会	2.56	7.35	8.87	8.27	6.45
技能培训(插花、烹饪、美容)	0.00	0.59	0.29	0.72	0.58
书画、摄影	1.07	0.59	0.58	1.01	0.78
养花草、宠物	2.56	1.18	1.31	1.01	0.58
休闲教育(健康讲座、老年大学)	1.49	0.71	0.43	0.58	0.39
画展、书展、美术展	0.43	0.95	0.29	0.00	0.19
其他	0.43	0.47	1.46	1.45	3.32

1. 平时休闲活动的选择

这里所指的平时休闲时间主要是指从周一到周五下班之间所拥有的零散的活动时间。从上表中可以看出，在上海居民平时的休闲方式选择中，处于前三位的分别是：电视、上网和书刊杂志，并且所占比例均已超过30%。可见，上海居民平时的休闲活动呈现相对“静态化”的倾向。此外，户外运动一项所占的比例为18.14%，这表明上海居民在平时也注重散步等户外休闲活动。这与本次抽样调查的老年人的比例偏高有一定的关系。

根据Spring(1993)调查统计结果分析，看电视是美国人最消耗时间的一项休闲活动，占去人们大约50%的闲暇时间[2]。我国台湾地区的学者林东泰(1993)也发现，台北市青少年平时最常见的休闲方式同样是看电视，比例高达71.7%[3]。此外，根据王雅林于1998年对上海、天津、哈尔滨三地城市居民时间分配的考察，看电视是三地居民最主要的休闲活动，工作日平均每天看电视的时间是104.22分钟，占一天全部休闲时间约三分之一[4]。同国内外相关研究的结论相似，本次调查研究也发现，上海居民在平时的休闲活动中，看电视耗时最多，表明以看电视为主的休闲方式构成了居民平时休闲活动的主要内容。

2. 周末休闲活动的选择

这里的周末主要是指从周五下班到周一上班的时间段。总体来看，周末的休闲活动方式选择中，选择比率最高的是逛街购物，所占比例为29.11%，而上网、看电视等休闲方式退居第二、第三位(分别比平时下降了21.64%和34.82%)。从其他类别休闲方式看，人们在周末的休闲活动较平时呈现多样化的趋势；其中，比例超过10%的活动类型一共有10项，分别为外出餐饮、朋友聚会、远郊农家乐、户外运动等。因此，可以推断出，随着休闲时间的增长和集中，上海居民的休闲活动开始从平时比较封闭的户内家庭型活动，走向周末比较开放的户外社会型活动。

3. 小长假休闲活动的选择

这里的小长假主要是指新休假制度实施以后，形成的元旦、五一、清明、端午和中秋五个小黄金周。从调查中发现，小长假里，首先，上海居民最中意的休闲活动方式为郊区农家乐和古镇游，所占比例为27.57%，这得益于上海周边拥有良好的古镇和农家乐资源。其次，较之于平时和周末，电视、上网这两项的比例进一步降低，但可以发现这两项活动仍然是比较重要的休闲活动方式。最后，随着休闲时间的增长，休闲活动也逐渐开始向城市外围及外省市扩展，在小长假休闲活动的选择中，“外省市旅游”这一选项的比例达到14.54%，比周末增加了10%。

4. 黄金周休闲活动选择

这里的黄金周主要是指新休假制度实施所形成的春节和“十一”两个七天黄金周。七天的假期为居民休闲活动的选择提供了更加广阔的空间。在这一时段，上海居民主要的休闲活动方式是旅游。其中，郊县农家乐、古镇旅游和外省市旅游所占比例之和达到了60%，可见，在闲暇时间增长的情况下，上海居民往往愿意选择出门进行旅游活动。除旅游之外，七天长假里上海居民的休闲活动方式主要有四项，分别是：电视、上网、逛街购物和朋友聚会，所占比例均超过14%。值得注意的是，黄金周休闲活动中看电视的比例已经明显降低，这种变化表明在闲暇时间增长的前提下，居民休闲方式选择在空间范围上得到了极大的释放。

5. 带薪假期的休闲活动选择

带薪假期的出现，一方面为居民提供了休闲时间，另一方面也在一定程度上表明居民休闲消费能力的增长，可以说是促进休闲活动发展的主要推动力之一。通过统计结果可以看出，带薪假期里，上海居民最主要的休闲活动方式是外省市旅游，其比例高达54.32%，可以说是形成了一头独大的局面。

综上，可以对上海居民休闲活动方式的实际选择情况进行以下简单的总结。第一，电视和上网作为两种重要的休闲活动方式，一直在上海居民的休闲活动中占据重要位置，是其休闲生活的主要组成部分；第二，随着休闲时间的增长，旅游逐渐成为居民最重要的休闲方式，其中近郊旅游呈现先增后减的趋势，而外省市旅游则呈现出强劲的增长势头；第三，“平时”和“带薪假期”作为假期时间长短的两个极值，在休闲方式选择的结构上都呈现出了简单性和集中性，其中，平时以静态为主要表现形式，而带薪假期则表现得更为动态化。

（二）居民向往的休闲方式

居民的休闲活动方式不仅受到时间和经济状况的限制，一定程度上还受到周边休闲设施配套、交通配套等硬件设施以及休闲活动项目等软件配套的影响，因此我们通过对居民休闲方式的意愿情况进行调查，希望可以了解居民向往的休闲活动。调查同样从五个时间段进行分析(见表9-4)。

表 9-4　居民向往休闲方式一览表　单位:%

休闲活动类型	平时	周末	小长假	黄金周	带薪假期
外省市旅游	11.80	7.68	15.53	36.63	48.96
郊县农家乐、古镇游	8.09	12.79	22.37	12.21	7.62
博物馆、科技馆、名人故居	2.63	4.69	4.34	4.15	2.72
电视	6.47	4.05	2.51	2.53	1.90
上网	8.09	4.27	3.42	3.00	2.45
书刊杂志	6.27	1.28	2.06	1.84	1.36
电影(剧院、音乐厅)	7.08	8.53	5.71	3.23	3.81
现场观看表演(演唱会、体育比赛)	4.45	7.68	7.30	3.69	3.27
卡拉 ok、跳舞	5.46	3.83	2.51	2.53	1.90
逛街、购物	4.45	3.20	1.60	1.84	1.63
外出餐饮	2.03	3.20	3.42	1.38	1.52
泡吧(酒吧、茶馆、咖啡厅)	2.23	2.56	2.74	1.38	0.54
室内活动(瑜伽、跳操、健身运动)	5.87	3.41	2.28	1.61	1.36
户外运动(散步、跑步、远足)	8.50	9.59	6.17	6.45	3.27
节日庆典(旅游节、庙会)	0.81	1.49	1.60	3.69	2.18
志愿者及公益性服务	1.21	3.41	1.14	1.61	1.36
朋友聚会	2.43	7.25	5.94	4.61	4.08
技能培训(插花、烹饪、美容)	2.42	1.92	2.28	1.38	1.63
书画、摄影	1.21	2.56	1.37	1.15	1.09
养花草、宠物	4.04	2.56	1.83	0.69	1.08
休闲教育(健康讲座、老年大学)	3.03	0.64	0.46	1.15	0.82
画展、书展、美术展	0.81	2.56	2.74	1.15	1.90
其他	0.61	0.85	0.69	2.08	3.53

1. 平时最向往的休闲方式选择

首先，从调查中发现，平日里上海居民最向往的休闲方式是外省市旅游，所占比例为16.96%。从时间条件来看，这一方式在平时较难实现，但随着长三角旅游一体化的发展，沪宁、沪杭城际高铁的相继通车，上海到杭州、南京等地的休闲旅游可能成为人们日常休闲活动的重要组成部分。其次，与实际的休闲活动相对比，人们向往的休闲方式的选择更加多元化。从具体数据来看，看电视、上网等平时选择比率最高的活动项目都出现了大幅度的下降，而现场观看表演、室内活动、泡吧和电影剧院等休闲方式都出现了不同程度的上升。

2. 周末向往的休闲方式选择

从调查中发现，上海居民周末最向往的休闲方式中，郊区旅游排在第一位，其次为户外运动，这一选择比率与人们实际的休闲活动方式基本吻合。除此以外，外省市旅游、现场观看表演、电影和朋友聚会是居民较为向往的休闲方式。与实际休闲活动相比，居民希望在周末能进行多样化的休闲活动。但是，由于现实条件限制，休闲活动并没有尽如人意。可见，随着现代社会竞争压力的增大，周末成为大多数居民休养生息的时间。这一点可以从上海的经济发展状况进行理解，一方面2008年上海居民人均GDP已经超过10000美元，总体上进入了购买房产、汽车等耐用消费品时期，另一方面高收入意味着工作的高强度和快节奏，这种特点使得上海居民在周末中需要进行社会角色、家庭角色和个人角色的转换，从平时对工作和社会的全力投入回归到家庭发展和个人愉悦。

3. 小长假向往的休闲活动

随着休闲时间的增加，居民意愿中的休闲活动也呈现出相对集中的趋势。调查发现，小长假居民更愿意参加郊县旅游及外省市旅游活动，这两项比例达到了54%。其次，其他所列举的休闲活动也都有选择，呈现了个性化、多元化的发展态势。而在“其他”这一选项中，被调查者还补充了“出国旅游”这一方式。

4. 黄金周向往的休闲方式

相对于小长假，黄金周这一时段里，上海居民的意向选择表现得更为明显和集中，旅游这一方式(外省市和郊区)总和占到了67%，除此之外，任何一个选项的比例都没有超过10%。另外两种意愿型休闲方式是：户外运动和朋友聚会，这一点与前面的各时间段表现出来了一致性，可见，朋友聚会和户外运动这两种休闲方式，受时间长短的影响并不明显。

5. 带薪假期向往的休闲方式

带薪假期向往的休闲方式和黄金周时段的趋势相似，但有明显加强的倾向。仅旅游这一方式，其比例的总和就高达74%，可见，随着休闲时间的增加，居民对于旅游的向往程度逐渐加深，其中更以“外省市旅游”为胜。另外，在“其他”这一选项中，选择“出国旅游”的人数有所增加。可见，随着时间的增长，居民更表现为对远距离旅游的向往。

综上，我们可以对上海居民休闲活动方式的选择意向进行以下简单的总结。第一，上海居民最向往的休闲方式的主要构成是旅游、户外运动、朋友聚会、现场表演和电影这五种方式，而其他休闲活动方式都有一定程度的市场发展潜力；第二，随着休闲时间的增长，旅游这一方式呈现出明显的增长趋势，其他四个选项均出现了不同程度的减少。可见，旅游度假休闲业尚有很大的上升空间，但一定程度上表现出上海居民对休闲方式在观念上还将休闲局限于旅游。第三，相对于实际的休闲活动来看，上海居民所向往的休闲活动更加具有多元化和个性化的发展趋势。

三、休闲场所选择

休闲场所是休闲方式实现的空间载体。在时空二元对应的变化态势中，居民不同的休闲方式所依赖的场所会有所不同；即使相同的休闲方式也会因不同的休闲时段，而在场所空间选择上存在差异(见表9-5)。

表9-5 居民对休闲场所选择一览表 单位：%

休闲活动场所	平时	周末	小长假	黄金周	带薪假期
周边城市旅游景区(点)	3.53	6.00	16.15	29.91	46.42
郊县古镇及农家乐	1.45	8.45	21.99	17.04	13.02
博物馆、科技馆、名人故居	1.61	4.89	5.16	3.13	3.69
影院、剧院、音乐厅	4.66	11.11	6.70	4.52	2.38
体育馆	2.25	2.22	2.41	1.04	1.52
舞厅、歌厅	3.37	3.33	1.38	2.26	1.52
饭店(餐馆)	8.03	16.00	7.22	8.00	4.55
酒吧、茶馆、咖啡馆	2.09	3.33	3.26	2.26	1.74
健身房	6.10	6.89	2.58	1.91	1.09
公园、广场、绿地	16.21	12.22	10.14	6.61	3.69
学校或培训中心	1.12	0.89	0.69	0.52	0.87
美术馆、图书馆	3.37	2.78	2.23	1.74	1.52
商业街区(购物中心)	10.43	11.00	8.08	7.83	5.21
社区活动中心	4.33	1.67	0.86	0.52	0.22
网吧	1.45	0.33	0.34	0.00	0.22
家里	29.21	8.11	9.97	10.95	7.81
其他	0.80	0.78	0.86	1.74	4.55

(一) 平时休闲场所的选择

上海居民平时的休闲场所选择，与其平时休闲方式的选择之间存在着必然的联系，通过表9-5我们可以发现，上海居民平时最主要的三大休闲场所是家里、公园广场绿地和商业街区，分别占84.25%、46.76%及

30.09%，这与休闲方式的选择是一致的。可见，家庭是上海居民平时最主要的休闲场所。

（二）周末休闲场所的选择

与平时相比，周末的休闲场所选择集中性有所减低。排名前三位的分别是：饭店、公园广场绿地和影剧院。可见，在周末，上海居民更喜欢外出进行休闲活动，这与居民进行休闲活动的选择倾向相吻合。从排名最高的饭店这一休闲场所选择来看，随着生活水平的提高，人们更愿意在周末选择外出进行餐饮。但是，由于时间等因素的限制，这些场所的选择仍然分布住宅场所周边，距离一般都不远。

（三）小长假休闲场所的选择

首先，从总体上来看，在这一时段，最明显的变化就是旅游目的地所占比重增加，周边和郊区旅游景点成为最重要的休闲活动场所，其中更以郊区景点为重，所占比例为 32.08%。其次，饭店、公园广场绿地和商业街区所占的比例均超过 10%，也是重要的休闲场所。再次，家庭作为平时休闲的主要场所，已经出现了大幅度的下降，所占的比重由平时的 84.25% 下降到 14.54%。最后，从所列举的选项来看，居民进行休闲活动的场所呈现了多元化的发展趋势。

（四）黄金周休闲场所的选择

调查发现，黄金周期间，居民对于休闲场所的选择表现出了更为明显的集中性，旅游景点成为最重要的休闲场所，所占比例高达 70.6%，这表明近年来上海居民对于旅游活动的积极性出现了极大的高涨。

（五）带薪假期休闲场所的选择

同黄金周休闲场所的选择趋势相比，带薪假期呈现出基本相同的变化趋势：其休闲场所选择的集中性更为增强，旅游景点继续作为居民最重要的休闲场所而存在，二者所占的比例更是高达83%，其中仍以外省市旅游点为重，占65.44%。

综上所述，从休闲方式和场所的选择来看，调查结果都表明了随着休闲时间增加，休闲空间也在扩大的规律特点。第一，居民对休闲场所的选择，在空间上显示出比较强烈和执著的离开原有居住地的倾向，导致休闲时间的延长和休闲空间的延伸呈现同步扩大的趋势；第二，随着居民休闲时间的增多，作为休闲方式所依托的活动空间的性质上逐渐由室内转向室外。家庭作为户内休闲场所的重要性呈现不断下降的趋势，而风景区、公园等户外场所的替代性则明显加强；第三，平时，居民的休闲场所选择具有较大的不确定性，选择性较多，比较分散，但是随着休闲时间的增加，这种结构逐渐固定在以旅游地为核心的状态上。

四、休闲时间的占有

休闲时间作为影响居民休闲活动的重要因素，其闲暇时间的长短直接影响居民的休闲活动选择和完成，并且能够反映出居民对休闲活动的重视程度。本次调查将休闲时间分为五个时间段，从平时、周末、小长假、黄金周和带薪假期来进行分析。

（一）平时休闲时间选择

上海居民平时休闲时间占有选择的统计结果如下（见表9-6）。

表9-6 居民平时休闲时间一览表 单位：%

平均休闲时间	所占比例
≤1小时	26.65
2～3小时	53.08
3～5小时	13.67
≥5小时	6.61

从表 9-6 可以发现，首先，有 53.08%的上海居民拥有 2～3 个小时的休闲时间，这一数据与 2005 年的调查相比，出现了小幅的上升(2005 年所占比重为 49.81%)。其次，有 26.65%的居民拥有的休闲时间为不足一个小时，有 13.67%的居民拥有的闲暇时间为 3～5 个小时，仅有 6.61%的使命拥有 5 个小时以上的休闲时间。可见，由于生活和工作的压力，上海居民在平时的休闲时间并不充足。

(二) 周末休闲时间选择

上海居民周末休闲时间占有选择的统计结果如下(见表 9-7)。

表 9-7　居民周末休闲时间一览表　单位:%

平均休闲时间	周末
≤4 小时	25.96
4～10 小时	46.39
10～15 小时	20.43
≥15 小时	7.21

从表 9-7 可以看出，整体上看，周末的休闲时间花费大多集中在 4～10 个小时，较之于平时有了很大的进步。其次，有超过 70%的居民花费 4 小时以上的时间用于休闲活动，其中 27.64%的居民在周末花费 10 小时以上的时间用于休闲。可见，休闲活动已经成为上海居民周末的最主要的生活内容。造成这种现象的原因可能是，由于平时工作的压力大，时间有限，所以人们大多数喜欢把休闲时间"攒"到周末，一次性"消费"。

(三) 小长假休闲时间选择

上海居民小长假休闲时间占有选择的统计结果如下(见表 9-8)。

表 9-8 居民小长假休闲时间一览表 单位:%

平均休闲时间	小长假
≤8 小时	16.79
8～12 小时	31.55
12～20 小时	31.81
≥20 小时	19.85

从表 9-8 可知,从总体上来看,有 63.36%的上海居民,愿意花费 8～20 个小时的时间,在小长假里从事休闲活动,平均到每天,就是 2.7～6.7 个小时,较之于周末的时间消费,又有所增加。并且,有近五分之一的人数,其平均休闲时间甚至超过了 20 个小时。显然,在小长假里,有相当部分上海居民似乎更加愿意花费时间来进行休闲娱乐。

(四) 黄金周休闲时间选择

上海居民黄金周休闲时间占有选择的统计结果如下(见表 9-9)。

表 9-9 居民黄金周平均休闲时间一览表 单位:%

平均休闲时间	黄金周
≤1 天	5.09
1～3 天	42.75
3～5 天	36.64
≥5 天	15.78

表 9-9 显示,在黄金周里,至少花一天时间用于休闲的居民数量约占总数的 95%左右,而其中,大多数人的时间花费维持在 1～5 天,占总数的 79.39%。愿意花费 5 天以上时间的人数也已达到 15.78%。黄金周是居民中长线旅游的高峰期,因此黄金周期间居民对休闲时间的占有和使用与居民休闲方式的选择有密切关系。

(五) 带薪假期休闲时间选择

上海居民带薪假期休闲时间占有选择的统计结果如下(见表 9-10)。

表 9-10　居民带薪假期平均休闲时间一览表　单位:%

平均休闲时间	带薪假期
≤1 天	6.40
1～3 天	23.26
3～5 天	36.92
≥5 天	32.85

在带薪假期中,上海居民主要选择三天以上进行休闲活动,占总数的69.77%。较之于其他假期,带薪假期既在时间上给休闲活动提供了基础条件,又在消费能力上提供了支持,应该说是休闲活动的最佳实践时期。与黄金周相比,花费一天以下和 3～5 天的人数基本没变,花费 1～3 天的人数有所降低,从 42.75%降至 23.26%,同时,花费 5 天以上的人数从15.78%增至 32.85%。总体而言,带薪假期里居民的休闲时间花费最多。

五、休闲花费支出

休闲消费支出也是休闲活动的重要组成部分。通过对不同时段的休闲消费支出的调查,旨在从经济支出这一与居民利益直接相关的层面,来反映城市居民休闲生活水平,以及该地居民对休闲方式的认同程度和价值观(见表 9-11)。

表 9-11　居民平均休闲花费一览表　单位:%

平均花费(元)	平时	平均花费	周末	平均花费	小长假	平均花费	黄金周	平均花费	带薪假期
≤50	38.27	≤100	21.70	≤300	20.44	≤500	20.76	≤800	18.44
50～100	38.95	100～300	45.52	300～500	30.79	500～1000	28.10	800～1500	21.61
100～300	16.63	300～500	24.29	500～1000	30.05	1000～3000	34.68	1500～5000	31.41
≥300	6.38	≥500	8.49	≥1000	18.72	≥3000	16.46	≥5000	28.53

（一）平时

从表 9-11 可以看到，在平时，上海居民的平均休闲花费大多集中在 100 元以内，占总数的 77%（其中，消费在 50 元以内的占 38%）。由此可见，在平时，上海居民投入到休闲活动中的时间和金钱的消费都不高。可以推断，人们往往不重视平时的休闲活动安排，这也与居民选择的休闲活动方式相吻合。在平时人们往往在家看电视、上网，这些活动的消费都很少。

（二）周末

在周末，有 46%的居民愿意花费 100 到 300 元，用于休闲活动支出。可见 100 到 300 元这一消费水平是大多数居民能接受的。除此之外，有 22%的居民愿意支付 300 到 500 元的周末休闲消费，即周末每天的消费达到 150 至 250 元，比起平时有了很大的提高。这一点与之前的时间花费情况表现出了一致性，即周末往往是居民休闲活动比较集中的时间段。

（三）小长假

在小长假里，在居民的平均休闲花费中，所占比例最高的消费水平是 300 到 500 元，有近三分之一的上海居民，在小长假里的平均休闲花费维持在这一水平之上。此外，还有近三分之一的居民，在小长假里的休闲消费达到了 500 到 1000 元的消费水准。

（四）黄金周

黄金周作为旅游这一休闲方式的高潮期，其消费水平集中在 1000 到 3000 元。可以推测，在这些花费中，由于对于较远距离旅游活动的向往和实践，交通花费也占到了一定的比例。

（五）带薪假期

带薪假期的平均花费最为集中在 1500 到 5000 元；其次，还有近三分之一的居民消费水平超过5000元。由此可见，在这一时期，上海居民表现出了强大的休闲需求，并付诸实践。

综上所述，在上述分阶段分析的基础之上，可以将这五个时段的平均消费情况进行简单的对比分析。首先，将每阶段中的不同消费标准分为低端、中端、高端、极端四个等级，在不同阶段，分别对应不同的金额。就低端消费标准而言，随着休闲时间的增多，其比例有降低的趋势。在平时、周末和小长假里，中端消费所占比例最高，而在黄金周和带薪假期里高端消费所占比例最高。从整体来看，上海居民的休闲花费有两个明显的发展节点，第一个是周末，第二个是黄金周，即随着休闲时间的增加，休闲消费首先在周末表现出了一定的增长势头，在小长假里维持了这种变化，而从黄金周开始，消费水平开始了又一轮的增长，并且在带薪假期里表现出最高的消费水平。

第三节　影响因素分析

一、影响因素分类

影响因素是本文在休闲方式选择倾向分析基础之上拓展的重点研究对象。在本项研究中，影响因素是指影响城市居民休闲方式选择的主体性因素和客体性因素的总和，从内容上可以概括为以下五大类别，即休闲方式本身的性质、休闲设施及服务因素、个人健康及心理因素、个人社会经济因素和社会群体支持因素。本文根据五类因素的基本框架，排列出与城市居民休闲活动相关的19项具体因素，作为分析的基础。

第一，休闲设施及服务因素是对休闲活动的载体及其管理、服务、产品宣传和可达性的概括，主要包括休闲设施的质量、休闲服务的水平、休闲产品的宣传和推荐、休闲场所的管理水平以及休闲场所与居住地的距离五种因素。

第二,个人健康及心理因素是对休闲活动参加者的自身素质及个性偏好的概括,主要包括身体健康状况、个人心情和个人兴趣爱好三种因素。

第三,个人社会经济因素是对休闲活动参加者客观上被允许进行休闲活动的条件的概括,主要包括个人收入水平、个人闲暇时间和休闲花费三种因素。

第四,社会群体支持因素是对休闲活动参加者在休闲方式选择中得到的支持性力量的概括,主要包括周围人参与休闲活动的状况和家人朋友对本人参与休闲活动的支持两种因素。

第五,休闲场所的可获得性因素是指休闲活动参与者进行休闲活动的方便性及安全性程度,主要包括到达娱乐场所的交通配套、家庭娱乐设施配备、居住地周边适宜娱乐场所、外出活动的安全性四种因素。

二、因素影响度分析

本次调查将居民休闲方式选择的影响因素分为五大类别,19 小项,并从影响程度大小角度分成完全没影响、较没影响、影响一般、较有影响、非常有影响五个档次①。

在五类因素各列平均值来看,可以发现在第一列中,比例最高的是群体支持因素,比例最低的是个人社会经济因素。

在第二列中,比例最高和比例最低的仍然是这两项。

---

① 本文调查问卷中,影响因素程度分为"完全没影响"、"较没影响"、"影响一般"、"较有影响"、"非常有影响"五个档次,为方便叙述,文中依次称为"第一列"、"第二列"、"第三列"、"第四列"、"第五列"。

在第三列中，比例最高的是休闲设施及服务因素，其次是休闲场所的可获得性因素，平均值都在 30%以上，而个人健康及心理因素则排在最后。

在第四列中，比例最高的两类是个人社会经济因素和个人健康及心理因素，且比例都超过了 27%，最低的则是群体支持因素，为 24.90%。

在第五列中，比例最高的是个人健康及心理因素，比例最低的则是休闲场所的可获得性因素。

各影响因素选择平均值统计结果如下(见表 9-12)。

表 9-12　居民休闲活动的妨碍因素分析一览表　单位:%

影响因素	完全没影响	较没影响	影响一般	较有影响	非常有影响
休闲设施质量	16.02	19.68	32.27	21.97	10.3
休闲服务水平	13.96	14.42	34.32	24.49	12.59
休闲产品宣传、推荐	14.35	20.14	35.19	23.15	6.94
休闲场所管理水平	10.32	16.51	31.19	30.73	11.01
休闲场所与居住地距离	12.81	13.73	28.38	28.38	16.48
休闲产品及服务价格	7.95	12.5	26.14	28.86	23.86
休闲设施及服务因素平均值	12.57	16.16	31.25	26.26	13.53
个人身体健康状况	12.33	16.82	28.48	25.56	16.82
个人心情、兴趣爱好	11.46	14.16	21.57	30.11	22.70
个人健康及心理因素平均值	11.90	15.49	25.03	27.84	19.76
个人收入水平的高低	10.84	11.74	26.41	28.44	22.35
休闲花费的高低	9.75	12.24	26.08	33.79	18.37
个人闲暇时间多少	9.73	14.25	28.73	29.19	17.65
家务负担	13	19.51	31.84	22.87	12.78
个人社会经济因素平均值	10.83	14.44	28.27	28.57	17.79
周围人参与休闲活动多少	16.55	20.23	29.2	24.37	9.2
家人朋友支持	15.91	21.82	27.5	24.09	10.68

（续表）

影响因素	完全没影响	较没影响	影响一般	较有影响	非常有影响
合适的休闲伙伴	10.09	15.02	28.48	26.23	20.4
群体支持因素平均值	14.18	19.02	28.39	24.90	13.43
到达娱乐场所的交通配套	12.79	15.3	31.28	28.08	12.33
家庭娱乐设施配备	13.79	23.22	34.02	19.54	8.74
居住地周边适宜娱乐场所	11.21	17.39	29.75	27.92	12.81
外出活动安全性	12.56	14.61	29.68	26.48	16.44
休闲场所的可获得性平均值	12.59	17.63	31.18	25.51	12.58

（一）个人健康及心理因素

个人心情、兴趣爱好的影响程度是两项中最重要的，在第五列中的比例达到 22.7%，而且个人健康及心理因素也是五个因素中影响程度最高的。可见，上海居民对于休闲方式的选择最根本的动机是出于个人心情、兴趣偏好的。这表明上海居民参与休闲活动具有很强的主观性，个人因素是居民是否参与休闲生活，选择什么样的休闲方式首要考虑的问题。

（二）个人社会经济因素

第五列体现出个人收入是影响度最高的因素，比例高达 22.35%，比最低的家务负担因素高出 9.57 个百分点。这表明收入水平对于城市居民休闲方式的性质、范围、层次有着决定性的影响。此外，闲暇时间的有限性在很大程度上左右居民休闲方式的选择。

（三）休闲设施及服务因素的影响

在第四、五列中，排名最高的分别是休闲设施质量、休闲场所管理水平和休闲产品及服务价格。这表明休闲产品及服务价格是居民进行休闲活动选择的关键因素，而有关休闲产品的宣传和推荐不会在很大程度上左右居民的休闲偏好。

（四）关于群体支持因素

合适的休闲伙伴显然比家人朋友支持和周围人的影响程度要高，这表明人们在选择休闲方式时非常注重休闲伙伴的合适性，合适的休闲伙伴有助于提升休闲质量。

（五）关于休闲场所的可获得性因素

外出活动的安全性是影响最高的因素，比例高达16.44%。上海居民将安全因素作为休闲活动的首要考虑的因素，这与当前社会环境所遭遇的严峻挑战相吻合。

第四节　居民休闲满意度分析

本研究所指的休闲满意度主要是指居民对自身休闲活动的满意程度的评价，以及对家庭休闲现状和城市休闲现状的评价。本次调查主要采用李克特量表进行调查。

一、休闲活动满意度评价

休闲活动的满意程度，不仅影响居民当前的活动效果，也会对之后的休闲活动带来影响。对当前的影响可能表现为居民更换休闲方式、减少或增加休闲消费等，而对之后的休闲活动而言，影响可能还会表现在供给方做出相应的调整上。

本研究将休闲活动满意度分为情绪、审美、健康、认知、个人价值和群体关系等6个方面。下面将就这些方面所包含的19项因素对上海居民休闲生活满意度进行阐述(见表9-13)。

表 9-13　居民休闲生活的满意度一览表　单位:%

满意度情况		完全没收获	较没收获	收获一般	较有收获	非常有收获
情绪体验	减轻压力	1.81	6.55	31.15	45.82	14.90
	消除消极情绪	2.04	4.08	32.20	44.67	17.01
	远离烦嚣	5.94	10.27	27.40	38.36	18.04
	远离拥挤人群	6.44	10.11	28.28	37.93	17.24
	获得心灵平静	3.90	7.57	31.65	39.45	17.43
审美体验	放松心情	1.77	2.65	22.74	50.55	22.30
	拓展兴趣爱好	1.36	6.59	34.09	42.73	15.23
	陶冶情操	1.58	6.56	31.22	45.25	15.38
健康体验	锻炼身体	2.00	6.90	26.50	46.10	18.49
认知体验	扩大视野	0.91	5.94	32.42	42.92	17.81
	提高认知能力	1.38	6.65	35.78	42.66	13.53
个人价值体验	加深自我了解	3.01	10.19	38.66	37.50	10.65
	发挥个人潜能	3.68	14.25	39.54	32.87	9.43
	实现自我价值	5.07	15.21	38.25	32.49	8.53
	成就感	2.06	11.44	40.05	32.95	13.50
	刺激单调生活	5.28	11.70	36.70	34.63	11.70
	冒险及挑战自然的需求	11.66	20.28	35.66	24.94	7.46
群体关系体验	增进亲情友情	1.81	4.51	26.41	45.15	21.90
	获得新的友谊	3.19	7.97	33.49	36.90	18.22

(一) 情绪体验

居民参与休闲活动的情绪体验,主要包括"减轻压力"、"消除消极情绪"、"远离烦嚣"、"远离拥挤人群"、"获得心灵平静"等5个方面,从调查统计结果来看,上海居民表现出来的有如下特征:

第一,总体上看,在涉及情绪体验的五种因素中,居民对"较有收获"的选择比例最高,表明居民认为休闲活动对个人情绪体验带来较大价值。

第二,从具体因素的收获程度选择来看,居民对休闲活动带来的"远离烦嚣"价值收获最大,而"消除消极情绪"、"远离拥挤人群"、"获得心灵平静"选择比例相当,且仅次于"远离烦嚣",表明休闲活动对于居民除消极情绪、远离拥挤人群、获得心灵平静作用较大。此外,在收获性程度最高的选择上,居民对"减轻压力"的选择最低,但在较有收获一栏中选择比例却是最高的,表明居民对此项的选择存在较大的差异性。

(二) 审美体验

对于居民参与休闲活动时产生的审美体验的研究,主要包括放松心情、拓展兴趣爱好、陶冶情操三个方面。总体上看,上海居民对休闲活动的审美体验满意度较高。在三个选项中,上海居民选择较有收获和非常有收获两者之和的比例均超过了60%,在"放松心情"这一选项上,两者之和比例高达70%以上。

(三) 健康体验

健康体验主要是指居民休闲活动中对锻炼身体这一因素的考虑。从表9-13对该部分的统计可知:上海居民对健康体验的认知,选择较有收获和非常有收获两者之和的比例均超过了50%,这在一定程度上表明上海居民已经逐渐意识到参与体育锻炼增进健康的重要性。在健康的休闲方式中,体育休闲会成为未来居民休闲生活方式的重要组成部分。

（四）认知体验

认知体验包括扩大视野、提高认知能力两个因素，从表 9-13 对该部分的统计可知：第一，总体上，有半数以上居民认为较有收获或非常有收获。可见，上海居民因参与休闲活动而获得的对自身知识及能力的充实和提高比较多。第二，从两项因素选择的比较来看，休闲活动认知体验中居民更看重扩大视野，而对提高自己对社会的认识能力方面还有待提高。

（五）个人价值体验

对于居民参与休闲活动时产生的个人价值体验的研究，主要包括加深自我了解、发挥个人潜能、实现自我价值、成就感、刺激单调生活、冒险及挑战自然需要 6 个方面。

总体上看，在个人价值体验中，上海居民对这 6 个因素的选择比例主要集中在收获一般和较有收获两类，都超过 50%，且在 19 项非常有收获的排名中处于最低位置。这一结构清晰表明上海居民在休闲活动中，对于个人价值的体验和挖掘还相对较少。

（六）群体支持体验

群体支持体验包括增进亲情友情和获得新的友谊两个因素，统计结果特征如下：

第一，上海居民有 50%以上选择了较有收获或非常有收获，可见上海半数以上的居民能在休闲活动中使亲缘、地缘或业缘关系得到增减，即上海居民倾向于群体活动方式，注重与他人的交流和沟通。

第二，从两类因素的比较来看，上海居民认为休闲活动带来的增进亲情友情价值要高于获得新的友谊，表明上海居民更加注重维护现有的情感。

总体分析，从 6 项体验比较来看，上海居民群体支持体验收获性最高，最低的是个人价值体验。

二、家庭休闲生活评价

家庭休闲生活评价主要是评价居民对个人和家庭休闲状况的满意度。主要是从“家庭收入”、“居住地周边的休闲环境”、“休闲时间拥有量”、“参加社交活动的频率”、“社区休闲设施的配置”、“休闲场所的可达性”、“家庭休闲娱乐生活质量”等7个因素进行评价，调查统计结果(见表9-14)。

表9-14　居民对自己和家庭休闲现状的评价一览表　单位：%

评价因子	很不满意	不太满意	基本满意	非常满意
家庭收入	9.2	26.9	56.73	7.06
居住地周边的休闲环境	7.83	29.53	56.82	5.82
休闲时间拥有量	3.82	31.69	52.36	7.64
参加社交活动的频率	6.39	38.36	47.26	7.99
社区休闲设施的配置	10.49	41.07	42.41	6.03
休闲场所的可达性	8.62	22.90	60.32	8.16
家庭休闲娱乐生活质量	3.33	29.56	59.33	7.78

通过表9-14我们可以发现，首先从总体上来看，所有7个评价因素中，表示“基本满意”的，有5项都超过了50%，其余两项也均超过了40%，因此，对于各项评价因素，大多数人被调查者表示出的态度是“基本满意”，同时，表示不满意的前两项比例之和也都超过了30%，可见，在基本满意的综合评价基础之上，仍有不满意的因素存在，并且不是少数。其次，从具体的评价因素来看，对于“家庭收入”这一主体差异性较强的因素，有三分之一左右的被调查者表示出不满意，三分之二的被调查者表示满意；满意程度相对较高的是“交通的可达性”和“家庭休闲娱乐生活质量”，其后两个因素的总和都超过了65%，不满意程度相对较高的是“社区

休闲设施的配置”和“参加社交活动的频率”，其前两个因素的总和都超过了45％，其中“社区休闲设施”一项的不满意程度已经过半，达到了51％。

由此可见，上海居民对于自身和家庭的休闲活动基本满意，其不满意的地方主要集中在社区的休闲设施配备上。

三、城市休闲发展状况评价

城市休闲发展状况评价主要是评价居民对城市休闲现状的满意度。主要是从“休闲活动方式”、“休闲活动设施”、“休闲时尚”、“休闲服务质量”、“休闲理念”、“休闲产品价格”、“休闲环境”、“休闲产业”等8个因素进行评价，调查统计结果如下（见表9-15）。

表9-15　居民对上海市休闲状况的评价一览表　单位：％

	完全不同意	比较不同意	一般同意	比较同意	完全同意
休闲活动方式多样	7.19	10.79	36.85	34.83	10.56
休闲活动设施完善	6.07	12.13	40.67	31.46	9.66
休闲时尚全国领先	7.99	12.79	36.30	34.02	8.90
休闲服务质量有保障	6.41	18.54	39.59	28.15	7.32
休闲理念与国际接轨	9.91	17.05	39.63	25.81	7.60
休闲产品价格合理	12.70	26.53	36.28	18.37	6.12
休闲环境安全	5.71	10.73	44.29	29.00	10.27
休闲产业发展前景明朗	6.42	11.70	39.22	29.59	13.07

从表9-15中可以看出，第一，对于上述8个评价因素，选择一般同意和比较同意的居民占到50％以上，表明半数以上的居民对城市休闲发展状况表示了认可。第二，具体到各类评价因素，居民对“休闲产品价格合理”的满意程度是最低的，表明尽管城市配置了相应的休闲设施，居民有意愿参与休闲活动，但休闲产品价格的不合理导致居民并未真正参与到休闲活动中去。第三，居民对“休闲产业发展前景明朗”的认同感最高，表

明居民对城市未来的休闲产业发展抱有很大的期望，一定程度上反映出居民对休闲生活质量的追求与渴望。

总体上看，相对于家庭休闲现状和城市休闲环境，上海居民对休闲生活的满意度评价最高，表明上海居民对于休闲活动可以提高生活质量，全面提升幸福感有一定的认同感，这也显示出休闲对于人们生活的重要性，需要有相应的休闲服务机构来维护与提高居民的休闲满意度。

第五节　挑战与对策

一、居民休闲生活面临的困境

（一）休闲愿望与休闲实践存在一定差距

由于受到时间、经济状况、周边休闲设施配套、交通配套等硬件设施及休闲活动项目等软件配套的影响，居民现实休闲方式选择和愿望之间还存在较大差异。在日常休闲意愿方面，看电视、上网等现实选择比例较高的活动项目出现了大幅度下降，而现场观看表演、室内活动、泡吧和电影剧院等休闲方式都出现了不同程度的上升。由此看来，居民希望在日常能进行多样化的休闲活动，但由于现实条件限制，居家看电视和上网在一定程度上实属无奈之举，休闲活动并没有尽如人意。对黄金周和带薪休假期间休闲方式进行选择时，尽管现实和意愿出现了吻合，即均以外出旅游为主，但这从另一个角度正好反映了上海居民在观念上对休闲方式的认知还太过局限，甚至将旅游作为休闲的代名词。

（二）社区中心等场所休闲功能发挥有限

此次调查结果表明，作为与居民住所距离最近的休闲场所，社区活动中心的功能发挥十分有限。在选择比例普遍不高的情况下，社区活动中心的功能发挥主要体现在平时，并且对其表现出相对较高热情的主要有老年人、低收入群体、文化卫生和体育工作者等群体。

社区活动中心的主要宗旨是为社区居民提供相关的文化服务，在我国经济高速发展的现代化环境中，高速发展的交通和信息技术等在让地球“变小”的同时，林立的高楼却拉开了人与人心灵之间的距离，社区活动中心就是来弥补这种心之距离的一个重要节点。很显然，从居民的选择结果可以看出，社区活动中心在功能发挥方面还有很大的可开发空间。这一调查结果也与目前不少社区原本作为公共休闲服务项目配套的会所/俱乐部等场所被占用或挪用的现状吻合，应该引起有关管理部门的高度重视。

（三）休闲产品及服务价格的满意度尚低

在围绕影响居民休闲生活方式选择因素的调查统计中发现，休闲产品及服务价格是居民进行休闲活动选择的关键因素，回答较有影响和非常有影响的人数分别占到 28.86%和 23.86%。这也和居民休闲满意度调查结果高度一致。因为针对“休闲产品价格合理”的满意程度调查数据是最低的，这就表明尽管城市配置了相应的休闲设施，居民也有意愿参与休闲活动，但休闲产品价格的不合理现象在一定程度上遏制了居民的消费热情。

（四）居民休闲意识有待提高

从休闲的影响因素来看，居民的休闲意识等个人因素是影响其进行休闲活动的最重要的因素。但是本次调查发现，居民所进行的休闲活动往往还停留于被动的消费时间，上网、看电视等休闲活动仍然在居民的日常生活中占据着极大的地位，而通过休闲活动实现自我发展需求的休闲项目还没有真正被人们所重视起来。因此,虽然居民的休闲观已经发生了一定变化,但尚未完全理解现代社会休闲的真正内涵,还需要加以积极引导,以倡导科学的休闲理念。

(五) 特殊群体的休闲要求尚未重视

虽然上海城市休闲娱乐设施相对完善,不仅在硬件上与国际水准全面接轨,而且在休闲服务质量的保障和休闲产品的供给上也更具有国际性水准和国际化理念。但是就某些特殊群体的休闲要求并没有得到体现。本次调查中发现,25 岁以下群体和 60 岁以上群体的休闲活动相对单一。由于这部分群体具有特殊的生理和心理要求,对休闲活动的内容要求也各有不同,所以在未来产品开发中,应该注重对这部分群体休闲要求的发掘。

(六) 文化教育类休闲活动关注度较低

从调查中发现,问卷中列举的技能培训、书画摄影、养花草(宠物)、休闲教育、画展、书展和美术展等选项的选择比例很低,有些甚至为零。这表明上海居民在休闲活动中对文化和教育类休闲活动方式尚未引起足够的重视,这也折射出居民在休闲活动中自觉接受高雅文化熏陶和进行自我教育过程出现脱节这一严酷现实,深刻表明居民仅仅在休闲时间占有和使用方面已显现与国际接轨的征兆,而在休闲生活的文化质量以及自我发展的教育内涵方面与发达国家相比仍然存在明显的差距。

二、对策与建议

(一) 根据上海实际,适时推行“国民休闲计划”

制定国民休闲计划的主要目的是通过制订有关引导和扶持政策,采取各种激励措施,让广大人民群众切实享受到上海改革开放的成果,满足人民群众日益增长的休闲需要，使休闲真正成为广大居民日常的生活方式和健康的消费行为，进一步提升上海居民的生活质量、生命质量和幸福指数。

国民休闲计划要遵循四个基本原则，一是国民性。计划要在最广泛的基础上让上海不同的阶层和群体都能够积极参与休闲活动；二是福利性。计划要最大可能降低居民参与休闲活动的成本，对本市低收入阶层和弱势群体予以资助，其中应包含外来务工人员；三是阶段性。计划要立足现实，突出重点，选择试点，有步骤地实施；四是兼顾性。上海是一个开放性的国际大都市，计划既要满足本地居民日常的休闲活动需求，也要充分照顾外来游客进行的观光度假需求，使本地市场与外来市场在合理协调中互动发展。

（二）建立多部门联合协调机制推进休闲服务业发展

由发改委牵头，联合文化、旅游、体育、园林、商业、餐饮和交通等部门建立相应的协调管理的常设机构，负责全面统筹和积极推进上海休闲服务业的发展工作。常设机构可设置在发改委内。

（三）尽快制定上海休闲服务业发展规划

抓住上海城市经济转型发展、扩大内需应对危机的有利时机，应加快制定上海休闲服务业发展规划。通过规划引领，充分发挥休闲服务业在带动经济增长、塑造城市魅力、提升服务能级、促进民生改善等方面的综合功能。同时，力争使休闲服务业成为上海现代服务业近期发展的重点工作。

（四）提出建设“休闲城市”的基本目标

上海应提出建设休闲城市的具体目标，并结合自身特点采取相应措施，尤其是要充分利用世博会遗产的后期放大效应和迪士尼项目的前期扩散效应，推进上海休闲城市建设，在休闲产业发展规模、城市休闲功能建设、居民休闲生活质量方面提出明确发展指标。杭州在休闲城市建设方面提出了“东方休闲之都，生活品质之城”的目标，其近年来的成功经验值得上海借鉴。上海休闲城市建设是一项民生工程，更是一项民心工程。设想经过 5～10 年，在上海基本建成四个中心和全面建成小康社会之际，基本实现休闲城市的发展目标。

（五）构建休闲城市建设的评价指标体系

上海开展休闲城市建设有较好的基础，也存在一些不足，通过建立科学的评价指标体系，有助于加快薄弱环节的整改。借助于评价指标体系，每年发表上海休闲城市建设白皮书，不仅让全体上海市民感受到休闲城市建设带给自己休闲生活品质的提升，也促使居民加入到休闲城市建设的过程中去，使休闲城市建设成为全体上海市民共同关注之题，共同参与之事。

（六）丰富休闲活动的文化内涵

一是由宣传部门牵头，会同文化、旅游、体育和园林等管理部门，通过媒体和各种社区教育平台，大力宣传和倡导科学、文明和健康的现代休闲方式，帮助居民更新休闲观念。二是加大开发多种形式的学习型、知识型和文化型休闲产品的力度，以政府购买的方式普及各种形式的休闲文化教育和休闲技能培育，推动城市居民积极参与学习型休闲活动的积极性，切实改变居民日常休闲活动方式过于单一、文化内涵偏弱的局面。

（七）优化和提升基层社区公共活动场地的休闲功能

有关部门应该加强对基层社区各种公共休闲服务场所被占用或挪用的现象进行有效管理，促进社区公共活动场地休闲功能的归位，并从政策、资金和具体服务项目上加大对基层社区公共活动中心建设的扶持力度，优化和提升社区休闲功能，既要积极体现社区公共活动中心在居民日常休闲生活中的载体作用，又要充分发挥社区公共活动中心在沟通邻里之间和睦交往中的桥梁作用。

本章主要参考文献

[1] 岳培宇.长江流域城市居民休闲方式及影响因素研究——以上海、武汉和成都为例[D].上海：华东师范大学2006届硕士学位论文(未刊稿).

[2] Spring. L. Seven Days of Play[M]. American Demographics, 1993:53.

[3] 林东泰. 台北市区青少年休闲认知与态度研究[J]. 社会教育学刊, 1993: 17-46.

[4] 王雅林. 城市休闲——上海、天津、哈尔滨城市居民时间分配的考察[M]. 社会科学文献出版社, 2003: 28.

第十章　杭州茶馆分布及经营研究

杭州是著名的休闲城市，也是中国茶都，休闲与茶馆的融合之美在这里得到了完整的诠释。杭州自古是茶馆云集之地，经过千年发展，已具备深厚和系统的茶文化底蕴，较之其他地区具有明显的发展优势。杭州茶馆数量众多，类型多样，空间分布广泛，为人们休闲提供各种选择。政府支持是杭州茶馆业快速发展的重要原因。2003年成立杭州茶楼业协会，对茶馆业规范性发展意义重大；在“西湖西进”城市改造工程中，将茅家埠景区和梅家坞茶文化村列入开发项目，最终形成两大农家茶馆聚集地。近年来杭州茶馆业在发展中也遭遇诸多瓶颈，一方面，许多从业者对自身茶馆的定位不清晰，跟风现象严重，同质化茶馆充斥市场，茶客多层次需求无法得到满足；另一方面，茶馆经营者对现代经营理念和经营方式认识不足，管理不规范，服务不到位。这些因素导致许多茶馆寿命较短，品牌茶馆难以孕育。本章通过研究杭州茶馆的区位分布格局以及不同区位茶馆的经营特点，提出相关优化建议。

第一节　杭州茶馆发展阶段与空间分布

一、茶馆发展历史梳理

自清末以来，杭州茶馆在相当长的一段时间里发展比较缓慢，直至20

世纪 80 年代中后期才逐渐恢复生机。进入新世纪,最终形成了如今观光茶馆、农家茶馆和都市茶馆共同繁荣的大好局面。改革开放以来,杭州茶馆发展大致可以划分为以下几个发展时期。

第一,20 世纪 80 年代末到 90 年代初,杭州茶馆集中分布在西湖周边。1985 年,坐落在杭州洪春桥“双峰插云”景亭旁的茶人之家正式成立。该茶社倡导对茶、水、具的讲究和对品茗环境的营造,开创了杭州现代茶艺馆发展的先河。此外,其推出的“龙井茶宴”,几乎将现代茶馆中的所有创新元素都包含在内,将茗茶、美食和艺术完美地融合起来,成为一大创新。同时期,位于吴山路上的红楼茶社建成,室内装饰古朴雅致,选用花梨木螺钿镶嵌桌椅,配以景德镇薄胎细瓷和宜兴紫砂壶,颇有《红楼梦》中的意境。但是在当时环境下,多数茶客不能欣赏,和者甚寡,不久关门停业。1991 年,位于杭州西南城郊龙井路旁双峰村的中国茶叶博物馆开门营业,是杭州首家宣传茶文化的专题博物馆。如今,该馆仍是杭州茶客品茗吃饭,了解茶文化的好去处。这一时期,杭州茶馆发展受茶人之家的影响颇深,在茶馆文化氛围的营造上下足了功夫。

第二,20 世纪 90 年代中后期,形成三条茶艺馆特色街。1994 年开始,杭州出现了不少“个体户”茶馆,与之前的茶馆相比,这些茶馆大多规模较小,体现大众化经营风格。这一时期较有影响力的茶馆有:墅园茶艺馆、太极茶道苑、丰达茶馆、悦纳红茶楼坊、八方缘茶坊、西湖国际茶人村、紫艺阁、太和茶苑馆、茶人居、云水涧、春来、门耳、黄龙、风荷、大佛等。值得一提的是,紫艺阁自 1995 年开业以来,茶价一直是 50 元 1 位,茶叶、茶食都可更换、添加,不限量。这就是茶馆业所谓“杭州模式”的雏形——“一价自助式”茶馆。这一经营模式对杭州现代茶馆影响巨大,直到现在仍为绝大部分茶馆所推崇。由于一大批中小茶馆的相继成立,在空间分布上逐渐集聚,初步形成了湖滨路、南山路和曙光路以茶馆休闲为代表的三条茶艺馆特色休闲街。

第三，20世纪90年代末期至新世纪初，大中型茶馆兴起。1998年后，杭州开出了数家规模较大的茶馆，标志着杭州茶馆业进入了一个新的阶段。其中，最为著名的是位于西湖六公园北侧的湖畔居与同在六公园附近的青藤茶馆。两大茶馆开业时面积都超过2000平方米，至今仍是杭州最有影响力的茶馆。此后，体育场路上又开出了心源茶楼和江南春茶楼。这一时期，杭州茶馆对室内装饰布置更趋精致。如1999年开设的和茶馆，规模不大，临街的大橱窗里摆放着一个木制的雕花脸盆架，一张油漆剥落的矮茶几、一尊木雕佛像、一张禅意图，几幅挂件，古色古香，宣传从茶馆里泡出“和”字，倡导中庸平和之道，体现了“新古典主义”风格。

第四，21世纪以来，城郊农家茶馆兴起。2002年后，随着西湖综合治理工程的推进和“梅家坞茶文化休闲旅游”项目的完成，为茶馆业增添了新的活力。在此基础上，形成了以茅家埠和梅家坞为代表的农家茶馆群。其中，梅家坞脱颖而出。梅家坞四周山水环绕，茶山叠嶂，是西湖龙井茶一级保护区和主生产地之一，优越的环境和产茶优势为梅家坞茶文化村提供了发展茶馆的有利条件，成为杭州最为著名的农家茶馆品牌之一。

二、茶馆空间分布结构

本文选取的茶馆在地域上包括上城区、下城区、西湖区、拱墅区和江干区五个城区，信息来源于美食网络互动平台大众点评网，共获得303家茶馆的地址、电话、人均消费等基本信息，以及大众网提供的消费者评价和打分情况等供公众参考的信息。经过仔细排查，从中剔除了超出地域研究范围的31家茶馆，停止营业的5家茶馆①以及6家非茶馆商店，共计

① 网站上已表明“暂停营业”。

茶馆261家。按所处地域分为三种类型，分别是城郊“农家茶馆”、湖山“景区茶馆”和城区“都市茶馆”。据此，本文将杭州茶馆的区位分布格局描述为“一圈二区三带”①，以此来分别对应城郊、湖山和城区的茶馆。

(一)“一圈”：“四珠连环”农家茶馆圈

地处杭州西南城郊，位于西湖风景区的西部腹地。由于这一区域盛产茶叶，当地的居民大多以种植茶树、炒制茶叶为生。在261家茶馆中，有109家位于此区域，约占茶馆数量的41.7%。这109家茶馆大致集中在区域内的四个点上，分别是双峰、茅家埠、梅家坞和梵村②，面积约为19.63平方公里(见图10-1)。

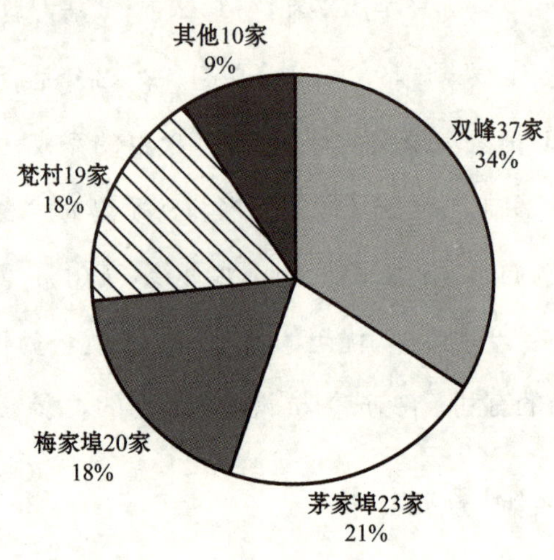

图10-1　农家茶馆分布结构一览

其中，双峰所含茶馆数量最多，有37家，超过总数的1/3；茅家埠次之，有约23家；而梅家坞和梵村分别有20家和19家茶馆，另外的10家茶

① “一圈两区三带”：其中“一圈”指城郊农家茶馆分布圈，包括双峰、茅家埠、梅家坞和梵村四个聚集点；“两区”指景区观光茶馆分布区，包括环西湖景区和吴山景区；“三带”指城区都市茶馆分布带，包括曙光路——体育场路——武林广场一带，高新文教区一带以及上塘路——中河北路一带。

② 双峰插云、茅家埠、梅家坞茶文化村、梵村分别是杭州著名风景点。

馆散落在周边地区。

(二)“二区”:“一湖一山”景区茶馆区

西湖和吴山两大风景区地处杭州市的中心,湖光山色,景致如画,历来是杭州市民以及游客休闲观光的绝佳去处。区域内茶馆大多临湖临山,茶客可一边品茶一边欣赏风景,形成了极具杭州特色的景区茶馆区。区内有茶馆 67 家,约占茶馆数量的 1/4,其中环西湖茶馆分布区 51 家,在吴山景区有茶馆 16 家(见图 10-2)。

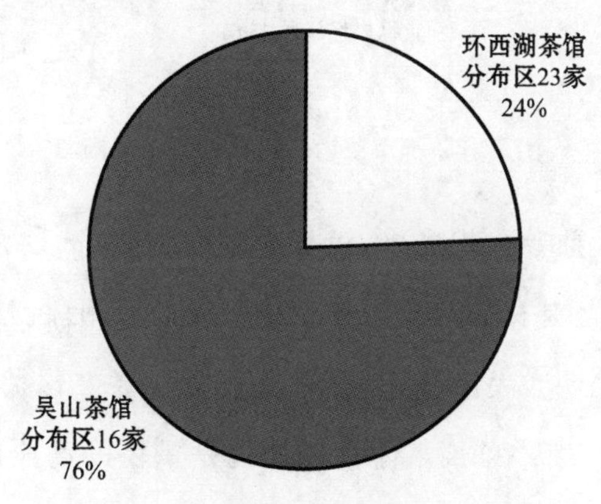

图 10-2　景区茶馆区内茶馆分布结构

(三)“三带”——“两横一纵”都市茶馆分布带

城区中的茶馆多位于繁华商区或交通主干道沿线,有 85 家。都市茶馆主要均匀分布在距离西湖较近的几条横向交通道路以及杭州一条纵向的骨架道路——中河北路的两侧,大体形成了“两横一纵”的分布结构(见图 10-3)。

1. 两条横带

由北向南分别是高新文教区分布带[①]和曙光路—体育场路—武林广

① 高新文教区分布带:包含文一街、文二街和文三街三条横向交通道路。

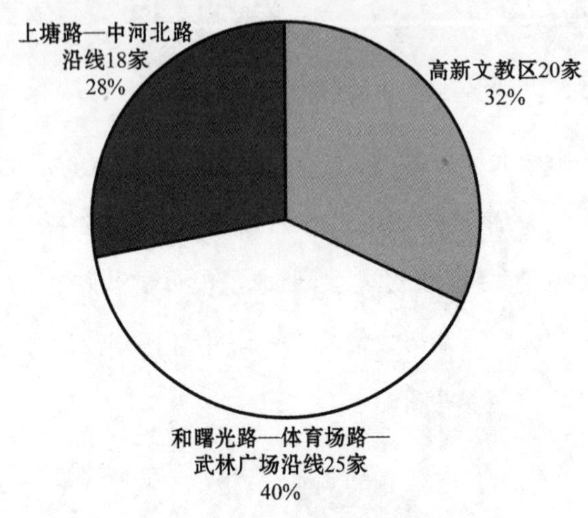

图 10-3　都市茶馆带内茶馆分布结构图

场沿线分布带。前者有茶馆 20 家。后者是杭州城区最为热闹的沿线地带,其中武林广场是杭州目前规模最大的商业区,是杭州的一个重要地标。曙光路道路两旁大树参天,茶馆林立,是一条文化氛围浓郁的街道,被杭州人称为茶馆一条街。体育场路也是重要的商业街,聚集了茶馆 25 家。

2. 一条纵带

上塘路—中河北路沿线分布带。中河北路纵向穿过杭州城,与杭州多条繁荣的街道相交,起到了商业街区桥梁的作用,分布有 18 家茶馆。其余 22 家都市茶馆则散落在杭城其他城区范围内。

三、茶馆空间分布特点

(一) 以西湖为核心,各区域茶馆吸引力不同

总的来说,杭州茶馆主要聚集在离西湖景区较近的地区,而越往外延伸,茶馆的分布越少。根据疏密程度的不同,本文将分布在不同区域所研

究的茶馆划分在两个以西湖为圆心的同心圆环中，分别用 A、B 表示两个同心圆环，用 P 表示西湖水域圈（见图 10-4）。

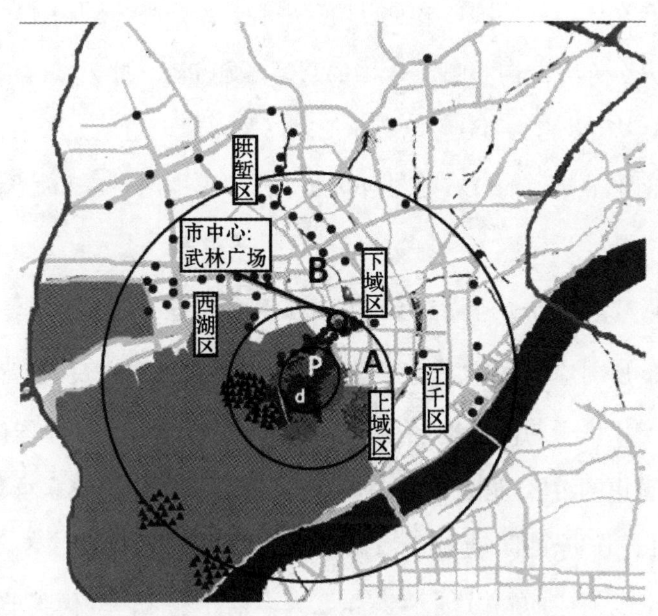

图 10-4　茶馆分布圆环图

同心圆环 A 是以西湖的中心 d 为圆心，半径在 0.5～1.2 公里[①]的地区，其中聚集了杭城约 3/5 的茶馆（见表 10-1）。

表 10-1　同心圆环 A、B 区域分布一览表

类别	距西湖半径	面积 km^2	数量（家）	密度（家/km^2）	位置	区位吸引力
A	0.5-1.2	3.73	161	43.16	圆环（北部）	特色街区
					圆环东、南、西部	风景名胜
B	1.2-4	45.72	72	1.57	圆环（北部）	商业街区
					圆环（西南部）	城郊风景

① 根据杭州茶馆空间分布结构图（图 3-1），利用百度地图测距功能，笔者发现，以西湖中心为圆心，半径在 0.5 公里的圆环内，其茶馆分布的疏密程度以及数量与距西湖更远地区的茶馆分布存在着明显的分界。

在这一范围内，茶馆分布较为均匀，大多数茶馆是以旅游吸引物为依托。这些旅游吸引物包括西湖、吴山周边的著名景点以及一些文化氛围浓厚的特色街区。同心圆环 B 是以西湖中心 d 为圆心，聚集了杭城约 1/4 的茶馆。其分布较之同心圆环 A 内的茶馆略显稀疏。此区域内茶馆主要分布在城区中(以北的部分)，以商业街区以及交通干道的分布为依托；而区域内西南部分茶馆的分布则与西湖景区西部腹地内村庄和茶园的分布耦合。

(二) 不同区域的茶馆，经营风格各具特色

"一圈"所对应的城郊"农家茶馆"，经营者为当地的农民，经营场所大多在农民自家房子的内院里，营业时间各异，茶客大多是本地居民，也有一些周边城市的游客，消费水平中等，提供清茶和本土的农家小菜，让茶客在欣赏田园美景的同时，感受农家淳朴的民风。

"二区"所对应的湖山"景区茶馆"，大多依托景区内外优美的山水风光，大致有两种形式：一种是自助型茶馆[①]，不仅提供各类茶水，还定时供应各种果蔬点心。另一类是一杯清茶加上一桌饭菜的分开消费方式。

"三带"所对应的城区"都市茶馆"，以室内大厅和包间为主，提供各类茶水，供应自助的果蔬点心。客人虽欣赏不到美丽的山水风光，但内部精心的设计、周到的服务，营造了一种清幽高雅的文化情调(见表 10-2)。

表 10-2　杭城茶馆经营特色一览表

类别	区位	经营方式	消费	营业时间	客源	茶座分布	吸引物
农家茶馆	城郊	清茶、农家菜	中等	全天/半天	本地为主、外地为辅	室内为主、室外为辅	农家风情
景区茶馆	湖山	自助、点菜	中高	白天	本地为主、外地为辅	室外为主、室内为辅	名胜景观
都市茶馆	城区	自助	高	全天	本地茶客为主	室内为主	茶馆氛围

① 自助型茶馆：每位茶客需支付一定的入座费用，便可任意取食茶馆所提供的食物。

第二节　市场特点分析

一、调查样本与指标选取

（一）样本分布

本章从 261 家茶馆中抽取 46 家样本进行分析，范围基本包含了杭州市的上城区、下城区、西湖区、拱墅区和江干区五个城区，与前文叙述的“一圈两区三带”格局基本吻合（见表 10-3）。

表 10-3　茶馆空间分布及店名汇总一览表

<table>
<tr><th colspan="2">所在区域</th><th>样 本 名 称</th></tr>
<tr><td rowspan="4">城郊农家茶馆圈</td><td>双峰</td><td>吉庆山茶楼、梦韵茶楼、三台山茶楼、金端茶庄</td></tr>
<tr><td>茅家埠</td><td>阿木茶楼、茗记茶庄、阿庆嫂茶楼、青霞茶庄、清溪余韵茶楼</td></tr>
<tr><td>梅花坞</td><td>梅山茶苑、天一茶楼、梅灵阁茶楼</td></tr>
<tr><td>梵村</td><td>随意茶庄、阿春茶庄、水月轩茶庄、九龙茶庄</td></tr>
<tr><td rowspan="2">湖山景区茶馆区</td><td>西湖</td><td>翠雨厅茶室、郭庄茶室、望湖楼茶室、梅鹤茶室、西湖国际茶人邨、雷峰塔茶楼、闻鸢阁茶室、曲院风荷茶室、柳鸢苑茶湖畔居茶楼</td></tr>
<tr><td>吴山</td><td>小普陀茶室、阿凯茶室、城隍山养神壶茶楼</td></tr>
<tr><td rowspan="3">城区都市茶馆带</td><td>曙光路—体育场路—武林广场</td><td>和茶馆、心源茶楼、黄龙茶艺馆、门耳茶坊、紫艺阁茶楼</td></tr>
<tr><td>高新文教区</td><td>和茶馆、心源茶楼、黄龙茶艺馆、门耳茶坊、紫艺阁茶楼</td></tr>
<tr><td>上塘路—中河北路</td><td>钱运茶馆、三川茶馆、笑源茶馆、普金棋牌茶楼</td></tr>
<tr><td colspan="2">合计</td><td>46 家</td></tr>
</table>

在2010年7月至2012年1月期间，先后3次对这46家样本茶馆进行了电话咨询以及实地考察与走访，并在网上收集相关资料。

为尽可能准确地体现三个区域的茶馆在经营管理上的整体差异，在各区域内部选取样本时，本章考虑到了内部各子圈、子区、子带的样本数量与其内部总体数量的比例关系，尽可能使之保持平衡（见表10-4）。

表10-4　各区域样本茶馆数量与其茶馆总数一览表

所处区域	茶馆数量（家）	样本数量（家）	样本所占比率（%）
城郊农家茶馆圈	99	20	20.2
湖山景区茶馆区	67	13	19.4
城区都市茶馆带	63	13	20.6
合计	229	46	20.1

在“一圈”范围内选取的20家茶馆中，双峰7家，茅家埠5家，梅家坞4家，梵村4家，各子圈样本的数量与其圈内的总数比例均保持在20%左右；“两区”范围内选取的13家茶馆中，西湖景区10家，吴山景区3家，两个子区的样本数量与其区内的总数比例都在40%左右；“三带”范围内选取的21家茶馆中，曙光路—体育场路—武林广场5家，高新文教区4家，上塘路—中河北路沿线4家，各子带样本的数量与其带内的总数比例也都保持在20%左右（见表10-5）。

表10-5　各区域内部样本茶馆分布结构一览表

<table>
<tr><th colspan="2">所在区域</th><th>茶馆数量（家）</th><th>样本数量（家）</th><th>样本所占比例</th></tr>
<tr><td rowspan="4">城郊农家茶馆圈</td><td>双峰</td><td>37</td><td>7</td><td>18.9%</td></tr>
<tr><td>茅家埠</td><td>23</td><td>5</td><td>21.7%</td></tr>
<tr><td>梅花坞</td><td>20</td><td>4</td><td>20.0%</td></tr>
<tr><td>梵村</td><td>19</td><td>4</td><td>21.1%</td></tr>
<tr><td rowspan="2">湖山景区茶馆区</td><td>西湖</td><td>51</td><td>10</td><td>19.6%</td></tr>
<tr><td>吴山</td><td>16</td><td>3</td><td>18.8%</td></tr>
</table>

（续表）

所在区域		茶馆数量（家）	样本数量（家）	样本所占比例
城区都市茶馆带	曙光路—体育场路—武林广场	25	5	20.0%
	高新文教区	20	4	20.0%
	上塘路—中河北路	18	4	22.2%
合计		229	46	20.1%

（二）指标选取

一般来说，经营指标应能反映经营规模、服务水平、经营方式、消费水平、资金规模、盈利水平、投资主体结构、成本结构等多个项目。在这些项目中，笔者只采用了四类经营可行性和可操作性较强的指标，分别为经营规模、服务项目、经营方式和消费水平。其中，茶馆经营规模类指标包括茶馆面积以及茶馆内外所设茶座的比例两个指标；服务项目类指标包括服务员统一着装的比例以及提供刷卡业务的比例两个指标；经营方式指标指的是各类茶馆对外经营所选择的方式，分为自助型和非自助型两类方式；消费水平指标研究的是各类茶馆的人均最低消费金额。

二、茶馆经营指标分析

（一）经营规模

经营规模是由茶馆面积和茶座数量结构两方面指标来反映的。

1. 茶馆面积指标分析

通过实地测量、与经营管理者以及服务人员交谈等方式对 46 家样本茶馆进行了营业土地面积和使用面积的估算，经整理，计算出各类茶馆规模的简单平均数，如图 10-5 和图 10-6。

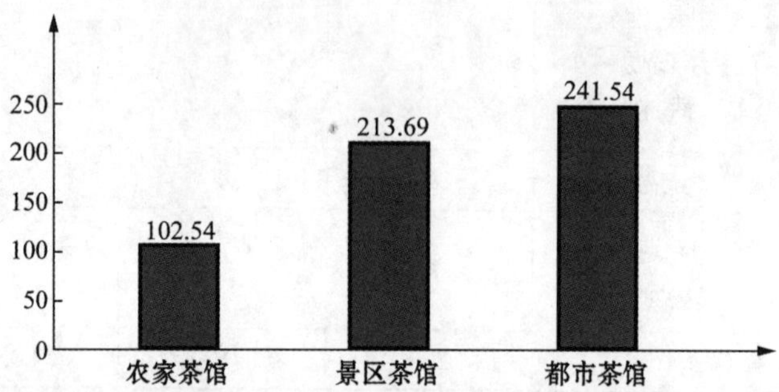

图 10-5　三类茶馆平均土地面积比较一览图　单位：平方米

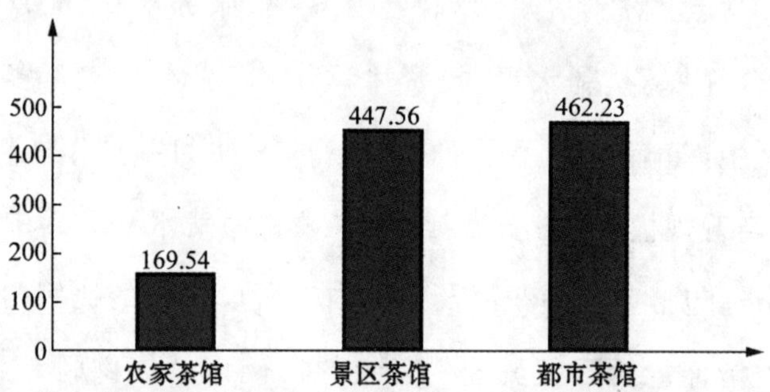

图 10-6　三类茶馆平均使用面积比较一览图　单位：平方米

从总体上来说，不论是使用面积还是土地面积，农家茶馆都是三类茶馆中规模最小的一类，而都市茶馆则是其中平均面积最大的一方，这一规律基本是由茶馆的投资主体以及农家住房的一般大小决定的。都市茶馆和景区茶馆的投资者和经营者与农家茶馆的经营者相比，大都资金雄厚，经历丰富，偏向于较大的经营规模；而对于农家茶馆来说，多数地块属于经营者的住房，只稍加改造就成为经营场所，面积扩充有限。将杭州三类茶馆的平均使用面积除以平均土地面积所得的比值，反映了各类茶馆土地面积的利用情况，比值越大，说明土地利用率越高。从表 10-6 中可看出，各类茶馆的该比值分别为农家茶馆 1.65，景区茶馆 2.09，都市茶馆 1.95。由此可得，各类茶馆的实际使用面积都大于土地面积，利用率总体来说比较高，其中景区茶馆利用率最高，这与其所处景区有较多室外空地关系密切。笔者在实地走访中发现，景区茶馆有较高利用率的原因在于，其中约 65％的茶馆设有两层楼，95％以上的茶馆利用景区空地设置室外茶座，室外空地面积在 50～150 平方米不等；都市茶馆大多处于都市繁华地带，不具备借用景区空地的条件，因此实际的土地利用率不如景区茶馆来得高，但笔者通过实地走访发现几乎 90％以上的都市茶馆都会设有上下两层；而农家茶馆一般以农家原有的单一院落和两层小平房为主，土地的使用率需提高。

表 10-6　各类茶馆土地面积利用一览表

类别	农家茶馆	景区茶馆	都市茶馆
平均土地面积(平方米)	102.54	213.69	241.34
平均使用面积(平方米)	169.54	447.56	470.23
土地利用比例 (平均使用面积/平均土地面积)	1.653404	2.094436	1.948413

2. 茶馆茶座数量结构与比例

一般而言，茶馆可选择将茶座设在室内和室外。茶馆室外茶座数，指的是茶馆借用周边空地所摆放的茶座数，而茶馆室内茶座数，则指的是在茶馆店内摆放的茶座数。通过调查走访，发现景区茶馆外部所设茶座数将近占其所有茶座数量的 2/3，为 66.7％，内外茶座比例大致为 1:2；农家茶馆室外的茶座占其总茶座数的 33.1％，主要是一些原有的农家院落，或是面积较为有限的景区空地，内外茶座比例大致为 2:1；而大多数的都市茶馆不设有室外的茶座，经计算，该类茶馆室内外茶座的比例仅为 40:1（见表 10-7）。

表 10-7 各类茶馆室内外茶座数量一览表

类别	景区茶馆	农家茶馆	都市茶馆
室内茶座数量(单位:位)	82.4	73.5	286.8
室外茶座数量(单位:位)	165.2	36.4	7.6
茶座总数(单位:位)	247.6	109.9	294.4
室外茶座所占总数比例	66.7%	33.1%	2.6%
室内外茶座数量比	1:2	2:1	40:1

可见,大多数的景区茶馆将室外作为其主要的经营场地,而都市茶馆则以设置室内茶座为主。这类情况的产生,一方面取决于茶馆周边拥有空地的情况,另一方面也与茶馆自身所依托的吸引物有关。一般而言,设于风景区内的茶馆,其内部装修大多古朴、简单,也并无特别的装饰来加以点缀。因此,多数景区茶馆吸引茶客的资本并非其本身,而是茶馆周边美丽的景色和新鲜的空气,将茶座设于室外景区内对于景区茶馆而言非常有必要,而且偌大的景区空地也为这一措施提供了条件。与景区茶馆情况类似,去农家茶馆的茶客也渴望呼吸到郊外清新的空气,品尝到农家美味,所以农家茶馆的经营者也会将茶座设于室外,但考虑到农家茶馆多是小楼或平房,周边有围墙与外界隔开,且限于当地的景区空地较少,室外的茶室大多是摆放于自家小院中和有限的景区空地上,比例较少。都市茶馆内部设计考究,独具特色,品茶氛围浓厚,尤其是一些精致的茶艺馆,甚至可称得上是“艺术品”,在如此环境下饮茶,茶客所感受到的是茶馆本身所带来的舒适和愉悦的感觉。因此,都市茶馆将茶座设在室内也是很合理的。

(二) 服务项目

服务项目类指标反映的是茶馆在各类服务项目运作过程中的水平。服务项目包括员工精神风貌及待客态度、刷卡业务、员工工作流程等。笔者在走访中，虽然也能对各茶馆员工待客态度如何，工作流程是否规范等作出基本的判断，但始终无法将之量化，并在文中展示。因此，本章选取了以下两个操作性强的指标，来反映各类茶馆的服务水平：

1. 服务员统一着装的茶馆比例

相对于刷卡消费指标而言，统一着装更能体现一个茶馆的规范程度。据调查显示，46 家被调查的茶馆中仅有 11 家茶馆的服务员着装未统一，约 76.09％的茶馆对服务员的着装作出要求，这说明茶馆业作为传统的餐饮行业正逐步与现代餐饮业接轨。在未统一着装的 11 家茶馆中，农家茶馆占 10 家，景区茶馆占 1 家(见表 10-8)。

表 10-8　各类茶馆服务员统一着装一览表

类　别	都市茶馆	景区茶馆	农家茶馆	所有茶馆
统一着装的茶馆数量	13 家	12 家	10 家	35 家
被调查的茶馆总数	13 家	13 家	20 家	46 家
统一着装的茶馆比例	100.00％	92.31％	50.00％	76.09％

与提供刷卡业务的指标排列相同。其原因也与前项指标相似，与茶馆所处地区的商业氛围相关。此外，也跟三类茶馆的发展顺序及其经营主体因素有关。农家茶馆之所以规范性不足，很大程度上在于其产生较晚，且经营主体的经营观念较弱。值得欣慰的是，农家茶馆经过一段时间的发展，已形成了一定的经营特色，并正努力向规范化经营靠拢。

2. 提供刷卡业务的茶馆比例

在所调查的 46 家茶馆中，支持刷卡消费的仅有 14 家，比例约占 30.43％。其中，都市茶馆 7 家，景区茶馆 5 家，农家茶馆 2 家，分别占各类茶馆总数的 53.84％，38.46％，10.00％(见表 10-9)。上述可见，杭州支持刷卡消费的茶馆比例较低，原因有二：一是茶馆利润不大，提供刷卡业务需收取一定的手续费；二是茶馆行业总体消费水平不高，一次性所需支付的金额不大,多数茶客对刷卡消费并无特别要求。此外,各类茶馆在此项指标中有明显差异,都市茶馆支持刷卡消费服务较多,农家茶馆则较少,其原因除上面所述茶馆普遍存在的现象外,还与茶馆所处地区的地理环境与商业氛围有密切关系。显然,都市茶馆处于杭州城区地段,外部充斥着较强的商业气息,商业圈已发展得较为成熟,商铺之间竞争激烈,支持刷卡服务可以说是商家之间约定俗成的基本服务项目之一。此外,为配合都市茶馆精美的装修以及较高的价位,刷卡业务成了一种体现茶馆档次的服务。反之,景区茶馆和农家茶馆被景区包围,周边商业氛围较淡,尤其是后者,提供刷卡服务多此一举,不太搭调。

表 10-9　各类茶馆提供刷卡业务统计一览表

类　别	都市茶馆	景区茶馆	农家茶馆	所有茶馆
提供刷卡业务的茶馆数量	7	5	2	14
被调查的茶馆总数	13	13	20	46
提供刷卡业务的茶馆比例	53.84%	38.46%	10.00%	30.43%

(三) 经营方式

该指标反映各类茶馆在经营内容及方式的差异。按经营方式为标志,可将杭州茶馆分为两种类型:自助型和非自助型。自助型茶馆指的是每位茶客支付一定的入座费用,便可任意取食茶馆提供的食物。这类茶馆所提供的自助食物,除茶水外,还包括各式主食、零食、水果、小吃等。非自助型茶馆指的是每位茶客只需支付茶水费(包括茶水和小食碟)即可入座,茶馆不提供小吃和水果,客人若要用餐,需另行点菜付费。

在对 46 家样本茶馆实地调查后发现,13 家城区都市茶馆无一例外都是自助型茶馆,13 家景区茶馆中有 8 家为非自助型茶馆,其余 5 家为自助型茶馆,而农家茶馆则无一例外都是非自助型茶馆。这一原因的产生与各区域茶馆的经营规模以及所适合的经营环境有关。一般而言,自助型茶馆提供的自助食物需放在室内共茶客取用，较适合于内部经营环境好、规模较大的茶馆，而规模较小、外部经营环境好的茶馆则比较适合于非自助型茶馆。因此，都市茶馆几乎清一色选择了自助型茶馆，而农家茶馆也都选择了非自助型茶馆，只有规模较大，室外经营环境也较好的景区茶馆在两类方式的选择上出现了分叉，但仍是非自助型茶馆居多，可见经营环境是影响茶馆经营方式的关键因素。

（四）消费水平

本章用人均最低消费指标来表示各类茶馆的消费水平，即每位茶客能获得茶位所需的最低花费。根据实地走访所得数据看出，杭城所有茶馆的人均最低消费为 53.88 元/人，各类茶馆的人均最低消费不同，其中都市茶馆最高，为 72.77 元/人，是农家茶馆的两倍，而景区茶馆的平均最低消费介于两者之间，为 53.54 元/人（见表 10-10）。

表 10-10　各类茶馆人均最低消费统计一览表

类　别	都市茶馆	景区茶馆	农家茶馆	总计
人均最低消费总和[①]（元）	1512 （21 家之和）	1378 （26 家之和）	720 （20 家之和）	3610 （67 家之和）
人均最低消费平均数（元）	72	53	36	53.88

各类茶馆在这一指标中表现出来的差异，实际上与消费内容、茶馆设施、交通便捷度以及地段价格等区位因素有很大的关联，这其中上文中提到的消费内容结构起关键作用。都市茶馆身处杭城闹市区，昂贵的地价以及奢华的装修促使其必须抬高茶价，且多数都市茶馆以自助式为主，客人入座就必须支付包括食物在内的所有费用。景区茶馆大致有两类，一类是自助式的，另一类是茶水、饭食分开的，前者的入座费用与都市茶馆

① 人均最低消费总和：各类茶馆样本的人均最低消费之和。

类似，但后者只需支付 5～20 元不等的茶水费用即可入座，因此，景区茶馆的平均最低人均消费较都市茶馆低。农家茶馆多以茶水、饭食分开的经营方式为主，因为顾客到此的主要目的是品尝农家菜，可供点的菜食品种多样，消费自然也各不相同，难以用一个消费标准来限定，因此平均的人均最低消费仅为 36.50 元。

第三节　相关建议

一、优化茶馆空间布局，完善周边配套设施

茶馆的空间分布格局往往与城市的总体规划以及政府的投资引导密切相关，为改善杭州茶馆业对西湖依赖性过强，部分集聚区域内部发展极不均衡以及旅游资源有效利用等问题。政府不仅应重视茶馆行业的总体规划和城市交通规划，还应积极进行投资引导，提高部分弱势景点的知名度，将更多的杭城旅游资源推荐给投资者，使杭州茶馆空间布局得到优化。比如，位于本章所研究区域内的西溪湿地、运河都是杭州市重要的旅游文化资源，可以作为杭州茶馆空间布局调整和优化的资源基础。

此外，为促进杭州三类茶馆实现均衡发展，政府还应重视对部分茶馆聚集区域的基础设施建设。笔者发现，城区都市茶馆跟湖山景区茶馆的周边配套设施较为完善，不论是道路、通讯，还是环境绿化、卫生设施都已处于较高水平。相反地，城郊的农家茶馆在这些方面似乎有所忽视：除停车难、通车难问题外，道路上成堆的垃圾以及简陋的公共卫生设施，让游客堪忧。

二、加强经营管理指导、培训和监督

杭州茶馆业在经营管理方面存在着一些硬伤。比如，城区都市茶馆虽然已实现规范经营，但在经营风格和管理方式上略显老化；湖山景区茶馆虽然占尽天时地利，但却忽视了消费内容的丰富性，给茶客仅是“金玉其外”的印象；城郊农家茶馆虽然特色鲜明，吸引了不少游客，但在经营环境的卫生程度和规范程度上却非常不足，让茶客有所顾虑。茶馆行业需充分发挥行业协会的作用，做好日常监督指导工作。作为茶馆行业性社团组织，杭州市茶楼业协会已成为杭州各类茶馆交流沟通、共同发展的知名平台。协会不仅应提高自身水平建设，做好日常的监督指导工作，还应认真分析各类茶馆所存在的问题，制定针对性措施。比如，组织都市茶馆的经营者参观一些较有特色的茶馆，鼓励其认真学习国内外较先进的管理方式，及时改进方式方法；要求观光茶馆重视其所提供自助食物的新鲜程度和丰富性，并进行不定期抽查；定期组织农家茶馆服务规范性的培训，并加强监督管理。

三、注重品牌培育，配备现代化服务设施

品牌是现代企业之间竞争的核心，优秀的品牌不仅起到宣传企业的作用，更是企业文化的重要载体。然而，杭州茶馆业发展较为落后的现状在很大程度上制约了茶馆品牌的培育，应在业界引起足够的重视。茶馆品牌的培育需从三个方面着手：独特的风格、高品质的服务以及创新的消费内容。各类茶馆应根据自身实际情况，重视和提高劣势项目的管理水平，完善和调整优势项目的管理体系。具体来说，都市茶馆应将经营重心放到茶馆风格的建立、服务细节的培养以及管理方式的改进上去；景区茶馆应注重提高服务品质，创新消费内容；农家茶馆则需及时改善卫生条

件，组织员工培训，做好基本的服务规范工作。总之，目前杭州已基本形成了三类各具特色的茶馆，各类茶馆需要从自身实际出发，积极思考前进发展之路，必能产生众多优秀的茶馆品牌。

第十一章　上海户外运动俱乐部研究

第一节　上海户外运动俱乐部发展概述

随着我国经济的发展，居民收入水平不断提高，生活得到不断改善。但是随着竞争的加剧，人们的生活压力越来越大，为了缓解压力，各种各样的休闲活动不断涌现。但是，普通的休闲活动已经不能满足人们的需求，人们需要的是一种能够回归自然，与自然亲密接触，感受自然的清新又不失惊险刺激，在惊险刺激中释放压力的休闲活动。为此，在一些大都市中形成了一种“有钱有时间又喜欢亲近自然”的“驴友”。这些“驴友”从普通的休闲活动中分离出来，热衷于在大自然中畅游，尤其是一些探险活动，在这种趋势的带动下户外活动得到了迅速的发展。户外运动俱乐部是户外运动适应市场需要的产物，是推动户外运动发展的重要载体，伴随着户外运动的兴起，户外运动俱乐部也得到了迅速的发展。至2006年，我国正式登记注册的户外运动俱乐部有700多家，自发性组织户外群体则不计其数，有5000万人经常参加户外运动[1]。上海作为中国经济最发达的城市之一，也是户外运动最早兴起的城市之一，在上海，户外早已成为一种时尚的代名词。在百度工具栏中输入“上海户外运动”会发现大量的户外运动俱乐部以及户外运动用品商店，民间自发的还没有组建网站的户外运动团体更是大量存在。1999年上海成立了第一家户外运动俱乐部——白浪户外，2003年开始，上海户外运动俱乐部和户外商店出现了爆发式的增长，到2008年底，上海登记备案的户外运动俱乐部已有50家，而没有登记的俱乐部有200多家。

一、户外运动俱乐部兴起与发展

（一）户外运动发展背景

上海户外运动的萌芽要追溯到20世纪90年代。1993年香港“日高”系列户外运动商品进入上海第一百货商场，是时主要提供一些专业的背包、帐篷、水壶等野营用品，但是这些旅行的“奢侈品”已经在酷爱旅行的上海人中留下了初步的印象。1996年瑞士登山品牌奥索卡登陆上海，户外运动的摇篮正式在上海建立起来。奥索卡不仅带来了丰富的户外运动用品，也建立了上海第一个攀岩馆。1997年10月27日奥索卡与中国登山协会联合在朱家尖附近举行了一次户外运动推广的活动，通过这次活动人们初步接触了户外运动概念。上海第一次民间意义上的户外运动活动出现在1998年的2月28日，参与者在淀山湖边露营野炊，松江畔的横山进行简单的攀岩。当时参加的十几个人几乎囊括了后来上海几家主流户外店的创始人。除了商业性质的户外运动之外，上海各大高校也开始相继组建各种学生户外运动社团。户外运动的发展受到国家的重视，教育部2002年把户外运动作为面向全国普通高校大学生开展的课程内容，并由教育部体卫司组织进行全国教育学科“十五”规划国家级研究课题——“大学生野外生存生活训练”研究。依据教育部的精神，上海各高校开始支持学生学习“北大山鹰社”组建学生户外运动社团。上海海事大学天鹰户外协会、上海师范大学石上户外运动协会、上海大学稻草人户外运动协会、复旦大学登山协会、华东师范大学御风团队拓展协会、东华大学攀岩社、上海交通大学野外生存协会、上海体育学院户外拓展运动协会等相继建立起来，这些高校户外社团成为户外运动大众化发展的一个重要推动力。

上海市户外运动的发展与上海的经济发展水平有着紧密的联系。国际上判断一个国家和地区是否进入休闲时代基于两个标准，一是人均GDP达到3000～5000美元；二是有比较完整的休假制度[2]。上海早在1997年人均GDP就已经突破3000美元，2008年超过了8000美元大关，并且随着新的休假制度的实施，上海居民全年的休假时间之和超过了全年的三分之一，上海已经进入休闲时代。随着休闲时代的到来，上海居民休闲需求不断高涨，户外运动也正是在这个时期开始发展。同经济发展阶段相对应，在人均GDP在3000美金以下时，户外运动开始发展，但发展范围较小；当人均GDP超过3000美金后，户外运动开始进入大众化、产业化发展阶段。从1997年之前仅有几家户外运动品牌入驻上海，到1999年上海成立第一家户外运动俱乐部，再到2003年掀起户外运动热潮，上海户外运动俱乐部的发展验证了这样的发展定律。

（二）户外运动俱乐部产生与发展

1999年4月1日，上海第一家户外运动俱乐部——白浪户外成立，同时成立的还有白浪户外店、白浪攀岩馆。户外运动俱乐部落后于户外运动的规律性特征在上海也充分地体现了出来。虽然上海的户外运动发展迅速，有巨大的潜在市场，但是市场主要集中在户外运动装备方面，户外运动俱乐部发展相对滞后，一直到2003年，上海户外运动俱乐部也没有超过10家。

从2003年开始，上海的户外运动俱乐部进入蓬勃发展期。大批的户外运动俱乐部和户外商店如雨后春笋般在上海滩崛起，出现了爆发式的增长。目前，上海登记备案的户外运动俱乐部有近50家，而没有登记的俱乐部有200多家，更不用说散布在民间的各种各样的户外运动组织。上海游牧人户外俱乐部是上海一家具有相关资质认证的户外运动俱乐部，从2001年成立之初只有五六名志同道合的朋友至今已经拥有会员2000多人。在户外运动俱乐部网站论坛上登记注册的会员人数则是更多，如上海彩虹户外俱乐部有会员6293名，上海户外公社有会员5197名，而上海驴屋户外运动俱乐部和上海飞思拓户外运动俱乐部的会员人数更是分别多达21377名和22890名[①]，一些普通的户外网站的注册会员也有两千至三千人不等(见表11-1)。

表11-1　14家较大户外运动俱乐部会员状况

俱乐部名称	性质	成立时间	会员数量(名)
上海飞思拓户外运动俱乐部	实体兼网络	2001年	22890
游山游水户外运动俱乐部	网络论坛	2002年	39824
中国户外运动网	网络论坛	2001年	49293
上海驴屋户外运动俱乐部	实体兼网络	2003年	21377
猫雨户外旅行俱乐部	实体兼网络	2006年	10178
上海野火户外旅游论坛	网络论坛	2002年	18580
上海AA57U户外运动俱乐部	网络论坛	2002年	15957
小蚂蚁户外俱乐部	网络论坛	2006年	7635
上海彩虹户外俱乐部	实体兼网络	2001年	6293
上海户外公社	实体兼网络	2005年	5197
徒步天涯户外运动俱乐部	实体兼网络	2000年	2594
黑皮驴舍户外俱乐部	实体兼网络	2006年	26118
上海猪猪户外俱乐部	网络论坛	2001年	12001
上海稻草人户外旅行俱乐部	网络论坛	2001年	6272

数据来源：对各网站数据搜集整理获得。

① 本章关于上海户外运动俱乐部的统计数据均是截止于2010年8月5日12时整。

由表11-1可以看出上海仅14家户外运动俱乐部的会员数量就已达到近25万人，虽然不能避免有一个人注册多家户外运动俱乐部会员的现象，也有很多会员只注册而不参加实际的户外活动的情况，但是户外运动俨然已经被大众所广泛关注，这些大众已经成为户外运动的潜在消费人群，上海大大小小的户外运动俱乐部有200家之多，户外运动市场潜力不可小觑。

上海户外运动商业圈也逐渐形成，长乐路、巨鹿路一带为第一级商圈，漕溪路、医学院路、番禺路圈出大徐家汇的第二级商圈，而江西路、福州路一线算是第三级商圈，其他的户外店零星分布在莘庄、吴中路、五角场一带的则算是第四级商圈。随着户外运动的装备的种类和数量的增加，上海的户外运动开始从单纯的徒步穿越、野营野炊和登山等活动开始扩展到骑行、速降、溯溪、探洞、潜水、滑雪和滑翔伞等其他广义上的户外运动，户外运动项目开始细分，如攀岩运动被分为非常专业化的分为抱石、攀冰等，由此，上海的户外运动俱乐部开始逐渐专业化及职业化。然而户外运动的发展有很大的盲从性和业余性，这些弊端使得上海户外运动俱乐部在2005年开始走下坡路，很多户外经营者开始转行或歇业，目前的上海户外圈呈现出一片散沙的状态。

二、上海户外运动俱乐部经营管理

（一）户外活动产品及特征

1. 按活动项目分类

依据户外活动的活动地点以及活动方式，户外运动经常分为五大系列，即山地运动系列、峡谷运动系列、海岛运动系列、荒漠运动系列、建筑物运动系列，每个系类下都有具体的运动项目(见表11-2)。

表 11-2　户外运动分类表

<table>
<tr><th>大项</th><th>系列</th><th>项　目</th></tr>
<tr><td rowspan="3">山地运动</td><td>丛林</td><td>滑草、定位与定向、丛林穿越(宿营、觅食、联络、急救)、紧急救援等</td></tr>
<tr><td>岩壁</td><td>(器械)攀岩、岩降、攀冰</td></tr>
<tr><td>其他</td><td>群众登高活动</td></tr>
<tr><td rowspan="2">峡谷运动</td><td>谷内</td><td>横渡、溯溪、攀瀑、溪降、漂流等</td></tr>
<tr><td>谷缘</td><td>搭索过涧、溜索、悬崖跳水等</td></tr>
<tr><td rowspan="4">海岛运动</td><td>荒岛生存</td><td>觅食(水)、海水淡化、宿营、联络、求援等</td></tr>
<tr><td>滩涂运动</td><td>滑沙、滩涂运动游戏、结绳负重等</td></tr>
<tr><td>峭壁运动</td><td>海上攀岩、悬崖跳水、溜索等</td></tr>
<tr><td>近岸水域运动</td><td>木筏环岛、水中滚木等</td></tr>
<tr><td rowspan="3">荒漠运动</td><td>沙漠运动</td><td>滑沙、沙漠穿越、沙漠生存等</td></tr>
<tr><td>戈壁运动</td><td>戈壁穿越、戈壁生存等</td></tr>
<tr><td>荒原运动</td><td>穿越项目、生存项目等</td></tr>
<tr><td rowspan="2">建筑物运动</td><td>垂向户外运动</td><td>攀楼、攀塔、地下管道攀降等</td></tr>
<tr><td>水平户外运动</td><td>自行车、汽车公路穿越、直排轮公路穿越、公路徒步穿越、地下管道穿越等</td></tr>
</table>

资料来源:董范,刘华荣,国伟. 户外运动组织与管理[M]. 武汉:中国地质大学出版社,2009:3.

本章选取了上海十四家比较有知名度的户外运动俱乐部,其中,兼营户外运动用品店和网络平台的有 9 家,网络论坛俱乐部有 4 家,学校社团俱乐部有 1 家(见表 11-3)。

表 11-3　十四家户外运动俱乐部一览表

俱乐部性质	俱乐部名称	数量
实体兼网络	上海驴屋户外运动俱乐部、上海彩虹户外运动俱乐部、上海飞思拓户外运动俱乐部、黑皮驴舍、上海户外公社、徒步天涯户外运动俱乐部、猫雨户外旅行俱乐部、上海野火户外运动俱乐部、上海三夫户外运动俱乐部	9 家
网络论坛	上海胜行户外、游山游水户外运动俱乐部、上海 17 户外俱乐部、上海趣游俱乐部	4 家
学校社团	左攸户外	1 家

资料来源:以“上海户外运动俱乐部”为关键词利用百度搜索引擎收集资料整理而得。

通过十四家户外运动俱乐部的产品线路进行了集中搜索和分类整理共获得户外运动线路 699 条(截止到 2010 年 8 月 5 日)。通过分类整理发现,上海户外运动产品线路数量由大到小依次是徒步穿越(包括峡谷、山地、荒漠、古道)、户外休闲、登山、探险、速降、溯溪、定向拓展、骑行、宿营、攀岩、滑雪、滑翔等活动。此外,有的户外运动俱乐部还会组织一些户外运动培训以及户外公益项目(见图 11-1)。

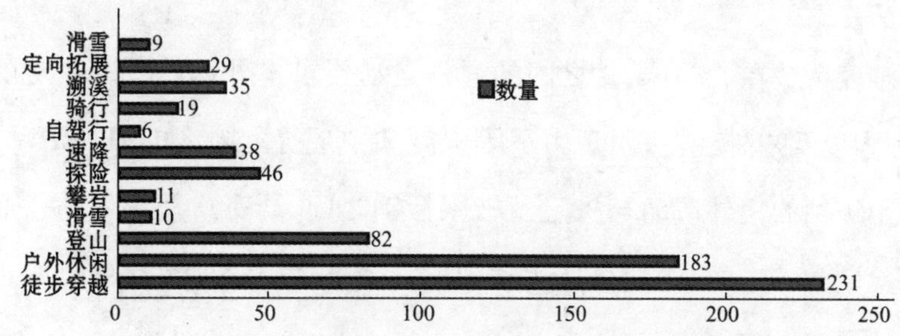

图 11-1　户外运动活动项目数量分布一览图

数据来源:上述各户外运动俱乐部网站数据整理而得(数据更新日期为 2010 年 8 月 5 日)。

户外运动俱乐部组织的户外运动中徒步穿越与户外休闲活动数量最多。徒步穿越分为峡谷穿越、古道穿越、沙漠穿越等;户外休闲主要是以游玩为主,将具有共同爱好的人们聚集起来共同出去游玩,这种户外休闲活动相比较旅行社来说更加具有自主性与互动性,这也是户外运动俱乐部户外运动项目中最为简单与安全的活动。登山也是上海户外运动俱乐部组织比较多的户外活动,这是因为大多数俱乐部的户外运动都是由登山活动开始起步,再逐渐发展其他项目。此外,上海周边尤其是浙江地区,山地及丘陵较多,登山资源丰富。

2. 按活动难度系数分类

按照户外运动活动的难易程度,将户外运动的难度系数分为九个等级，难度系数1.0的是最为容易的，基本上属于普通的户外休闲活动；难度系数9.0属于强度最大和危险度最大的户外运动。

难度系数在1.0～2.0之间的户外运动，又称为休闲体验类的户外运动，活动强度和危险程度是户外运动项目中最低的，主要是在自然环境中进行轻松愉快的娱乐休闲活动，出行人数一般在25～30人/次。其中，难度系数为2.0的户外运动，对参与者的体力与户外装备要求略高于1.0的活动。

难度系数在3.0～4.0之间的户外运动要求户外运动者有一定的体力、毅力以及户外经验，属于中下等强度和中下等危险度的户外活动，介于休闲级别的户外活动与探险及极限活动之间，既有户外娱乐的一面也有惊险刺激的一面，深受户外运动者的喜爱。这类户外运动项目的出行人数一般不多于20人/次。

难度系数为5.0和6.0之间的户外运动项目对户外运动的参与者要求较高，其活动强度和危险程度都在中上等，主要参与者一般是长期参与户外运动，户外经验丰富，装备齐全，人数一般会控制在15人/次以内。

难度系数在7.0～9.0之间的户外运动面向的是专业户外运动者，对户外运动参与者要求苛刻，活动强度和危险程度都是高级别，对出行人数要求严格，一般6人/次，最多不会超过10人/次。(见表11-4)。

表11-4　户外运动难度系数一览表

难度系数	活动类型	代表活动
1.0	休闲类	观海、游泳、划船、水库潜水、划船、游泳等。此类活动对个人装备、户外运动经验、体力等方面的要求不高，休闲为主。让新人们熟悉户外运动的基本概念。包括：帐篷搭建、野外煮食等。
2.0	普通技术性项目	如速降、溯溪等，对个人装备、户外运动经验、体力等方面的要求也不高，需要的是稳定的心理。

（续表）

难度系数	活动类型	代 表 活 动
3.0	较强技术性项目	如辰山攀岩、千岛湖或武义水库潜水等，对毅力、体力、身体协调性等方面的要求较强。
4.0	普通徒步类（2天）	如天目山穿越、浙东大峡谷穿越、徒步徽杭古道等，对体力要求较高，有一定的危险程度。
5.0	较强徒步类（2-4天）	龙王山穿越、浙东大峡谷无人段穿越等。此类活动对于队员们的体力要求高。应具备普通徒步的所有要求。
6.0	常规登山类（初级）	如安徽清凉峰（海拔1750米），较强的体力与毅力，要求装备齐全，一定的野外生存能力。
7.0	常规登山类（中级）	如陕西太白山（海拔3750米），有经验、装备齐全。
8.0	常规登山类（高级）	如成都四姑娘山（海拔5300米）攀登，会有一定的高山反应，有登山经验、体力良好，装备齐全。
9.0	雪山（初级）	如青海玉珠峰（海拔6300米），只适合有登雪山经验者和专业登山队攀登，装备齐全。

资料来源：上海AA57U户外运动俱乐部提供资料整理而得。
网址：http://www.aa57u.net/cgi-bin/topic.cgi? forum=10&topic=41&show=0

上海户外运动俱乐部提供的户外运动项目主要分为三大类，一是户外休闲体验级别的项目，占到了44.6%；二是具有中等活动强度和中等危险程度的户外活动项目，占到了50.9%；三是高等强度、高等危险程度的户外运动项目，占了4.94%。前两类的户外活动项目面向的是大众，只要身体健康并参加过户外活动，有一定的户外经验就可参与，第三类的户外运动面向的是专业户外运动者，这是一个小众群体。

3. 按活动时间长短分类

通过对699条户外运动线路活动时间的分类整理，大致可以了解上海户外运动俱乐部提供的项目基本上是以两天行程为主，包括两天一夜、两夜两天两种类型，其中两夜两天类型的户外运动在两天类户外活动中占绝大多数比例。户外运动不同于旅游或其他的休闲活动，夜晚在户外运动体验中占有很大的分量，因为户外运动讲求的是野外探险与生存，所以大部分户外运动在夜晚是露营的，而且对露营的装备有一定的要求。为期两天的户外运动基本上是在上海周边地区，户外环境较为良好，对户外运动的装备要求一般，户外经验要求也不高，面向大众群体，尤其是白领一族，所以出行时间几乎都是在周末。出行距离较短、组织方便，时间恰当、休闲与刺激并存是这类户外运动线路优点，既为户外运动俱乐部所推崇，也为大众户外运动爱好者所喜爱(见图 11-2)。

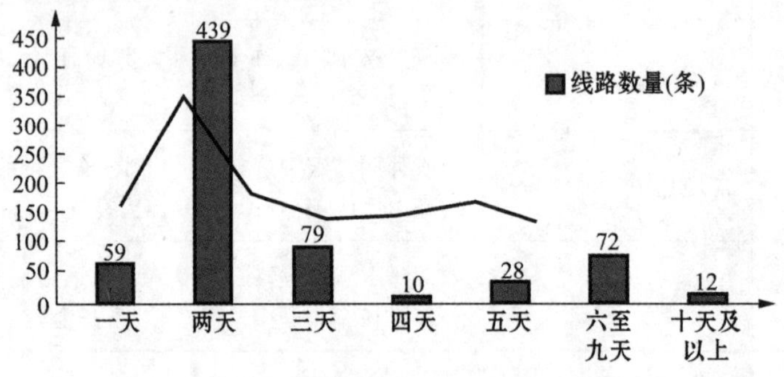

图 11-2　户外运动俱乐部户外线路时间分布图

为期三天的户外运动多是在近两年兴起的，五一小长假、清明、中秋小长假使人们有了更为充分的出行时间。相比于热门的旅游景点人山人海的拥挤环境，深入大自然的户外运动显得更为人们所喜爱，所以不少人开始放弃环境拥挤的热门旅游景点转向贴近大自然的户外运动，为期三天的户外运动应运而生。相反，为期四天的户外运动线路却较少，在三天小长假和七天黄金周之间，四天的户外运动显然不是人们最好的出行选择。为期五天和六至九天的户外运动主要是在黄金周和春节假期期间出行，可进行一次长线的户外运动，这类户外运动一般难度较高，装备要求齐全,出行人数也会受到限制。十天以上的户外运动线路面向的是专业运动者或户外运动经验非常丰富的户外运动爱好者,选择的目的地多是高山、雪峰等环境比较险恶之地。

4. 按活动目的地分类

按照通常的方法将户外运动线路分为短线、中长线、长线以及国际线路。

短线的户外运动目的地主要集中在江浙沪以及江西一带。浙江是上海各家户外运动俱乐部首选的目的地,上海户外运动俱乐部一半以上户外运动目的地是浙江。浙江紧邻上海,交通方便,秀丽山水、神秘峡谷、迷人海岛吸引了大量户外运动爱好者前往。在浙江开展的户外运动主要是登山、峡谷穿越、漂流、溯溪等,目的地主要在浙东大峡谷、大明山、清凉峰、牛头山、仙居、舟山群岛等地。户外活动的强度与危险度适中,时间较短,是周末户外运动首选的目的地。安徽独有的徽州建筑与风俗,秀美的黄山以及连通徽州与杭州的徽杭古道成为户外运动爱好者向往的地方。江苏的户外运动主要集中在苏州、镇江,而且难度不大,如阳澄湖休闲游、三山岛宿营等相对休闲的户外运动。上海本地的户外运动也多是徒步、大桥穿越、松江佘山或崇明岛野营等休闲活动。江西的户外运动项目有骑行婺源观油菜花,武功山、三清山等的攀登与穿越。总体来说,短线户外运动在户外运动线路中所占将近八成,达到 78.51%,是户外运动线路的主力军(见表 11-5)。

表 11-5　户外运动俱乐部线路分布——短线

目的地	浙江	安徽	江西	江苏	上海	合计
线路数量(条)	357	70	39	28	54	548
百分比	51.14%	10.02%	5.59%	4.01%	8.17%	78.51%

中长线的户外运动主要是在小长假期间组织的,从组织活动年份看,是在实行小长假制度后出现的。这类户外运动线路的目的地主要是山

东、湖南、湖北、内蒙古、福建、河南、河北以及陕西，其中山东、内蒙古、福建的户外线路数量较多。在山东开展的户外运动主要是登泰山、滨海拓展、青岛、日照的自驾行等活动；内蒙古的活动主要是沙漠穿越，坝上草原摄影、骑马等；福建的活动主要有攀登武夷山、宿营大嵛山岛等。由于发展时间较短，目前中长线的户外运动仅占 7.31%，还有待于进一步的开发（见表 11-6）。

表 11-6　户外运动俱乐部国内线路——中长线

目的地	山东	湖南	湖北	内蒙古	福建	河南	河北	陕西	合计
线路数量(条)	15	4	2	14	7	3	3	3	51
百分比	2.15%	0.57%	0.29%	2.01%	1.00%	0.43%	0.43%	0.43%	7.31%

长线类的户外运动一般来说已经接近于探险旅游与极限项目，多为有丰富经验以及户外装备齐全的户外运动者设计，在上海户外运动线路中约占 12.9%。户外运动长线项目主要有川北甘南地区、新疆、云南、广西、西藏、青海。另外，贵州、海南、广东也有少量线路。相对于旅行社的经营方式，户外运动俱乐部在组织中长线以及长线的户外运动时，通常让户外运动参与者自付交通费用，往往是在目的地集合然后再进行团队的户外运动（见表 11-7）。

表 11-7　户外运动俱乐部国内线路分布——长线

目的地	新疆	东北	川甘	西藏	青海	云南	广西	贵州	海南	广东	合计
数量	17	7	28	5	5	14	7	3	3	1	90
比例	2.43%	1.00%	4.01%	0.72%	0.72%	2.01%	1.00%	0.43%	0.43%	0.14%	12.89%

相比较于国内线路，国际线路数量非常少。开展户外运动国际线路的多是上海有实力的户外运动俱乐部，如上海三夫户外运动俱乐部、上海户外公社等具有中国登山资格认证的俱乐部。国际线路的目的地大多与追求神秘与刺激有关，如尼泊尔的珠峰，或是非洲的最高峰乞力马扎罗山，以及越南与柬埔寨神秘的原著文化（见表 11-8）。

表 11-8　户外运动俱乐部国际线路分布

目的地	尼泊尔	越南	马来西亚	柬埔寨	非洲	合计
线路数量(条)	4	1	1	1	3	10
百分比	0.6%	0.14%	0.14%	0.14%	0.43%	1.43%

(二) 户外运动俱乐部市场现状

上海户外运动需求旺盛,有大量的户外运动爱好者,同时也有为数不少的户外运动俱乐部,但是就上海户外运动俱乐部每年接待的人数来说,选择户外运动俱乐部的人却相对较少(见表 11-9)。

表 11-9　部分户外运动俱乐部年接待人数　单位:人次

俱乐部名称	2007 年	2008 年	2009 年	2010 年
上海三夫户外运动俱乐部	1800	2000	1500	2500
徒步天涯户外运动俱乐部	1000	1100	600	800
游山游水户外运动俱乐部	1500	1700	1800	1500
上海飞思拓户外运动俱乐部	800	1000	1200	1000
上海户外公社	1000	1200	1500	1800
上海驴屋户外运动俱乐部	1000	1200	1500	1500

资料来源:依据各户外运动俱乐部网站公布的已经成功组织的活动及每次参与人数整理而来。

户外运动俱乐部作为行业中的一个重要环节,却没有起到足够的影响力,营销管理的落后是一个很重要的原因。第一,营销宣传力度非常小,不管是在传统的媒体渠道,还是新型的媒体平台,户外运动信息少之又少。例如在互联网上,如果不主动去搜索户外运动俱乐部的信息,几乎不会有任何的广告或链接将你引入到户外运动俱乐部中去。第二,营销定位不明确。目前,上海不少户外运动俱乐部仍然将户外装备作为支柱业务,将户外运动服务作为一种销售手段,所以营销的重点仍然在户外装备上面，甚至经常出现价格战等低层次的竞争。第三，对户外运动把握不准确，服务缺乏针对性。部分户外运动俱乐部虽然有心开展户外运动服务业务，但是对市场状况，例如上海有多少潜在的户外运动爱好者，这些爱好者的职业类型、收入水平、受教育程度、参与目的、获取信息渠道、参与频率、平均花费等问题模糊不清。因此，为了更好地了解上海户外运动俱乐部的市场状况，帮助户外运动俱乐部更好的确定目标市场，创造出更符合市场需求的户外活动项目，有必要加强对户外活动客源市场的了解与分析。

第二节　上海户外运动活动客源市场分析

一、研究方法与样本构成

本章研究采用问卷调查法，以户外运动参与者为主要调查对象。通过实地或调查问卷网站、网路论坛等途径开展调查。共发放 320 份问卷，回收问卷 304 份，有效问卷 289 份，回收率为 95%，有效率为 95.1%。此次样本的基本构成情况如下：

一是性别结构。男性占 67.1%，女性占 32.9%。

二是年龄结构。此次调查将被访者分为 5 个年龄段，其中 18～25 岁占 25.8%，26～35 岁占 60.9%，36～45 岁占 11%；46～55 占 2.1%，56 岁以上占 0.2%。

三是学历结构。初中及以下占 1%，中专或高中占 11.1%，专科占 30.8%，本科占 49.1%，研究生及以上占 8%。

四是职业结构。党政机关企事业单位人员占 3%，企业管理人员占 18%，个体经营者占 5%，各类专业技术人员占 35%，自由职业者占 11%，商贸/服务/销售人员占 7%，学生占 4%，其他(含离退休人员)占 17%。

五是收入结构。2001～6000 元/月者占 64.4%，其中 2001～4000 元水平的人数最多，共有 95 人，占 32.9%；4001 元～6000 元水平的占到 20.4%。6001～10000 元的参与者占 20.1%。另外，有 15.2%的户外运动参与者月薪在万元以上。

二、户外运动参与者行为特点

(一) 参与者接触和了解户外运动实况

调查主要集中在上海户外运动爱好者获得户外运动信息的主要渠道、周围环境影响以及从事户外运动的时间三个方面。

1. 获得户外运动信息主要渠道

“驴友”们获得户外运动信息最主要的渠道是网络，约占受访者的 84.1%。其次是他人介绍或邀请，占到 45%。有些参与者也通过旅行社或俱乐部去了解户外信息，其中起主要作用的是户外运动俱乐部。选择通过媒体广告宣传来获取户外运动信息的比重仅有 11.4%，说明传统媒体在这一领域的影响力较小(见图 11-3)。

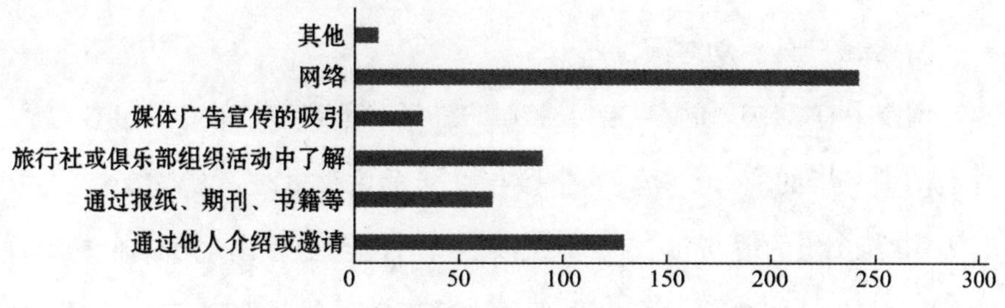

图 11-3　参与者获取户外活动信息主要渠道

2. 周围环境影响

个体生活在群体之中，个体的行为必然收到群体的影响，也就是说个体的行为往往会受到周围人的影响。如果一个人周围的朋友、亲戚、同事都是户外运动爱好者,那么他也会产生一种从众心理。

从调查结果看,分别有16.3%和20.8%的参与者反映,周围参与户外运动的人很少和比较少;处于一般状态占32.2%;反映周围户外运动参与人较多和非常多的占30.8%,基本上各占三分之一左右,说明上海户外运动已经不再是20世纪90年代中后期的个体行为,已经逐渐从个体行为转向了大众参与(见表11-10)。

表11-10　周围人群参与户外运动一览表

周围参与户外运动的人数	数量	比重
非常多	21	7.3%
比较多	68	23.5%
一般	93	32.2%
比较少	60	20.8%
很少	47	16.3%
总计	289	100%

资料来源:根据笔者《上海市户外运动爱好者参与现状调查》结果整理所得。

3. 接触户外运动时间

调查中有34.6%的参与者是接触户外运动不到一年的新手。参与户外运动2-4年的有46.8%,其中参与2年的占23.2%,参与3年的占17%,参与4年的占6.6%。5年及以上"户外龄"比重出现了小回升,分别是7.6%和11.1%。两年及以下的户外运动参与者占到了57.8%,说明上海的户外运动真正在民众中兴起的时间并不长。但是不可否认的一点是,一旦户外运动参与者形成了自己的"驴友圈"时,就会对户外运动产生较高的忠诚度(见图11-4)。

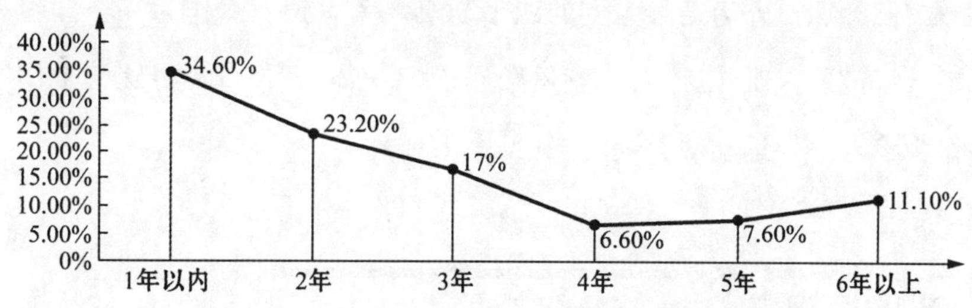

图 11-4　参与者接触户外运动时间分布一览图

4. 参与户外运动频率

一次户外运动花费的时间和精力往往比较大，所以户外运动的参与周期较长。受访者中有 15.6%选择半个月参加一次户外运动，这部分群体是最为活跃的，是户外运动的忠实爱好者。有 22.5%的被访者选择一个月参加一次户外运动，14.9%选择 2 个月参加一次户外运动，两者共占 37.45%。3～5 个月/次和半年以上/次的参与频率所占比例相当，共占 46.9%。可见，上海市民对于户外运动的参与热情处于中等水平(见图 11-5)。

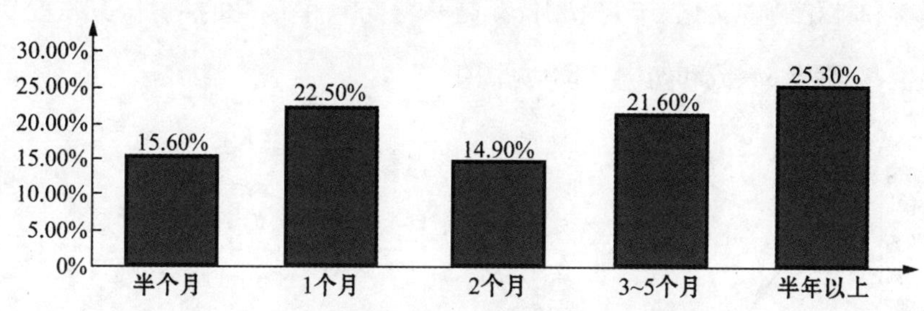

图 11-5　参与者参加户外运动的频率一览图

(二) 参与户外运动的动机和需求偏好

1. 参与目的动机分析

调查结果显示，缓解工作压力、锻炼身体、旅游观光、逃离城市喧嚣是

"驴友"们参加户外运动最主要的四个动机。考虑到上海作为一个国际大都市,经济发达,工作压力大、竞争激烈,就不难理解参与者将缓解工作压力作为参与户外运动的首要动机(见图 11-6)。

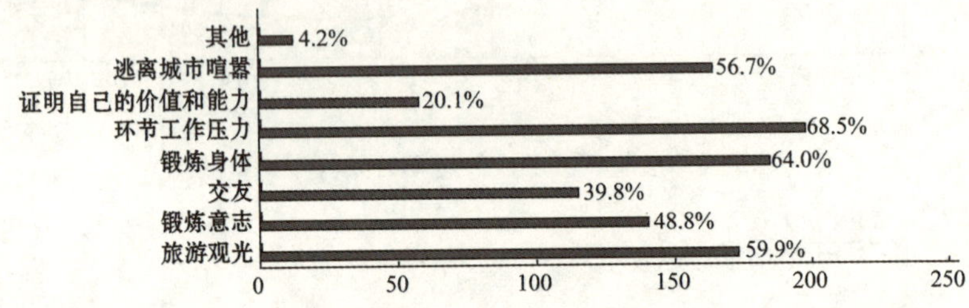

图 11-6　参与者参与户外运动的动机分布一览图

2. 户外运动参与者需求偏好

在调查中,有 66%的被访者选择了 1～2 天,有 24%的被访者选择了 3～4 天,也就是说大部分户外运动参与者都是在上海及周边地区进行户外运动。因此,资源状况对上海户外运动发展有较大影响。上海周边的浙江省东部沿海、西部有丰富的丘陵资源,而安徽、江西具备良好的自然环境和神秘的古文化,于是登山、穿越是参与频率最高的项目,其次是野外生存、溯溪、漂流和定向运动(见图 11-7)。

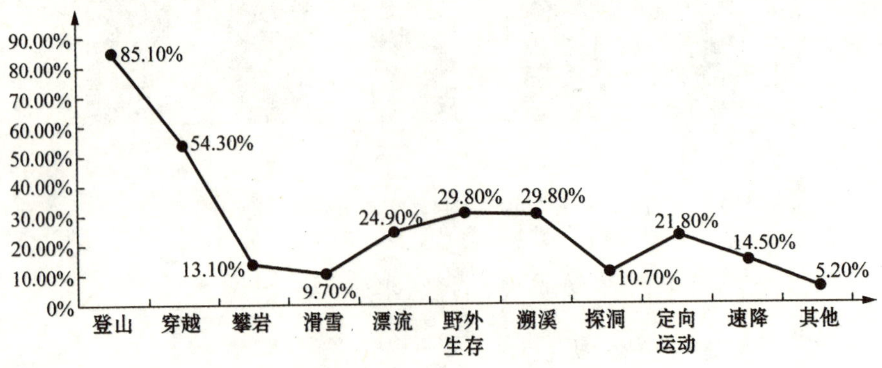

图 11-7　参与者户外项目需求偏好一览图

（三）户外运动参与者消费特征

1. 出行花费

上海户外运动参与者每次平均花费在 201～400 元占 28.7%，花费 401～600 元占 22.1%，以上两个层次消费水平多是参加上海周围短线户外运动项目。每次花费在 200 元以下占 11.4%，一般参加在上海市区或郊区的休闲户外活动。花费在 600～1000 元多属于中线户外运动，3000 元以上则属于长线以及国际线的户外运动(见图 11-8)。

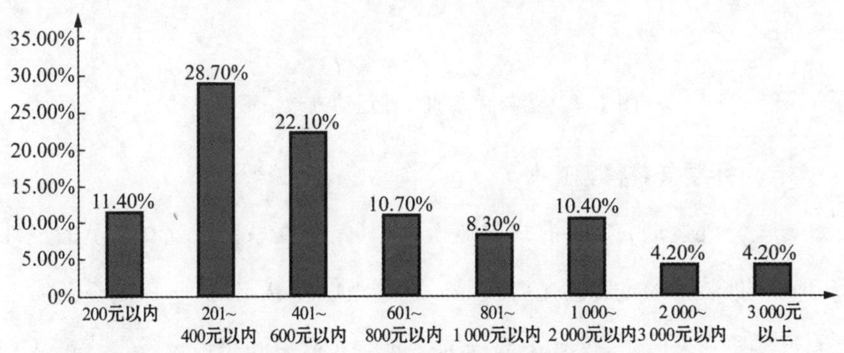

图 11-8　参与者平均每次花费一览图

2. 参与方式

个人自助活动、参与户外运动俱乐部、网络论坛召集是上海户外运动参与者选择的最主要的三种出行方式。其中选择个人自主活动方式的人最多，占 31%，在一定程度上表明户外运动俱乐部在“驴友”中并没有形成一种权威式的影响，仅有不足三成的参与者会选择通过户外运动俱乐部参与户外运动(见图 11-9)。

当然，也不排除这样一种情况，多数户外运动参与者在参与初期基本上都是跟随户外运动俱乐部，随着经验的积累慢慢开始自助户外运动活动，这一现象或发展趋势同旅行社和自助游的演变关系具有相似性。

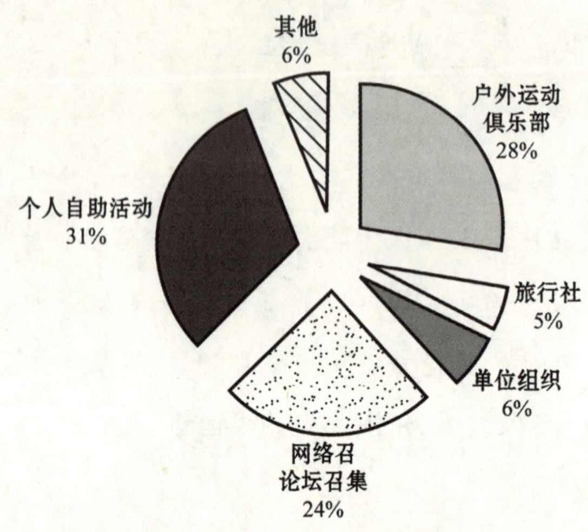

图 11-9　参与者参加户外运动方式一览图

3. 户外装备获得渠道

参与户外运动一定要有户外装备，尤其是难度系数在 3.0 以上的户外运动对户外装备的重要性尤为凸显。就调查结果看，有 86.2%的参与者选择自己购买户外装备，仅有小部分选择向他人借用和租借设备。这也从一个侧面说明，我国户外装备及户外用品市场蕴含着巨大潜力(见图 11-10)。

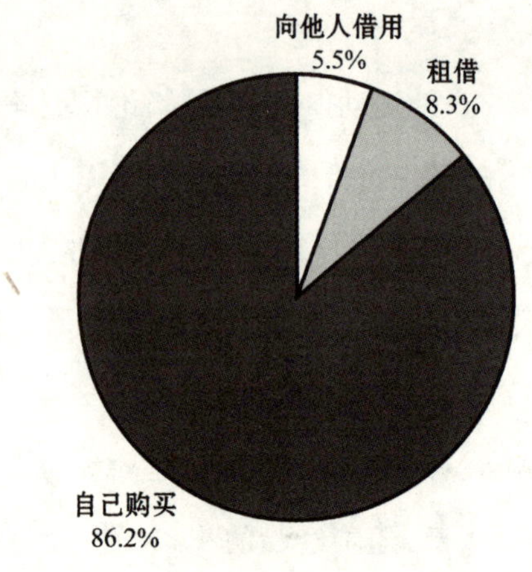

图 11-10　参与者获得户外装备渠道一览图

如果把每次参加户外运动都要产生的交通费用、食宿费用以及活动组织费用看作是变动成本的话，那么购买户外装备的费用就是固定成本，显然，参加户外运动是一项价格相对昂贵的休闲活动项目。

第三节　户外运动俱乐部发展建议

一、制定产业政策，培育民众户外运动意识

户外运动产业是一项潜力巨大的朝阳产业。应该通过制定一定的政策积极扶持户外运动俱乐部的发展，努力引导户外运动市场的消费主体，引导和激励户外运动产业行业协会等中介机构和组织，使户外运动产业中相关群体凝聚起来共同促进其健康发展。对户外运动了解甚少是户外运动参与者不多的原因之一。由于缺乏足够的了解，也没有足够的渠道了解，上海市很多民众对户外运动的认识还停留在“在户外进行的运动”上面，对户外运动的一些项目名称还没有听说过，更不用说参与其中了。应该借助电视、广播、网站、报纸等媒体积极宣传户外运动，全面、真实地介绍户外运动俱乐部的独特魅力和可能具有的风险，并有选择地针对特定的目标群体进行宣传，从而使户外运动能为上海市民所熟知。有了这种基础，户外运动才能逐渐被民众了解和熟悉，为户外运动的发展奠定厚实的群众基础。

二、构筑户外运动完备法律体系，健全安全保障体系

首先，健全市场准入机制。健全上海市户外运动俱乐部市场准入制度，确保进入市场的户外运动俱乐部的从业人员的资质、能力、经验、技术、户外装备质量等符合相关规定条件，促进户外运动俱乐部健康发展。

其次，完善户外运动保险制度。户外运动项目具有一定的风险性，一方面，俱乐部应该积极与保险公司开展业务合作，根据户外运动项目的难度系数、户外运动出行人员设计不同保险项目，做到“不买保险不出行”；另一方面，参与者自身要提高保险意识，不仅要主动购买户外运动保险，避免侥幸心理，完善保险消费观念。最后，健全安全保障体系。上海虽然出台了相关政策，但是政策本身的可行性和执行力度都不够，需要加强政策制定的科学性和执行的有效性。二是构建高效的救援体系。有关部门需要着手准备建立上海市户外运动救援机构，同时，应当充分与周边地区的有关部门开展合作。此外，在户外运动比较集中的地区，发动俱乐部与户外经验丰富的志愿者，形成自救和互救组织。政府救援组织与民间救援组织共同为上海市户外运动的发展提供保障。

三、加强专业人才培养，强化户外运动培训工作

首先，培养户外运动专业人才。加强专业人才培养是户外运动安全健康发展的重要保证。应当从两个层面来丰富上海乃至全国的户外运动专业人才。一是在高校中设立户外运动专业，培养高学历、高层次的户外运动人才。二是积极推进专业户外运动培训机构的建设，作为户外运动专业人才培养的补充部分。另外，有关管理部门要重视户外行政管理工作机构的构建，建立一支高素质的行政管理工作队伍，培养专业的户外运动管理、技术方面人才，为户外运动提供专业的技术指导和高效的行政管理。其次，强化户外运动培训工作。掌握好户外运动知识和运动技能是安全进行户外运动的基础，必须从专业的高度对活动者进行要求。对参加每项户外运动的人都要进行相关体育和户外知识的培训。调查表明，现阶段户外运动爱好者希望加强培训的主要内容是户外医疗急救培训、户外专业技能培训和户外基本知识培训。户外运动俱乐部应当及时了解

参与者的需求，为参与者消除后顾之忧。

四、整合优势资源，树立品牌意识

上海各大俱乐部之间应该扩大合作，共享和整合资源。通过组建上海户外联盟，开展户外嘉年华等多种多样的方式，扩大户外俱乐部行业影响力。俱乐部应加强与旅行社和景区的合作，更好地安排户外运动者的行程，将常规旅游线路与户外运动线路相结合，使参与者获得更加丰富的体验。同时，又可以利用旅行社在订房、订票方面的优势，为参与者谋取切切实实的利益。随着上海市户外运动俱乐部的数量不断增长，竞争也日益加剧。户外运动俱乐部应当摆脱低层次的价格竞争，树立品牌意识。将服务意识深入到户外运动俱乐部工作人员的思维中去，将服务标准细化到员工的工作中去，借鉴上海旅行社名牌化战略来打造上海户外运动俱乐部名牌化战略。

五、以市场为导向，明确目标群体

上海户外运动的市场广阔，不管收入高低，都有参与户外运动的意向。面对如此庞大而又活跃的市场，上海户外运动俱乐部应当做好充分的准备，以市场为导向，细分目标群体，针对不同类型、不同需求的客户设计不同的户外运动线路和户外运动项目，让消费者有更好的体验。一是针对入门级户外运动参与者。对入门级的这类户外运动参与者，户外运动俱乐部应当推出培训类训练班，强化他们的户外运动经验，培育他们对户外运动的兴趣，使之成为户外运动俱乐部的忠实客户。二是较有经验的户外运动爱好者。针对这类爱好者，俱乐部应当丰富户外线路或户外项目的种类。不断提高户外运动俱乐部线路和项目的丰度，是吸引这类户外爱好者的重点。三是非常有经验的户外运动爱好者。对这类群体，喜好参与具有挑战性和技艺切磋性质的户外运动，而户外运动俱乐部在聚集老驴友方面具有一定的优势，所以俱乐部应当适当开辟具有难度的户外运动线路和项目，聚集各路高手，既是一种体验，也是一种竞赛。

本章主要参考文献

[1] 张西林，王曼娜. 户外运动俱乐部规范发展探究——以湖南省为例[J]. 体育科技文献通报，2009，17(6)：95-99.

[2] 楼嘉军，徐爱萍. 试论休闲时代发展阶段及特点[J]. 2009(1)：63.

第十二章　上海城隍庙与南京夫子庙游憩空间比较研究

第一节　城隍庙与夫子庙游憩物质空间比较

随着经济活动的发展、信息时代的来临，人们的休闲、游憩需求在快速增加，城市旅游逐渐成为城市发展新的增长点及支柱产业。城市的游憩功能得到越来越多重视与体现，城市游憩空间已成为现代城市旅游不可或缺的元素。同时，城市游憩空间也随着社会经济的发展处在动态演变中。在各类城市游憩空间中，游憩商业区的游憩功能越来越突出，成为城市吸引游客的特色和“卖点”，游客在游憩商业区内既能实现观光游览的目的，又能进行购物消费。很显然，游憩商业区已在城市旅游中迅速发展，并成为新的旅游经济增长点。需要看到的是，城市旅游竞争日趋激烈，微利时代已经到来，这就要求游憩商业区发展在深入挖掘内赋文化的基础上要秉持空间理念，居安思危，对其游憩空间进行研究既是一个理论问题，又是一个实践问题。

当然，在不同区域，RBD的游憩空间会呈现出不同的特点。本章选取上海城隍庙与南京夫子庙作为研究对象①，上海城隍庙是上海城市中少有

① 本文所指上海城隍庙、南京夫子庙意指上海城隍庙游憩商业区、南京夫子庙游憩商业区，若意指城隍庙、夫子庙单体景观，将另作说明。

的表现中国传统建筑样式和江南园林特色的庙、园、节市场，这在上海“西化”的城市空间中较为特别，而南京夫子庙也因庙、学、市结合的空间形式，在我国林林总总的孔庙建筑中别树一帜。与都市建筑、市政设施等城市外在形象相比，这种具有深厚文化底蕴的城市游憩空间更含蓄、也更实质性地表现了都市的美丽所在。探讨这两个游憩商业区在游憩空间上的异同点，总结存在的问题，取长补短，从空间角度提出优化发展对策，具有重要的理论与现实意义。

一、旅游景点空间结构分析

（一）景点总体分布特征

城隍庙的地域范围由人民路、方浜中路、河南南路围出，而其核心区域则以福佑路、安仁街、方浜中路、旧校场路为边界。整个区域的形状看上去是一个不规则的四边形，其核心区域更是近似一个长方形，紧贴四边形的中底部。在这个约 7 万平方米的长方形内，分布着城隍庙最具标志性的景点——豫园和城隍庙，而在长方形之外即非核心区域，仅有一处景点——沉香阁（见图 12-1）。

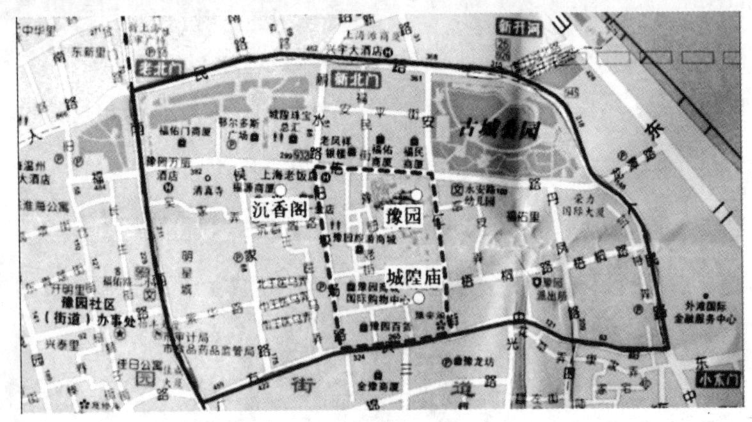

图 12-1　上海城隍庙旅游景点空间分布

夫子庙的地域范围是北至建康路、东至平江府路、南至长乐街、西至中华路，其中建康路、平江府路、大石坝路、大四福巷围合成夫子庙的核心区域。夫子庙呈现类钻石的外观视觉特征，其核心区域占地约22万平方米，比城隍庙的核心区域大了近3倍，而核心区域内的景点数量也比后者多，内有孔庙、江南贡院、李香君故居、王谢故居等旅游景点，而在非核心区域内的景点有瞻园与秦大士故居(见图12-2)。

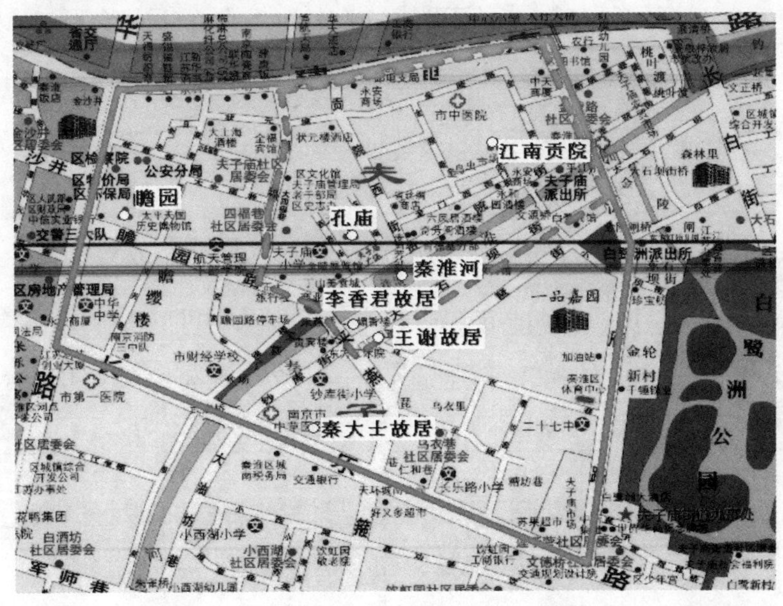

图12-2　南京夫子庙旅游景点空间分布

将商业游憩区的这些旅游景点视为点状要素。点状要素的空间分布主要有凝聚型、随机型和均匀型三种类型，可采用最邻近距离指数进行分析，最邻近距离是表示点状要素在地理空间中相互邻近程度的地理指标，其计算公式为：

$$R = \frac{\bar{r}}{r_e} = \frac{\bar{r}}{2\sqrt{n/S}}$$

其中 R 表示最邻近指数，$\bar{r}$ 为每个点与其最邻近点之间的距离的平均值，$\overline{r_e}$ 表示理论最邻近距离，n 为旅游节点数目，S 为考察区域面积。

在三种分布类型中，均匀分布的最邻近距离最大，随机分布次之，凝聚分布最小。最邻近距离指数 R 实际上为实际最邻近距离与理论最邻近距离之比。当 $R<1$ 时，为凝聚分布类型；当 $R=1$ 时，为随机分布类型；当 $R>1$ 时，为均匀分布类型。

目前，城隍庙景点数 $n=3$，$S=0.49\text{km}^2$，经过测算，$\bar{r}=0.18\text{km}$，故 $R_{城隍庙}=0.0364<1$；夫子庙景点数 $n=7$，$S=0.43\text{km}^2$，经过测算，$\bar{r}=0.14\text{km}$，故 $R_{夫子庙}=0.0173<1$。由此可知，城隍庙 RBD 与夫子庙 RBD 的景点都呈现凝聚分布状态，有利于旅游资源的空间整合。

（二）景点类型及分布

旅游景点是目标 RBD 可持续发展的关键因素之一。依据《中国旅游资源分类系统与类型评价》，城隍庙 RBD 与夫子庙 RBD 现有的旅游景点可分为 2 大景系、2 大景类、5 种景型，共计 10 个旅游景点（见表 12-1）。

表 12-1　城隍庙与夫子庙主要旅游景点分类系统①

景系	景类	景型	景点	
			上海城隍庙 RBD	南京夫子庙 RBD
人文景系	历史遗产景类	古代园林景型	豫园（荷花池、九曲桥、湖心亭）☆☆☆	瞻园☆☆☆
		宗教/礼制建筑群	城隍庙☆☆ 沉香阁☆☆	孔庙☆
		皇室/官署建筑群		江南贡院☆☆
		古民居景型		李香君故居☆ 秦大士故居☆ 王谢故居
自然景系	水文景观类	非峡谷风景河流景型		秦淮河（含文德桥）

资料来源：根据夫子庙秦淮风光带官方网站 http://www.njfzm.net/chinese/index.asp 和豫园商城官方网站 http://www.yuyuantm.com.cn/yuyuan/cn/index/上的相关资料整理制作。

① ☆表示市县级文物保护单位，☆☆表示省/直辖市级文物保护单位，☆☆☆表示国家级文物保护单位。

城隍庙与夫子庙景点都以人文景观为主，但夫子庙景点类型要比城隍庙景点类型更加丰富。秦淮河穿越了夫子庙南部，这条从桃叶渡至镇淮桥一带的秦淮水上游船线路极富魅力，是区域中唯一纳入自然景系的景点。秦淮河作为南京古老文明的摇篮，远在石器时代，流域内就有人类活动，从东水关至西水关的沿河两岸，东吴以来一直是繁华的商业区和居民地。如今，已形成以秦淮河为纽带的秦淮河风光带，夫子庙恰位于秦淮河风光带的中心位置，故其地域内旅游景点的景型也较为多样，瞻园、孔庙、江南贡院、李香君故居、王谢故居和秦大士故居分别归属于古代园林景型、宗教/礼制建筑群、皇室/官署建筑群/古民居景型等 4 类景型。城隍庙地域面积较夫子庙略大，但含有的景点数量少些，而且在景型丰度上也略逊于夫子庙，在历史遗产景类下仅有古代园林和宗教/礼制建筑群 2 种景型。

在空间分布上，城隍庙景点结构略显失衡。历史遗产景类景点相对集中于核心区域。尤其是城隍庙仅占整个区域七分之一面积的核心区域拥有整个近七成的景点量，自然旅游资源缺乏，核心区域与非核心区域的失衡状况较严重，整个区域特别是非核心区域景点的开发力度不够，不利于游客观光游览需求的满足。夫子庙各景点类型较齐全，自然、人文旅游资源组合优于城隍庙，空间组合状况较理想，有利于突出主题，分别开发（见表 12-2）。

表 12-2　城隍庙与夫子庙主要旅游景点空间分布一览表

景　类	城隍庙 RBD		夫子庙 RBD	
	核心区域	非核心区域	核心区域	非核心区域
水文景观类	0	0	1	0
历史遗产景类	2	1	4	2
合计	2	1	5	1
百分比	66.7%	33.3%	71.4%	28.6%

夫子庙的形成历史远比城隍庙悠久，有一半以上的景点始建于明朝以前，许多景点经过多番修建又多次遭毁，真正遗存下来的文物已不多见。城隍庙的历史相对短一些，城隍庙、豫园和沉香阁先后建立于明朝，仅早于李香君故居与秦大士故居，距今时间相对短些。

二、商业店铺空间分布结构

（一）商业店铺类型

商业店铺是商业游憩区最小的构成单元，是游憩者实现休闲购物的有效载体。本章将商业店铺分为十六类：纪念品/土特产店、花鸟虫鱼店、酒店旅馆、旅游服务、邮政通讯、时装服饰、餐饮小吃、药店诊所、茶店/咖啡店、书店/音像店、百货商场、日用百货店、戏苑/剧院、游艺室/网吧以及其他[①]。经统计，城隍庙核心区域沿街有 291 家店铺，夫子庙核心区域沿街则有 997 家店铺，数目约是前者的 3.4 倍（见表 12-3）。

表 12-3　城隍庙与夫子庙商铺统计一览表

门面类型	城隍庙 RBD			夫子庙 RBD		
	个数	比例	排序	个数	比例	排序
纪念品/土特产店	152	52.2%	1	284	28.5%	2
餐饮小吃	39	13.4%	2	128	12.8%	4
日用百货	21	7.2%	3	158	15.8%	3
时装服饰	19	6.5%	4	299	30.0%	1
茶店/咖啡馆	17	5.8%	5	9	0.9%	10
其他	15	5.2%	6	22	2.2%	7
银行	7	2.4%	7	8	0.8%	12
旅游服务	6	2.1%	8	4	0.4%	13

① 含整修/待业、废弃/休业等店铺。

（续表）

门面类型	城隍庙 RBD			夫子庙 RBD		
	个数	比例	排序	个数	比例	排序
百货商场	6	2.1%	8	9	0.9%	10
药店诊所	2	0.7%	10	3	0.3%	15
书店/音像店	2	0.7%	10	10	1.0%	8
戏苑/剧院	2	0.7%	10	1	0.1%	16
花鸟虫鱼	1	0.3%	13	25	2.5%	5
酒店旅馆	1	0.3%	13	23	2.3%	6
邮政通讯	1	0.3%	13	4	0.4%	13
游艺室/网吧	0	0.0%	16	10	1.0%	8
合计	291	100.0%		997	100.0%	

资料来源：根据笔者实地调研数据整理而成。

1. 丰富的商业业态结构

两地最大的共性在于商业业态都十分丰富。纪念品、餐饮小吃、时装服饰、书店/音像店、戏苑/剧院、茶店/咖啡馆等16种类型的商铺在各自区域内都有分布。商品品种齐全，能够满足消费者一次性购足购好的需求（见图12-3）。

可清晰看到，城隍庙与夫子庙主要商铺类型是纪念品/土特产店、餐饮小吃店、日用百货店和时装服饰店，这4类店铺所占百分比大于其他类型的商铺。4类店铺总和分别占城隍庙与夫子庙商铺总量的79.4%与87.2%。餐饮小吃、日用百货、时装服饰是大众平日消费最为频繁的店铺类型，纪念品/土特产具有深刻的符号功能，是旅游者在目的地最向往的。这些商铺可以较好地满足游憩者的购物欲望，而游憩者消费倾向的日益多元化也决定了其余商铺存在的必要。主营商铺与次营商铺的搭配为消费者提供了休闲购物、金融、邮政、信息、医疗等多方面的综合性服务。

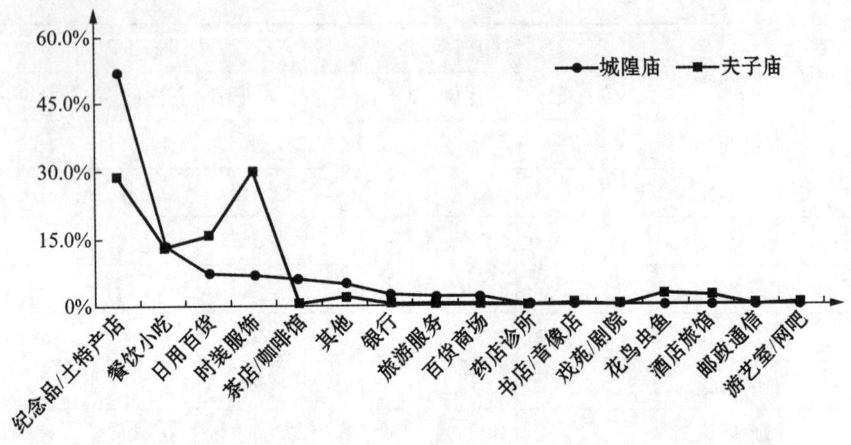

图 12-3　城隍庙与夫子庙商铺类型分布一览图

2. 不同的商业功能定位

两处 RBD 的差异之处在于商业功能定位的不同，与旅游的相关性有强弱之分。从图 12-3 可以清楚地看到，城隍庙与夫子庙商铺比例反差较大的集中在纪念品/土特产店、日用百货和时装服饰上，这三类都是 RBD 的主营商铺，所占比例大，两处 RBD 的差异也大。

从各门面的经营项目来看，城隍庙纪念品/土特产店销售商铺占绝对优势，占据商铺总量的半数以上，其次就是餐饮小吃的店面，便于旅游者在购物之余品尝美食、恢复体力，日用百货和时装服饰店的比例紧随其后。可见城隍庙商铺是以经营特色产品、旅游纪念品为主，与旅游的相关性很强，将满足游客的需求作为了商铺规划的主要出发点与归宿。由于进行了公司化经营，管理者将原有的小型旅店迁出，这使得该区域 RBD 的住宿功能有所弱化。

夫子庙商铺中比例最大的是时装服饰店，占 30.0%，日用百货店比例也明显要高于城隍庙，占了 15.8%，这两类商铺比例之和为 45.8%，大于纪念品/土特产店与餐饮小吃店的比例之和。可见部分生活日常消耗品成为夫子庙的经营主项，商铺供给的商品品种和商业业态主要是满足本地居民的需求，这些商铺提供的服务与当地居民的消费能力基本相符，本地居民的购买力基本可以支撑多数店铺的日常经营，这些店铺并不是那么需要依赖大量的外地旅游者来盈利或者维持经营，反映出夫子庙的商铺经营与旅游的相关性较弱。

（二）商业店铺空间分布结构

根据实地调查所获得的资料，结合两地行政图，将商铺一一标注，并用颜色进行区分商铺类型，同一种类型商铺的用同一种颜色标注。通过比较可以发现，城隍庙与夫子庙在商铺空间结构方面的形成有以下几个特点。

第一，在空间布局上，相似商品的商铺聚集，特别是主营类商铺高度集聚，呈连续状。城隍庙 74.3％的纪念品/土特产店分布在豫园老街、旧校场路和文昌路，以销售丝绸织绣商品的居多，大大满足了消费者比较购物的心理；餐饮小吃类的商铺一部分相对集中地分布在百翎路至九曲桥广场四周，以中式老牌餐饮店为主打，如松月楼、松运楼、绿波廊、南翔馒头店等，又配以 DQ、星巴克等洋式饮品连锁店，另一部分分布较为集中的餐饮小吃店位于方浜中路与安仁街路口，这里是中外快餐连锁店的集结地，如大娘水饺、真功夫、萨莉亚、肯德基等交相点缀，可以为消费者提供快捷的餐饮服务(见图 12-4)。

城隍庙商铺的空间布局(见图 12-4)，夫子庙商铺的空间布局图(见图 12-5)。

夫子庙内分布集中的店铺是纪念品/土特产店、时装服饰店和日用百货店。在贡院街、贡院西街、建康路和平江府路围成的东北一隅内，时装服饰占据大半江山，特别是贡院西街、金陵西路和金陵东路这 3 条南北走

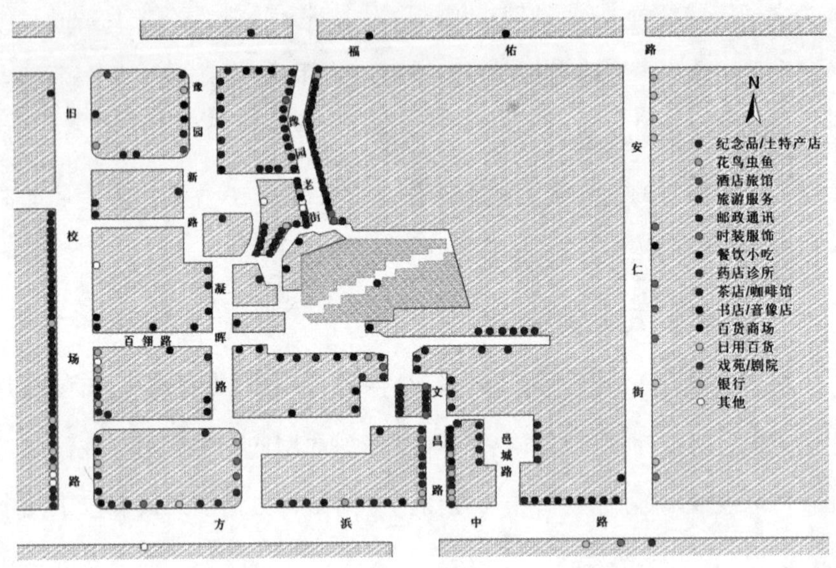

图 12-4 城隍庙 RBD 商铺空间布局一览图

向的街道两侧,时装服饰商铺几乎是连续分布着,为大众百姓提供价格低廉的中低档衣帽服饰。纪念品/土特产店则主要分布在大石坝街、东市和西市,以玉石销售的店铺居多,这与南京盛产雨花石有一定关系(见图 12-5)。

第二,在空间节奏上,核心区域内部与外圈的商铺疏密并不平衡。在核心区域内部分街道上店铺分布存在过度密集的问题,而在外围的个别街道上商业店铺与其他城市职能单位、居民住房相互交错,这些城市职能单位与居民住房对商业店铺的空间分布产生了一定的影响。

城隍庙内,在狭窄的安仁街上,一侧是豫园的东墙,另一侧则密布着许多破旧的老式居民楼房,至今有许多居民仍居住其中,零星散落着日用杂货店、小型服饰店等,与豫园内的风景如画以及核心区域内部修葺如新的建筑风貌形成很大反差。从长远来说,这些老式居民区必然会制约 RBD 的发展。

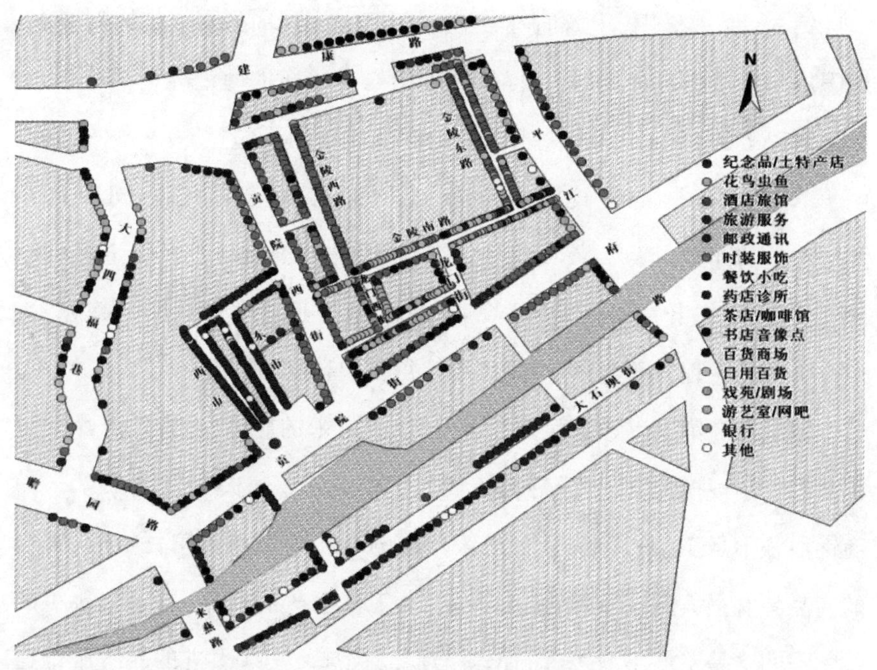

图 12-5　夫子庙 RBD 商铺空间布局一览图

夫子庙核心区域外围的商业店铺形成有些随意，在大四福巷、建康路上还分布着企事业单位、学校、居民小区等，影响了周围商业店铺的聚集程度、商业类型等级等。而内部在龙门西街更是集聚了以日用百货为主的 81 家店铺，这些商铺所售商品的辐射能力低，且门面规整度参差不齐，不论是对 RBD 形象还是对人流疏通都造成不良影响。金陵南路和金陵西路经过业态调整与建筑整修后，商业环境已有较大改善，但毗邻的金陵东路依然是“迷你”店铺汇集。另外，比较遗憾的是，在夫子庙商铺中书店所占比例甚小。江南贡院贵为中国古代最大的科举考场，清代一半状元出自江南贡院，其周边竟以大量的花鸟虫鱼店围之。孔庙更是尊崇孔圣人之地，其吸引游客的一个重要因素就是深厚的文化底蕴，在这样一个深具历史文化底蕴的学识重地，其周围未见一书店，文化氛围营造不到位。

第三，在等级规模上，商业店铺以中小型者居多，在质与量的天平上，城隍庙与夫子庙各有侧重。目前，城隍庙与夫子庙的商铺经营面积以 20 平方米以下的居多，200 平方米以上的商铺比例均不超过 10%，这充分说明了 RBD 的商业店铺“规模小”的特点。因商铺众多，业态雷同是 RBD 无法避免的问题。近年来，无论是城隍庙还是夫子庙都积极引进各大品牌连锁店，以提升商业格调，品牌店、专卖店等业态形式发展日趋完善。但在引进的进程方面，显然城隍庙要走得更快，走得更前。

城隍庙商铺中以经营面积在 10～20 平方米的居多，适合纪念品等特色商品的小规模经营，给予游客精致的购物空间感。夫子庙内 49.0%的商铺面积不足 10 平方米，且多是低档次的时装服饰与日用百货店，销售的商品具有很大的同质性，缺少特色，大规模生产的产品占多数，狭小的购物空间更是不便于消费者的逗留与商品挑选。一些引进的品牌服饰连锁店的面积要大些，在 30～100 平方米之间均有分布。

一般地说，一个交通设施条件好的市场区域对消费者而言，可以缩短他们购物花费的时间，降低他们出行的空间费用；对于零售从业单位而言，销售范围会扩大，区位的规模等级也可能提高。如表 12-4 所示，城隍庙与夫子庙 200 平方米以上的商铺多是餐馆、百货商场和星级宾馆，主要分布在城隍庙的福佑路、旧校场路、豫园老街，夫子庙的大石坝街、建康路、来燕路等外圈或是临近入口处。这样的地理位置交通便利，这促成了相对大型的商铺在此落户。

表 12-4　城隍庙与夫子庙商铺面积统计一览表

门店面积(平方米)	城隍庙 RBD		夫子庙 RBD	
	个数	比例	个数	比例
(0,10]	81	29.3%	478	49.0%
(10,20]	105	38.0%	204	20.9%

（续表）

门店面积(平方米)	城隍庙 RBD		夫子庙 RBD	
	个数	比例	个数	比例
(20,30]	17	6.2%	77	7.9%
(30,40]	19	6.9%	47	4.8%
(40,50]	6	2.2%	32	3.3%
(50,60]	2	0.7%	28	2.9%
(60,70]	4	1.4%	12	1.2%
(70,80]	1	0.4%	15	1.5%
(80,90]	2	0.7%	10	1.0%
(90,100]	2	0.7%	20	2.1%
(100,200]	16	5.8%	35	3.6%
>200	21	7.6%	17	1.7%
总计	276	100.0%	975	100.0%

资料来源：根据笔者实地调研数据整理而成。

三、旅游公共服务空间结构

（一）区内交通结构

交通网络的功能主要取决于网络中点和线的数目、组合及其空间连接状况。对于交通网络分析，通达度（Accessibility）是一个最基本的概念[1]，网络中各个节点（Node）在网络中的地位可以用平均通达度和相对联通性（Relative Connectivity）来衡量[2]。

1. 平均通达度的计算

通达度指数是衡量网络中结点间移动的难易程度的指标，即由每个结点出发，到其他结点的通畅程度。通过计算网络中从一个顶点到其他所有顶点的最短路径的平均距离，算得平均通达度来表征旅游资源点之间联系的快捷性。其表达式为：

$$\overline{A}_i = \sum D_{ij} / (n-1)$$

其中 $\overline{A}_i$ 表示 i 点的平均通达度；j 点表示网络中除 i 点外的其他点；D_{ij} 表示 i 点到 j 点的最短距离；n 表示研究网络中景点的个数。

$\overline{A}_i$ 所得值越小，则说明该点的通达度越高，与网络中其他点的联系越强。

2. 相对联通性的计算

在旅游交通网络中，每个景点都有不同的地位，一个景点与网络中其他景点的联系不仅有直接的，也有间接的，即通过第三个甚至更多的景点才能实现，因而引入了相对联通性的概念。相对联通性可以用来衡量各景点的通达和联系的相对难易程度，对于旅游交通网络完善程度的评价极为有用。其表达式为：

$$RC_i = \frac{\overline{A}_i - A'}{A^* - A'}$$

其中 RC_i 表示 i 点的相对联通性（$0 \leqslant RC_i \leqslant 1$）；$\overline{A}_i$ 表示 i 点的平均通达度；A' 表示网络中平均通达度最小值；A^* 表示网络中平均通达度最大值。

RC_i 值越小，该景点与其他景点越容易联系。

3. 平均通达度与相对联通性分析

各旅游景点的平均通达度和相对联通性直接影响着游客对旅游景点的选择。本文利用上海市与南京市交通地图作为数据源，选取城隍庙

RBD 内的 3 个旅游景点和夫子庙 RBD 内的 7 个旅游景点作为旅游交通网络中的节点。根据各路段的通行能力和客流分配能力，同时考虑道路的舒适度、安全度等条件，将 RBD 内主要交通道路划分为一级道路、二级道路、三级道路，分别赋予权数 1、2、3，权数越小表明道路的通行条件越好。通过地理信息系统 MapInfo Professional 7.0 软件直接在地图上测量各景点正门之间的路径距离，对所有路径中不同等级的道路的距离乘以不同的权数，得出加权距离，找出旅游交通网络中两两节点间的最优路径。城隍庙 RBD 内豫园、城隍庙和沉香阁 3 个旅游景点的位置分布与最优路径如图 12-6 所示。

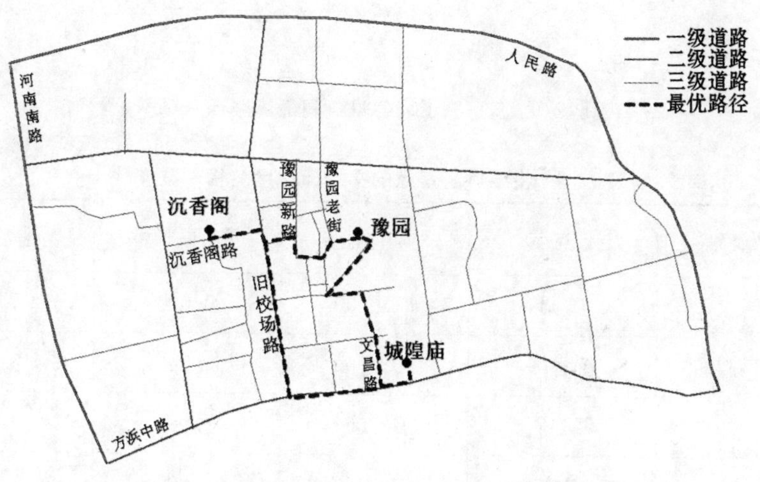

图 12-6　上海城隍庙各景点间最优路径一览图

夫子庙 RBD 内孔庙、江南贡院、瞻园、李香君故居、王谢故居、秦大士故居、秦淮画舫等 7 个旅游景点间的最优路径如图 12-7 所示。

在测量出每个景点最优路径的前提下，根据上文公式计算各景点在旅游交通网络中的平均通达度和相对联通性，并进行评价。计算结果如表 12-5 所示。

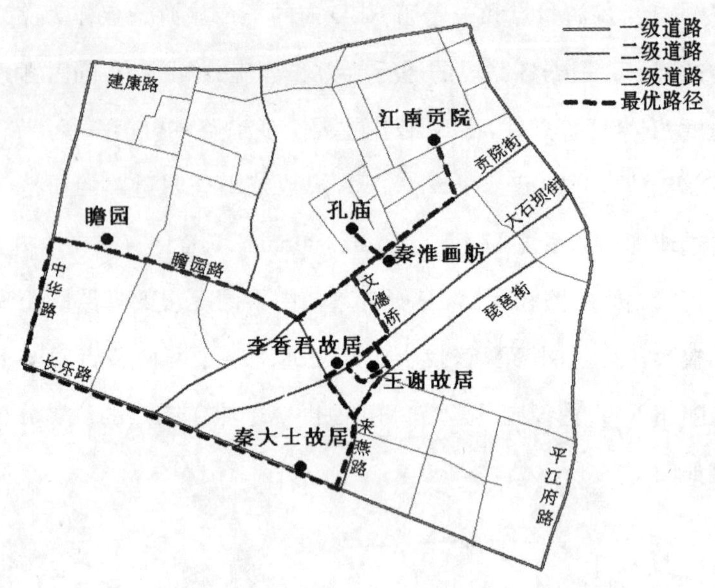

图 12-7　南京夫子庙各景点间最优路径一览图

表 12-5　主要旅游景点的平均通达度与相对联通性

类别	景点名	平均通达度	相对联通性	排名
城隍庙	豫园	818.500	0.000	1
	沉香阁	923.500	0.843	2
	城隍庙	943.000	1.000	3
夫子庙	孔庙	943.167	0.000	1
	李香君故居	945.167	0.003	2
	王谢故居	952.667	0.015	3
	秦淮画舫	998.500	0.088	4
	江南贡院	1433.833	0.778	5
	秦大士故居	1549.667	0.962	6
	瞻园	1573.500	1.000	7

通过表 12-5 可以看出，上海城隍庙的景点通达强度好于南京夫子庙的景点通达强度，景点间的联系更密切。城隍庙内平均通达度最好的是豫园，为 818.500，城隍庙的平均通达度最差，为 943.000，但仍比夫子庙平均通达度最好的孔庙要小。城隍庙内的旅游交通网络多是老城区遗留下的道路，核心区域周围的道路通行限制多，核心区内的步行道路狭窄且纵横交错，在周末节假日等旅游黄金时期容易出现交通拥挤状况，影响旅游交通网路的通畅。但区内内仅有的 3 个旅游景点分布比较集中，相互间的距离较近，而夫子庙内的秦大士故居、瞻园与位于核心区域的其他景点相距较远，最优路径所测得加权距离也较长，影响了平均通达度的计算值。所以，在相同的道路等级评判标准的前提下，可以比较得出城隍庙景点间的联系强度更高。

南京夫子庙的景点通达深度优于上海城隍庙的景点通达深度，景点间的联系更容易。夫子庙主要景点中相对联通性较好的（即值在 0～0.05 之间）景点有 3 个，相对联通性中等的（即值在 0.05～0.1 之间）景点有 1 个，相对联通性较差的（即值在 0.1～1 之间）的也有 3 个。而城隍庙除豫园的相对连通性为 0.000 以外，其余 66.67％的景点的相对联通性都属较差，核心区域道路的迂回曲折制约了旅游交通的通达深度。夫子庙内，中华路和长乐路路况最好，归为一级道路，在各最优路径中仅王谢故居所在巷弄因狭窄曲折而被归属为三级道路，其余道路都定为二级，区内道路情况良好。各大旅游景点中，沿秦淮河的景点的平均通达度和相对连通度最好，孔庙在夫子庙旅游交通网络中居于中心地位，这与孔庙在夫子庙景点品牌中的地位是相符的。孔庙、李香君故居、王谢故居、秦淮画舫这些紧密分布在文德桥两侧的景点的平均通达度和相对联通性相近，而远离秦淮河的景点——瞻园和秦大士故居的平均通达度和相对联通性最差。可见夫子庙景点的整体联通性优于城隍庙，而其核心区域的景点交通通达状况又优于其非核心区域。

知名景点的通达度较差。被列为国家重点文物保护单位的瞻园也可谓是夫子庙的拳头产品，2007年，瞻园游客接待量达到412158人次，超越夫子庙旅游商务管理有限公司所辖管的孔庙、王谢故居、吴敬梓故居3个景点的游客接待总量26.5万人次，高居秦淮风光带2007年游客接待排行榜首位，而其平均通达度和相对联通性均居夫子庙各景点之末。瞻园紧靠中华路和瞻园路，进入道路比较单一，虽然本身道路路况比较好，但是旅游交通与市内交通混杂在一起，而且周边的停车场较少，造成其与其他景点联系不佳。从停车的地点来看，停车可以分为路上停车（有时也称为路侧或路内停车）和路外停车。其中路上停车是指车辆的停放地点为道路结构的一部分（例如，路肩、非机动车道等），路外停车主要指车辆停放在道路结构部分以外的停车场内[3]。夫子庙内以路上停车为主，道路管理系统尚不够合理。

（二）景区外交通结构

上海市区交通较为发达，拥有全世界最大的公共交通网络和全世界最高的日公共交通客运量[4]，公共交通设施有公交汽车（包括大客车和小客车）、公交电车（目前只有无轨电车）、轨道交通。人民广场处于上海城市的中心，城隍庙与其相距约1.8千米，其间有多条公交线路可直达，可以较好地享受到中心地的辐射作用。

南京市目前除夫子庙以外，比较成熟的城市娱乐商区有新街口、湖南路、中央门和大行宫，沿着城市中轴线即中央路-中山路-中山南路分布，加上建设中的奥体商圈，呈现十字架形的空间分布特征。这六处娱乐商区基本都分布在地铁1号线上，不但有便捷的公交网络提供客流疏散功能，更可以通过一条地铁实现快速直达。此外，夫子庙与5A级风景区——钟山风景区的空间距离在 7 千米以上，两者之间只有一条公交线路可以直达，南京市两大知名景点的交通衔接不佳，给散客旅游者的流动造成不便。

可见，上海与南京两个城市的大交通环境已非常发达，无论是市内交通还是城际交通，综合配套的基础设施建设已比较完善，交通方式衔接紧凑、方便、可靠，使游客能够快捷地进入城市并到达旅游目的地，从而保障了旅游的成功、游憩质量，使交通成为吸引力的形成要素之一。

第二节　城隍庙与夫子庙游憩行为空间比较

一、游憩需求特征分析

（一）游客需求特征

1. 游憩次数

一般而言，发展历史短的旅游地，初次旅游的旅游者比例较大。有较长发展历史且知名度大的旅游地，旅游者的重游率会较高。

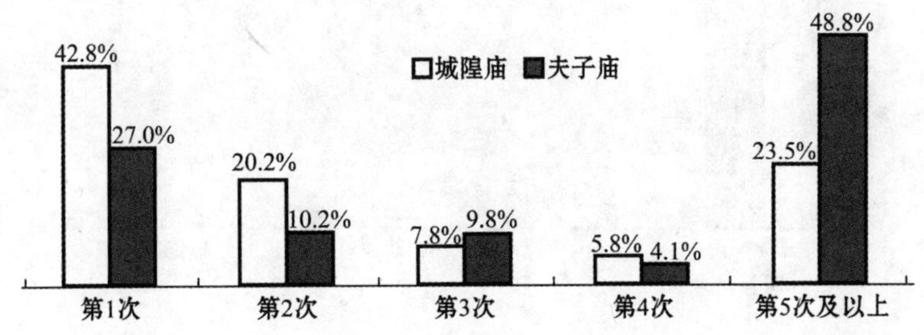

图 12-8　游憩次数比较一览图

抽样调查统计结果显示，初次来城隍庙的游客占了 42.8%，重游率为 57.2%，初次来南京夫子庙的游客占 27.0%，重游率很高，为 73.0%，五次及以上的比例达到了48.8%，比城隍庙高出一倍(见图12-8)。

城隍庙的调研样本中，随着年龄的增长，重游率也不断增加，45～54岁的群体中来城隍庙已至少有五次的比例最高，为47.1%。夫子庙的调研样本中，34岁以下群体的重游率远大于34岁以上群体的重游率，且五次及以上的选择比例都在50%左右。这与两处商铺类型特色有着不可分割的联系。城隍庙的商铺中纪念品/土特产店铺较多，是中老年人怀旧、购置礼品时被选几率较高的地方，而夫子庙里的时装服饰店居多，容易获得年轻人的青睐。

2. 游憩方式

不同游憩方式的游客的消费行为及空间行为会存有差异。首先，旅游同伴的选择反映了人们从事旅游活动时对社会人际交往关系的期待和依赖的价值定位。从同伴选择来看，城隍庙与夫子庙各游憩群体差异不大，选择“与亲友一起，自助游”的居多，具有明显的依赖亲情、偏爱友情的社会交往特征。选择“单位组织”、“参加旅行社组团”等方式的比例很低(如图12-9)。

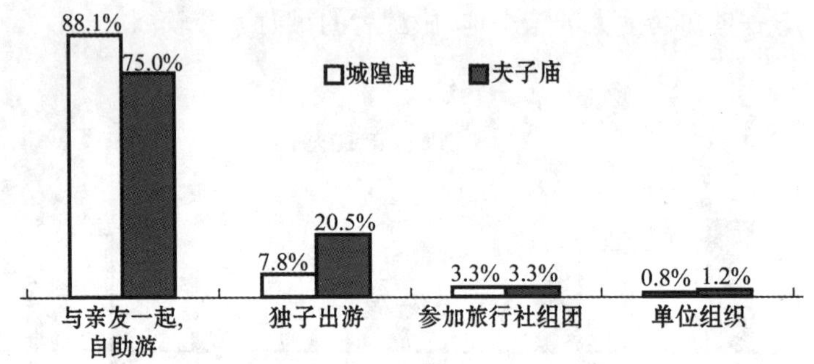

图12-9　游憩同伴选择比较一览图

其次，出行交通工具的选择反映了游客对游憩产品中“行”的偏好与使用习惯。从市域范围内交通工具的选择上看，城隍庙与夫子庙分别有

51.9%、62.3%的游客为达到目的地而乘坐了公交车，地铁的使用率也很高，可见公交与地铁是游客最主要的交通工具。一方面是由于夫子庙与城隍庙都位于市区繁华地段，周边车流大，使用公交车、地铁等公共交通工具具有较大的便捷性与目的地直达性。出租车与私家车的使用率就相对较低，在出游率很高的节假日，因交通拥堵而增加时间成本，便捷性与灵活性易打折扣。另一方面，游客中以月收入 3000 元以下的居多，经济成本是其重点考虑的因素（如图 12-10）。

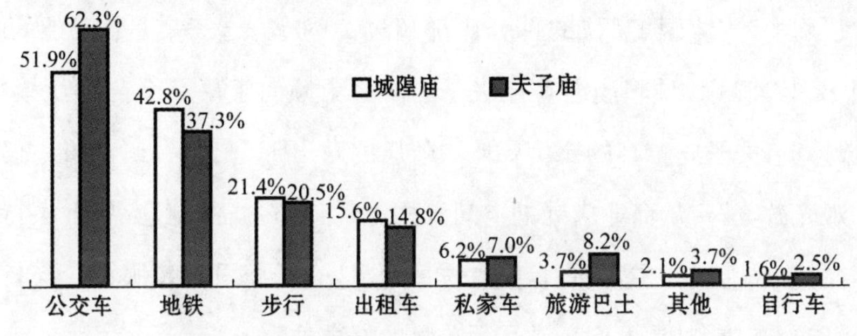

图 12-10　游憩交通选择比较一览图

再次，在信息收集渠道方面，城隍庙与夫子庙两处的游客具有相似性，从高到低依次是“亲友介绍”、“广播电视”、“互联网”、“报刊杂志书籍”、“宣传册”、“旅行社”。需要指出的是，“亲友介绍”一项，都超过了 50.0%，可见亲友的传播扮演着很重要的角色（如图 12-11）。

最后，游憩动机与人的行为密切联系，并成为其直接动因，在不同的游憩动机驱动下，游客的消费行为会呈现不同的特点。

一是游憩动机总体特征比较。城隍庙与夫子庙游客的游憩动机的选择比例分布比较相似（如图 12-12）。首先，“观光游览”以超过 70.0%的高百分率占据榜首位置，是游客最主要的动机，凝聚分布的旅游资源对游客产生了较强的直接诱导作用，激发了人们的出游欲望。其次，“享受美

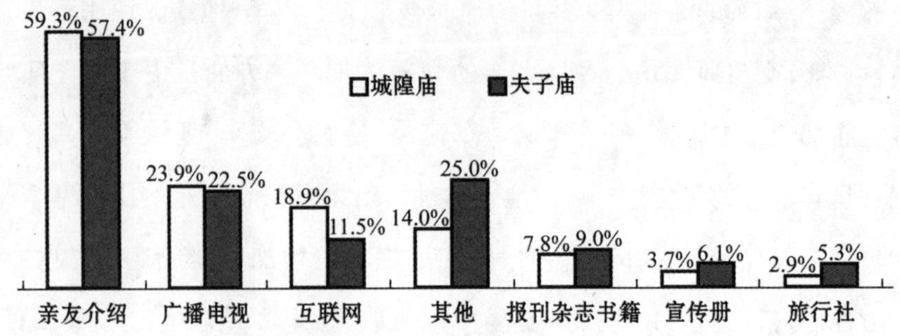

图 12-11 信息收集渠道选择比较一览图

食”、“购物”、“休闲度假”的百分比都超过 20.0%，这三个是次主要动机(图 12-12)显示，城隍庙游客比夫子庙游客更倾向于享受美食，但在购物的选择上，夫子庙游客的比例要比城隍庙的高出 11.8%，在诸动机中仅次于“观光游览”。从商业店铺的空间结构上看，城隍庙的纪念品店/土特产店与餐饮小吃店是主营项目，美食诱惑明显，夫子庙里时装服饰店与日用百货店分布较多，是人们日常生活购物的好去处。

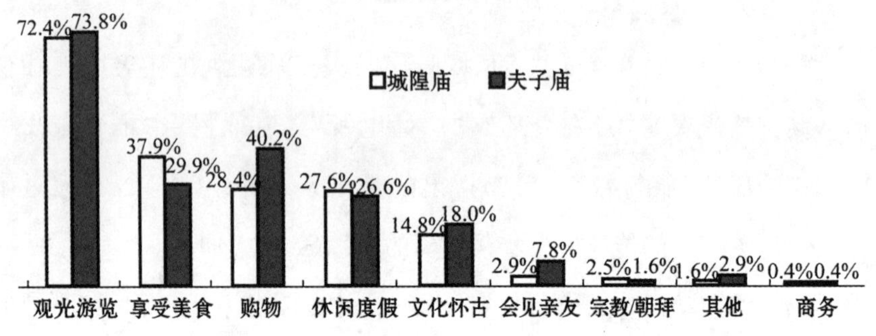

图 12-12 游憩动机比较一览图

从调查统计的资料来看，不论是上海城隍庙的游客，还是南京夫子庙的游客，游憩动机排在前四位的基本都是观光游览、享受美食、购物、休闲度假，各种职业人群中选择观光游览的都是最多的。就政府或事业单位工作人员、企业工作人员而言，上海城隍庙的这类游憩群体更注重休闲度假而非购物。这两种职业人群里以上海居民为主,大都市生活节奏日益加快,城市压迫感不断增强,迫切想到自然、人文环境中放松一下紧张的情绪,成为由生理因素诱发的一种动机。同时,政府职员和企业人员由于工作的原因,经常会外出参加交流活动和会议,这类人群的商务游憩需求尚有很大发掘空间。城隍庙与夫子庙的个体户游客对美食十分偏爱,选择比例都排在第二位。对于学生族来说,通过游憩活动,能够了解各地的风俗习惯、风土人情,有关自然、历史、文化等多方面的知识都能够有所增长,来城隍庙的学生族中选择观光游览与宗教/朝拜选择较多,来夫子庙的学生族选择“文化怀古”的比例更是高于其他各职业群体,表现出较多因文化因素诱发的动机。夫子庙受访者中个体户、农民、离退休人员这三个职业群体的学历总体上要低于城隍庙,在一定程度上影响了其对休闲度假的认知水平,夫子庙目前的休闲度假功能虽不完善,比起城隍庙来说,这三个职业群体对夫子庙的感知更好,“休闲度假”的选择比例要高于城隍庙。

(二) 游客消费行为特征

游客构成的多样性导致购物消费需求与行为的多样性。城隍庙与夫子庙游客中各有3.3%的被访者没有进行消费,九成以上的游客都产生了商业消费行为。被访者主要消费项目的比例与排序见表12-6。

表12-6　游憩消费项目一览表

游憩消费项目	城隍庙		夫子庙	
	比例(%)	排序	比例(%)	排序
餐饮小吃	72.8	1	62.3	1
纪念品/土特产	50.6	2	42.4	3
景点门票	20.4	3	24.2	4
日用百货	14.9	4	17.8	5

(续表)

游憩消费项目	城隍庙		夫子庙	
	比例(%)	排序	比例(%)	排序
时装服饰	13.2	5	46.6	2
茶店/咖啡店	6.4	6	5.5	7
酒店旅馆	3.0	7	3.0	10
花鸟虫鱼	2.6	8	6.4	6
戏苑/剧场	2.1	9	1.3	11
游艺室/网吧	1.7	10	3.4	9
书籍音像	1.3	11	5.5	7
邮政通讯	0.9	12	0.4	12
药店诊所	0.4	13	0.0	13
没有消费	3.3		3.3	

1. 游客的商业消费结构与商业店铺类型结构形成呼应

除景点门票外,城隍庙游客消费项目排前五的依次是“餐饮小吃”、“纪念品/土特产”、“日用百货”、“时装服饰”、“茶店/咖啡店”,夫子庙游客消费项目排前五的依次是“餐饮小吃”、“时装服饰”、“纪念品/土特产”、“日用百货”、“花鸟虫鱼”,与表 12-3 中商业店铺数量比例排前五的店铺一样,而游客消费行为受游憩动机影响,由此可见商铺结构的设置具有市场导向性,与商业消费需求逐渐实现平衡。城隍庙的游客在百翎路至九曲桥、豫园老街段的消费行迹较多,夫子庙的游客则是在大石坝街、贡院西街、金陵西路、金陵南路的消费行迹相对密集。

2. 消费集中性高,“食”、“游”、“购”是主要消费项目

表 12-6 中数据显示,餐饮小吃、纪念品/土特产、景点门票、日用百货、时装服饰的比例排在前列,从第六位开始,选择比例都不足 10.0%。

“食”、“游”、“购”三项是游客重点消费对象，与游憩动机基本相吻合，说明人们的游憩动机对消费行为具有明显的指向性作用，游憩目的性明确。尤其是人们花在“食”上的支出比例最高，对餐饮小吃项目特别偏爱，不但正餐大多选择在城隍庙、夫子庙的餐饮小吃店里解决，甚至还会购买一些小吃美食，在购物、游览过程的同时享用。

3. “住”、“娱”消费率低，相关项目的选择比例都较低

夫子庙的酒店旅馆业，在商铺数量排行榜中排第六，但在消费项目排行榜中排倒数第三，硬件设施与服务质量的良莠不齐、低档次社会旅馆的鱼目混珠都影响了游客对夫子庙住宿功能的感知度，住宿与娱乐功能的市场吸引力有待提升。

二、游憩空间感知与品质分析

（一）城隍庙游憩空间感知与品质分析

城隍庙游客对物质游憩空间类型的重要性排序为第一旅游景点类、第二公共服务空间类、第三才是商业店铺类(见表 12-7)。

表 12-7　城隍庙具体游憩空间品质评价一览表

具体游憩空间	类型权重	印象程度	品质较好	品质较差	印象指数	品质指数	印象指数的标准化值	品质指数的标准化值	所属坐标象限
豫园	0.45	212	127	74	95.30	53	2.24	1.89	1
城隍庙	0.45	223	135	70	100.24	65	2.49	2.22	1
沉香阁	0.45	186	68	98	83.61	−30	1.66	−0.36	2
街道	0.28	212	76	126	60.26	−50	0.50	−0.90	2
广场	0.28	213	100	107	60.54	−7	0.51	0.26	1
纪念品/土特产店	0.27	194	100	81	51.65	19	0.07	0.97	1
酒店旅馆	0.27	148	47	89	39.41	−42	−0.53	−0.69	3

（续表）

具体游憩空间	类型权重	印象程度	品质较好	品质较差	印象指数	品质指数	印象指数的标准化值	品质指数的标准化值	所属坐标象限
时装服饰店	0.27	156	57	89	41.54	−32	−0.43	−0.42	3
花鸟虫鱼店	0.27	148	51	82	39.41	−31	−0.53	−0.39	3
旅游服务	0.27	152	64	76	40.47	−12	−0.48	0.13	4
餐饮小吃店	0.27	193	115	68	51.39	47	0.06	1.73	1
茶店/咖啡店	0.27	145	58	72	38.61	−14	−0.57	0.07	4
书店/音像店	0.27	143	32	95	38.07	−63	−0.60	−1.26	3
百货商场	0.27	159	73	73	42.33	0	−0.39	0.45	4
日用百货店	0.27	147	55	81	39.14	−26	−0.55	−0.25	3
戏苑/剧场	0.27	137	48	81	36.48	−33	−0.68	−0.44	3
银行	0.27	139	52	77	37.01	−25	−0.65	−0.23	3
药店诊所	0.27	137	38	86	36.48	−48	−0.68	−0.85	3
邮政通讯	0.27	133	38	86	35.41	−48	−0.73	−0.85	3
游艺室/网吧	0.27	136	34	91	36.21	−57	−0.69	−1.09	3

位于第一象限的有豫园、城隍庙、广场、纪念品/土特产店和餐饮小吃店 5 项，占 25.00%，属于印象程度较深且品质较好的；位于第二象限有沉香阁和街道 2 项，占 10.00%，属于印象较深但品质较差的；位于第四象限有旅游服务、茶店/咖啡店和百货商场 3 项，占 15.00%，属于品质较好但印象程度较低的；其余 10 项都位于第三象限，占 50.00%，比例最高，属于品质较差且印象程度较低的（见表 12-8）。

表 12-8　城隍庙游憩物质空间评价的象限分布统计一览表

象限分布游憩 物质空间类型	第一象限		第二象限		第三象限		第四象限	
	个数	比例(%)	个数	比例(%)	个数	比例(%)	个数	比例(%)
旅游景点类	2	66.67	1	33.33	0	0.00	0	0.00
商业店铺类	2	13.33	0	0.00	10	66.67	3	20.00
公共服务空间类	1	50.00	1	50.00	0	0.00	0	0.00
总计	5	25.00	2	10.00	10	50.00	3	15.00

由表 12-8 和表 12-9 可知，公共服务空间类的具体游憩空间分布在第一、第二象限，印象指数标准化值都为正；旅游景点类的各景点主要分布在第一象限，印象程度深且品质较好的景点居多；商业店铺类中，位于第三象限的比例最高，印象指数和品质指数的标准化值都以负值居多，分别占据 86.67%、66.67%，游客认同度要低于其他两类游憩空间。

表 12-9　城隍庙游憩物质空间评价的正负分布统计一览表

项目 空间类型	印象指数标准化值				品质指数标准化值			
	为正		为负		为正		为负	
	个数	比例(%)	个数	比例(%)	个数	比例(%)	个数	比例(%)
旅游景点类	3	100.00	0	0.00	2	66.67	1	33.33
商业店铺类	2	13.33	13	86.67	5	33.33	10	66.67
公共服务空间类	2	100.00	0	0.00	1	50.00	1	50.00
总计	7	35.00	13	65.00	8	40.00	12	60.00

（二）夫子庙游憩空间感知与品质分析

表 12-10　夫子庙具体游憩空间品质评价一览表

具体游憩空间	类型权重	印象程度	品质较好	品质较差	印象指数	品质指数	印象指数的标准化值	品质指数的标准化值	所属坐标象限
孔庙	0.43	240	145	96	104.36	49	1.91	1.98	1
江南贡院	0.43	236	143	87	102.62	56	1.81	2.15	1
瞻园	0.43	223	120	91	96.97	29	1.49	1.47	1

（续表）

具体游憩空间	类型权重	印象程度	品质较好	品质较差	印象指数	品质指数	印象指数的标准化值	品质指数的标准化值	所属坐标象限
李香君故居	0.43	202	85	104	87.84	−19	0.98	0.25	1
王谢故居	0.43	220	78	133	95.67	−55	1.42	−0.67	2
秦大士故居	0.43	200	87	101	86.97	−14	0.93	0.37	1
秦淮画舫	0.43	231	128	96	100.45	32	1.69	1.54	1
街道	0.28	238	107	129	66.60	−22	−0.23	0.17	4
广场	0.28	234	99	132	65.48	−33	−0.29	−0.11	3
纪念品/土特产店	0.29	227	104	120	64.77	−16	−0.33	0.32	4
酒店旅馆	0.29	195	62	127	55.64	−65	−0.85	−0.92	3
时装服饰店	0.29	224	100	121	63.91	−21	−0.38	0.20	4
花鸟虫鱼店	0.29	216	81	131	61.63	−50	−0.51	−0.54	3
旅游服务	0.29	206	85	114	58.78	−29	−0.67	−0.01	3
餐饮小吃店	0.29	227	113	109	64.77	4	−0.33	0.83	4
茶店/咖啡店	0.29	205	71	117	58.49	−46	−0.68	−0.44	3
书店/音像店	0.29	197	61	125	56.21	−64	−0.81	−0.90	3
百货商场	0.29	220	85	118	62.77	−33	−0.44	−0.11	3
日用百货店	0.29	215	70	136	61.34	−66	−0.52	−0.95	3
戏苑/剧场	0.29	196	63	121	55.92	−58	−0.83	−0.74	3
银行	0.29	202	80	113	57.64	−33	−0.73	−0.11	3
药店诊所	0.29	185	49	129	52.78	−80	−1.01	−1.30	3
邮政通讯	0.29	211	63	144	60.20	−81	−0.59	−1.33	3
游艺室/网吧	0.29	183	47	121	52.21	−74	−1.04	−1.15	3

由表 12-10、表 12-11、表 12-12 可知，第三象限中的具体游憩空间最多，占据 54.17%。其中 80.00%的商业店铺都分布在此象限中，说明印象程度较低且品质较差的商铺较多，仅有纪念品/土特产店、餐饮小吃店、时装服饰店分布在“品质较好但印象不深刻”的第四象限。在第一象限，

有6个具体游憩空间，分别是孔庙、江南公园、瞻园、李香君故居、秦大士故居、秦淮画舫，全部属于旅游景点类，该6个景点占旅游景点类全部具体游憩空间的85.71%，说明在旅游景点类中印象程度深且品质较好的景点居多；商业店铺类和公共服务空间类的印象指数标准值都是负值，所以在第二象限也仅有王谢故居一处景点。夫子庙游憩空间的印象指数标准化值70.83%皆为负，游客感知度较弱。

表12-11　夫子庙游憩物质空间评价的象限分布统计一览表

象限分布 / 游憩空间类型	第一象限		第二象限		第三象限		第四象限	
	个数	比例(%)	个数	比例(%)	个数	比例(%)	个数	比例(%)
旅游景点类	6	85.71	1	14.29	0	0.00	0	0.00
商业店铺类	0	0.00	0	0.00	12	80.00	3	20.00
公共服务空间类	0	0.00	0	0.00	1	50.00	1	50.00
总计	6	25.00	1	4.17	13	54.17	4	16.67

表12-12　夫子庙RBD游憩物质空间评价的正负分布统计一览表

项目 / 游憩空间类型	印象指数标准化值				品质指数标准化值			
	为正		为负		为正		为负	
	个数	比例(%)	个数	比例(%)	个数	比例(%)	个数	比例(%)
旅游景点类	7	100.00	0	0.00	6	85.71	1	14.29
商业店铺类	0	0.00	15	100.00	3	20.00	12	80.00
公共服务空间类	0	100.00	2	100.00	1	50.00	1	50.00
总计	7	29.17	17	70.83	10	41.67	14	58.33

（三）城隍庙与夫子庙游憩空间感知与品质比较

以印象指数的标准化值为纵轴、品质指数的标准化值为横轴，绘制出游憩空间象限分布图（图12-13、图12-14）。对城隍庙与夫子庙游憩空间品质指数与印象指数的计算值与象限分布进行比较，可以得到以下几点结论：

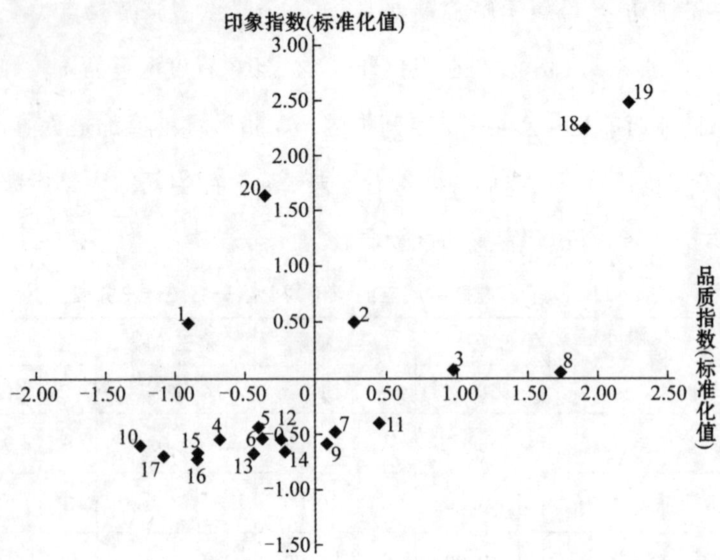

图 12-13 城隍庙游憩空间评价指数象限分布一览图

注：1：街道，2：广场，3：纪念品/土特产店，4：酒店旅馆，5：时装服饰店，6：花鸟虫鱼店，7：旅游服务，8：餐饮小吃店，9：茶店/咖啡店，10：书店/音像店，11：百货商场，12：日用百货店，13：戏苑/剧场，14：银行，15：药店诊所，16：邮政通讯，17：游艺室/网吧，18：豫园，19：城隍庙，20：沉香阁

第一，总体而言，城隍庙与夫子庙在印象指数的标准化值、品质指数的标准化值两项上都是负值居多，特别是印象指数标准化值的负值率在六成以上，说明游憩空间给游客留下的印象程度总体上较低，游客认同度、感知度需要予以提升。

第二，在旅游景点类游憩空间方面，城隍庙与夫子庙的旅游景点大多给游客留下了深刻的印象，感知良好，认可度较高，同时也获得较好的品质评价，是第一象限的主要成员。观光游览是游客首要的游憩动机，旅游景点也获得了大多数游客的好感，所以旅游景点类游憩空间是关键性游憩空间，也是塑造游憩形象的关键元素，是进一步发展与建设的重点对象。

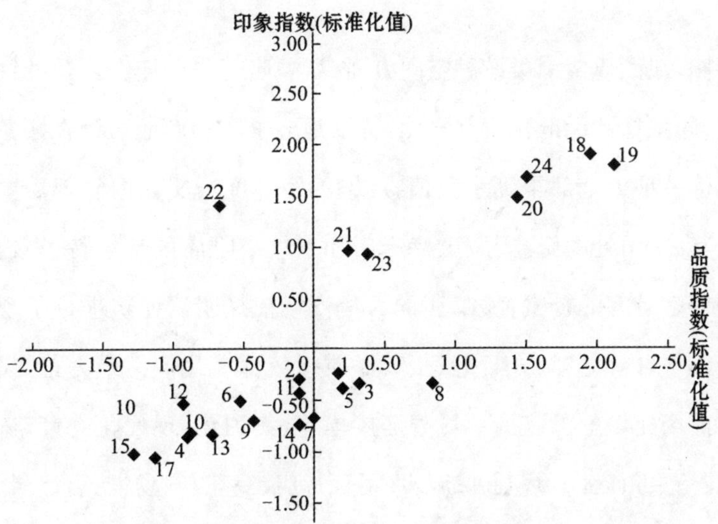

图 12-14　夫子庙游憩空间评价指数象限分布一览图

注：1：街道，2：广场，3：纪念品/土特产店，4：酒店旅馆，5：时装服饰店，6：花鸟虫鱼店，7：旅游服务，8：餐饮小吃店，9：茶店/咖啡店，10：书店/音像店，11：百货商场，12：日用百货店，13：戏苑/剧场，14：银行，15：药店诊所，16：邮政通讯，17：游艺室/网吧，18：孔庙，19：江南贡院，20：瞻园，21：李香君故居，22：王谢故居，23：秦大士故居，24：秦淮画舫

第三，在公共服务空间类游憩空间方面，城隍庙游客对广场和街道的印象较深，夫子庙游客对广场和街道的印象感知较弱。城隍庙通过丰富的营销活动，增加了广场上游憩活动的体验性，给游客留下深刻印象。城隍庙核心区域内的街道虽然通过民族风型街头摊档的布置增加了视觉层次，但碍于街道的不够宽阔，影响了人们行进中的舒适度与惬意感，所以街道处在了“印象深刻但品质较差”的第二象限。在象限分布图中，夫子庙的广场与街道正好和城隍庙的广场与街道对应着处在对立象限中，在广场和街道的建设方面，城隍庙与夫子庙正好有相互借鉴、取长补短之处。夫子庙的街道大多很宽阔，通过道路建设使品质得到了较大提高，但这些街道基本仅作人流行走、疏散功用，无法给游客留下深刻印象。而夫子庙广场数量少、活动单调，仅获得“印象程度较低且品质较差”的不佳

评价。

第四，在商业店铺类游憩空间方面，城隍庙与夫子庙大多数商铺的品质指数、印象指数标准化值都较低，特别是夫子庙的商业店铺在印象指数标准化值一项上全部得到了负值，店铺的个性度与文化内涵都需要予以加强。其中，两处的纪念品/土特产店和餐饮小吃店的地域特色较显著，获得了许多游客的赞赏；城隍庙的百货商场依托明清建筑进行了现代化的内部装修，内部空间大且舒适，其品质指数标准化值结果为正，夫子庙在百货商场建设上可以借鉴城隍庙规模化、集约化、现代化的策略；酒店旅馆、花鸟虫鱼店、书籍/音像店、日用百货店、戏苑/剧场、药店诊所、邮政通讯店、游艺室/网吧、银行等处在“印象程度低且品质较差”的第三象限，这些商铺经营项目雷同性强、文化特色区分度低，是今后进行景观整治和环境整治的重点。

第三节　对策与建议

一、坚持和贯彻可持续发展理念

商业游憩区是城市居民与外来游客重要的休闲活动空间，内部各子系统相互联系、相互依存、不可分割，共同构成了一个有机整体。要以可持续发展的理念为指导，以人-自然整体和谐的思想为基础，以生态价值观为出发点，将社会、经济、自然有机结合起来，综合空间、时间、人三大要素，协调社会经济发展与生态环境保护之间的关系，促进游憩空间向更有序、稳定的方向发展，实现人与自然的和谐共生，使整体效益最高，这是利用生态协调机制发展休闲游憩产业的机会和渠道。

二、建设和提升游憩文化形象

在公众心目中建立起具有吸引力的游憩文化形象，对商业游憩区发展与效益提升无疑是必要的，对游憩空间结构的优化建设也有重要的指导作用。城隍庙与夫子庙的旅游文化形象的基本定位是：景观文化、商业文化和民俗文化相结合的“三重主题”。当然，因上海、南京城市发展需求不同，城隍庙与夫子庙扮演的角色也会有所不同，所以需要“和而不同”。文化具有交流性也存在层次性，这就使得文化视点不仅要有开放性而且要有针对性。夫子庙是以秦淮传统文化为载体，而城隍庙具有海纳百川的独特韵味，在形象推广过程中需考虑游憩者需求的多元化、个性化与大众化的特点进行推介。

三、完善和优化游憩空间系统

首先，旅游景点空间结构的优化。旅游资源是旅游发展的基础，旅游资源的品位、规模对旅游发展有着极大的意义，特别是旅游资源吸引力，往往成为地区旅游发展的决定性力量。城隍庙与夫子庙的管理部门要加强宏观调控，在旅游景点空间规划布局上要加强协调，重视多样化自然景观的保护和优美人工环境的创造，以整体利益为出发点来增强区内旅游资源和景观的吸引力。

其次，商业店铺空间结构优化。商业店铺布局要坚持结构调整与业态创新相结合，整合当地资源，促进优势互补，提高各层次、各街道商业的协同效应，凸现地方特色、打造知名品牌。一是保持明清建筑风格特点，充分合理地利用地上与地下空间资源。二是大力发展“老字号”旅游纪念品，强化名店、精品店效应。每个现代人，或多或少都有老字号情结，城隍庙与夫子庙区别于同城其他商业游憩区的最大卖点就是“老”，悠久的历史与丰富的文化是其不二的法宝。所以提升商业竞争力可以通过振兴“老字号”来实现,对“老字号”进行旅游利用。三是,确定区内各个地段的商业布局主题,加强对流动摊点的管理。

四、公共服务空间结构优化

公共服务空间考虑以人为中心,通过绿地、广场和交通行道的设计,为游憩者创造更多可驻留的休闲空间。绿化小品可以吸引市民和游客前来活动、休憩,因此,绿化小品可以在一定程度上创造地区的活力。绿化的设置以景观和休憩为主要功能,借绿植烘托庙宇的幽静氛围,形成一定的文化基调。除了增加绿地面积之外,还可以向立体发展,向空中拓宽,采用屋顶绿化、窗墙垂直绿化等。城隍庙与夫子庙都处于市区繁华地带,在这样一个土地资源、时间资源紧张的背景条件下,亟需优化配置交通资源与交通决策,形成一个便捷畅通的旅游交通网络。

本章主要参考文献

[1] Kwan M P. Space-time and integral measures of individual accessibility: a comparative analysis using apoint-based framework [J]. Geographical Analysis, 1998, 30(3):191-216.

[2] 李恩菊,孙虎,李广文,鲍锋.经济欠发达地区旅游公路网络发展对策研究——以陕北黄土高原旅游公路网络的分析为例[J].旅游科学,2005,19(4):7—10.

[3] 宋颖苇.浅谈道路标线与交通安全[J].交通标准化,2001(4):37—39.

[4] 孙小静.公交优先看上海[EB/OL]. http://www.people.com.cn/GB/paper40/12340/1110028.html,2004-06-30.

第十三章　苏南地区城市休闲化差异研究

第一节　问题提出

伴随我国社会经济建设的持续高速发展，作为居民工作和生活载体的城市发生了深刻的变化，主要表现为城市的休闲功能逐渐凸显和不断完善，这演变为城市发展转型的一个重要特征。根据国际经验，当一个国家或地区人均 GDP 达到 3000～5000 美元之后，居民生活方式、产业结构和城市功能等方面将相继进入休闲化时代[1]。目前，国内外学者对城市休闲化的研究主要聚焦在以下三个层面：一是针对城市居民休闲需求的不断增加，结合居民日常生活休闲方式，阐述城市休闲化的重要意涵[2-5]；二是选取著名的休闲城市案例，探讨城市休闲化的演变历程，理解和把握城市休闲化的内在发展规律[6-9]；三是通过构建评价指标体系，对城市休闲化水平进行测度分析，进而对城市休闲化进行考量评价[10-15]。由于获取指标数据的难易程度不同，不同学者在指标选取方面存在差异，所采取的计算方法也不尽相同。本章从影响城市休闲化进程的基础因素、消费因素、产业因素和资源因素的集成性出发，把城市休闲化视为各要素全面协调发展的结果，遵循指标的可行性、全面性和层次性原则，构建相应的评价指标体系和评价模型，以苏南地区城市为研究对象，探讨区域内部主要城市的休闲化水平发展差异。

选择苏南地区城市有以下两个考虑因素：首先，苏南地区是长三角区域经济发展最快最发达的板块之一，各城市已经进入人均 GDP5000～8000 美元的时期，催生了以休闲为主题的各类生产活动和服务活动，由此生成的城市休闲化发展理念、发展模式和发展水平，将对长三角地区甚至国内诸多城市休闲化发展进程产生重要影响；其次，由于区位条件和社会经济发展水平不同，以苏南地区的南京、苏州、无锡、常州和镇江 5 座城市的休闲化水平进行比较研究，探讨苏南地区城市休闲化发展差异，对于典型区域内部城市休闲化研究具有借鉴意义。

第二节 指标体系与模型构建

一、指标体系

基于城市休闲功能和城市休闲化要素，将城市休闲化分解为四个层面：城市基础环境、居民休闲消费水平、休闲相关产业能力和特色资源禀赋丰歉。同时，结合苏南地区城市发展的实践特征，选取 51 个指标构造城市休闲化评价指标体系，其中评价城市休闲化水平的公共基础指标 11 个、消费能力指标 13 个、产业能力指标 19 个和特色资源指标 8 个(见 13-1)。

表 13-1 苏南地区城市休闲化的评价指标体系

一级指标	二级指标	单位	变量	权重
基础环境 PI	城市化率	%	X1	a1
	城市(建成区)绿化覆盖率	%	X2	a2
	城市绿地面积	公顷	X3	a3
	城市人均公共绿地面积	平方米	X4	a4
	空气质量达到及好于二级的天数	天	X5	a5

（续表）

一级指标	二级指标	单位	变量	权重
基础环境 PI	国控主要城市区域环境噪声	等效声级	X6	a6
	市区人均居住面积	平方米	X7	a7
	每万人拥有的公共厕所	座/万人	X8	a8
	公共汽车/电车客运量	万人次	X9	a9
	公路运输客运量	万人次	X10	a10
	铁路运输客运量	万人次	X11	a11
消费能力 CC	地区生产总值	亿元	X12	b1
	人均生产总值	元	X13	b2
	城镇居民家庭恩格尔系数	%	X14	b3
	城市居民消费价格指数(以上一年为100)	%	X15	b4
	城市居民人均可支配收入	元	X16	b5
	城市居民出游率(国内)	%	X17	b6
	城市居民家庭人均消费性支出	元	X18	b7
	城市居民人均家庭设备用品及服务消费支出	元	X19	b8
	城市居民人均医疗保健消费支出	元	X20	b9
	城市居民人均交通通信消费支出	元	X21	b10
	城市居民人均教育文化娱乐服务消费支出	元	X22	b11
	每百户城市居民家庭年末彩色电视机拥有量	台	X23	b12
	每百户城市居民家庭年末家用电脑拥有量	台	X24	b13
产业能力 IC	第三产业就业人数占全部就业人数的比重	%	X25	c1
	第三产业占 GDP 比重	%	X26	c2
	文化馆数量	个	X27	c3
	博物馆数量	个	X28	c4
	公共图书馆数量	个	X29	c5
	公共图书馆总藏书量	千册/件	X30	c6

（续表）

一级指标	二级指标	单位	变量	权重
产业能力 IC	剧场、影剧院个数	个	X31	c7
	旅行社数量	家	X32	c8
	星级饭店数量	座	X33	c9
	星级饭店营业收入	亿元	X34	c10
	社会消费品零售总额	亿元	X35	c11
	限额以上批发、零售、住宿和餐饮业从业人数	人	X36	c12
	限额以上批发零售业销售总额	亿元	X37	c13
	限额以上批发、零售、住宿和餐饮业企业个数	个	X38	c14
	限额以上住宿和餐饮业零售总额	亿元	X39	c15
	国内旅游人数	万人次	X40	c16
	入境旅游人数	万人次	X41	c17
	入境过夜旅游者停留天数	天/人	X42	c18
	入境过夜旅游者人均花费	美元/人/天	X43	c19
特色资源 CR	国家重点文物保护单位数量	个	X44	d1
	公园个数	个	X45	d2
	国家旅游度假区数量	个	X46	d3
	国家级荣誉称号*	个	X47	d4
	国家风景名胜区数量	个	X48	d5
	国家4A级以上景区数量	个	X49	d6
	世界文化/自然遗产数量	个	X50	d7
	国家森林公园数量	个	X51	d8

* 国家级荣誉称号包括国家历史文化名城、国家文明城市、国家卫生城市、国家园林城市、国家环境保护模范城市和优秀旅游城市等内容。

二、模型构建

由于指标体系中指标较多，数据信息量较大，为了尽量避免数据处理的失真，保证苏南地区城市休闲化评价的客观性，因此采用客观分析法①，依靠可得性数据，并运用基于客观数据分析的“差异驱动”原理，对苏南5市（南京、苏州、无锡、常州、镇江）的休闲相关变量进行赋权，旨在“消除人为因素的影响，提高评价的科学性”[16]。将指标变量数列的变异系数记为：

$$V_j = S_j/\overline{X}_j (j = 1,2,3,\cdots,51)$$

其中，$\overline{X}_j = \frac{1}{5}\sum_{i=1}^{5} X_{ij} \qquad S_j = \sqrt{\frac{1}{5}\sum_{i=1}^{5}(X_{ij} - \overline{X}_j)^2}$

$$(i = 1,2,\cdots,5; j = 1,2,3,\cdots,51)$$

由此，变量的权重为：

$$\lambda_j = V_j / \sum_{j=1}^{51} V_j (1)$$

按照城市休闲化水平的四个指标结构，根据柯布道格拉斯函数式，构建如下测度模型：

$$\mathrm{LCI} = \mathrm{PI}^a \mathrm{CC}^b \mathrm{IC}^c \mathrm{CR}^d (2)$$

式中，LCI 是城市休闲化指数（Leisure City Index）的缩写，a、b、c、d 分别表示公共基础、居民消费能力、休闲产业能力、特色资源的偏弹性系数。该生产函数体现的是城市休闲化水平各变量指标之间的非线性集聚机制，强调了城市休闲化水平各指标协调发展的重要性。

在指标数据处理上，由于评价指标含义不同，各指标量纲处理差异比较大，所以不能直接使用各指标数值进行判定。为了使数据具有可比性，

---

① 客观分析法是通过对评价指标数据本身的客观信息进行提取分析，从而确定权重大小，客观性强。

采用最大元素基准法对指标数据进行无量纲处理，将实际能力指标值转化为相对指标，即：

$$Y_j = (X_j / \max [X_j])(3)$$

经过处理后的城市休闲化水平综合测度模型为：

$$LCI_i = \Pi_{j=1}^{11} Y_{ij}^{a} \Pi_{j=12}^{24} Y_{ij}^{b} \Pi_{j=25}^{42} Y_{ij}^{c} \Pi_{j=44}^{51} Y_{ij}^{d} (4)$$

第三节　数据来源与实证分析

一、数据来源

苏南地区城市休闲化水平的评价指标原始数据为来自 2012 年的统计结果，具体见表 13-2 所示。

表 13-2　苏南地区城市休闲化指标的数据来源

指　标	数据来源
X1	中国新型城市化报告
X2、X3、X4、X7、X8、X9、X10、X11、X12、X13、X14、X15、X16、X18、X19、X20、X21、X22、X23、X24、X25、X26、X27、X28、X29、X30、X31、X32、X33、X34、X35、X6、X37、X38、X39、X45	各城市统计年鉴 各城市国民经济和社会发展公报
X5、X6	各城市环境状况公报
X17	中国江苏网 http://tour. jschina. com. cn/
X40、X41、X42、X43	各城市旅游业发展报告 江苏人境游客抽样调查情况的通报
X44、X46、X47、X48、X49、X50、X51	国家文物局网站 http://www. sach. gov. cn/ 国家旅游局网站 http://www. cnta. gov. cn/ 中国世界遗产网站 http://www. whcn. org/ 国家林业局网站 http://search. forestry. gov. cn/

二、实证分析

(一) 指标权重差异

1. 一级指标权重

根据(1)式计算苏南地区城市休闲化指标变量的权重,结果显示:休闲相关产业指标权重最高,特色资源指标权重次之,基础环境指标权重再次,居民消费指标权重最低。总体上,苏南地区城市休闲化水平的指标构成中,休闲相关产业的重要性最大,居民消费水平的重要性最小,体现了影响程度的非均衡性(见表13-3)。

表13-3　一级指标权重值及排序

一级指标	公共基础	消费能力	产业能力	特色资源
权重(%)	15.72	10.31	41.72	32.25
排序	3	4	1	2

四个一级指标优劣性这一结果,可以通过运用相关性分析得以验证。借助spss19.0统计分析软件,对苏南地区城市一级指标指数与城市休闲化指数的相关性分析表明:休闲相关产业、特色资源、基础环境与城市休闲化水平之间具有显著的相关性,而消费能力与城市休闲化的相关性较弱(见表13-4)。

表13-4　苏南地区城市一级指标指数与城市休闲化指数相关性

		城市休闲化指数	公共基础	消费能力	产业能力	特色资源
城市休闲化指数	Pearson 相关性	1	0.905*	0.799	0.978**	0.918*
	显著性(双侧)		0.035	0.105	0.004	0.028
	N	5	5	5	5	5

（续表）

		城市休闲化指数	公共基础	消费能力	产业能力	特色资源
基础环境	Pearson 相关性	0.905*	1	0.767	0.969**	0.667
	显著性（双侧）	0.035		0.130	0.006	0.219
	N	5	5	5	5	5
居民消费	Pearson 相关性	0.799	0.767	1	0.772	0.735
	显著性（双侧）	0.105	0.130		0.126	0.157
	N	5	5	5	5	5
休闲相关产业	Pearson 相关性	0.978**	0.969**	0.772	1	0.815
	显著性（双侧）	0.004	0.006	0.126		0.093
	N	5	5	5	5	5
特色资源	Pearson 相关性	0.918*	0.667	0.735	0.815	1
	显著性（双侧）	0.028	0.219	0.157	0.093	
	N	5	5	5	5	5

*. 在 0.05 水平（双侧）上显著相关。

**. 在 0.01 水平（双侧）上显著相关。

这一结果与各指标相应的权重大小排序相符。由此可见，苏南地区城市休闲化发展过程中，休闲相关产业是推动因素，特色资源的丰富性是主要表现，基础环境建设是支撑条件，但居民消费能力与城市休闲化进程并不同步，这需要统筹兼顾，以实现城市休闲化水平的协调性发展。

2. 二级指标权重

同样，表 13-5 也是根据（1）式计算得出的 51 个二级指标权重值，并按大小顺序排列。结果显示，权重大于 0.05 的指标分别是国家度假区数量、世界文化/自然遗产数量和国家森林公园数量。一方面，国家旅游度假区、世界文化/自然遗产地、国家森林公园等都是城市享有的高品质旅游休闲资源，是本地居民和外来游客重要的休闲空间；另一方面，国家旅游度假区数量权重最高，表明一个城市拥有的旅游度假区数量对城市休闲化程度影响最大。权重大于 0.03＜Yj＜小于 0.05 的指标有 7 个，其中产业指标 3 个，资源指标 1 个，基础指标 3 个。城市旅行社数量、公共图书馆总藏量、入境旅游人数反映城市的休闲产业接待能力，其权重越高，表明城市休闲产业接待能力对城市休闲化水平影响越大。基础性指标中的城市绿地面积、公共汽车/电车客运量和公路运输客运量，体现一座城市的休闲环境质量和交通设施水平，与城市休闲化质量关联性较高。权重大于 0.01＜Yj 小于＜0.03 的指标有 22 个，占全部指标的 43%。其中 22 个指标中 59%是产业类指标，说明休闲产业的发展水平与城市休闲化建设的相关性较高。权重大于 0＜Yj＜小于 0.01 的指标 19 个，这部分指标权重较低，对城市休闲化水平影响程度不高，其中消费指标 9 项，基础指标 6 项，产业指标 3 项，资源指标 1 项，从具体指标内容分析，城市休闲化程度的提高有赖于城市居民休闲娱乐消费性支出的增加、城市化水平的提升、城市居民生活舒适度的改善以及产业结构的调整。

表 13-5　51 个二级指标权重值

二级指标	权重	二级指标	权重	二级指标	权重
国家旅游度假区数量	0.0678	公共图书馆数量	0.0246	城市化率	0.0077
世界文化/自然遗产数量	0.0677	社会消费品零售总额	0.0243	城市居民人均家庭设备用品及服务消费支出	0.0076
国家森林公园数量	0.0529	星级饭店数量	0.0241	第三产业就业人数占全部就业人数的比重	0.0069
公园个数	0.0439	限额以上批发零售业销售总额	0.024	城市人均公共绿地面积	0.0067

（续表）

二级指标	权重	二级指标	权重	二级指标	权重
旅行社数量	0.0394	铁路运输客运量	0.0232	城市居民出游率(国内)	0.0058
公共图书馆总藏书量	0.0389	限额以上批发、零售、住宿和餐饮业企业个数	0.0208	每百户城市居民家庭年末家用电脑拥有量	0.0054
城市绿地面积	0.0337	星级饭店营业收入	0.0204	第三产业占GDP比重	0.0051
公共汽车/电车客运量	0.0332	国内旅游人数	0.0195	城市居民家庭人均消费性支出	0.0048
入境旅游人数	0.0327	剧场、影剧院个数	0.0177	国家级荣誉称号	0.0046
公路运输客运量	0.031	每万人拥有的公共厕所	0.0147	城市居民人均可支配收入	0.0044
国家重点文物保护单位数量	0.0299	入境过夜旅游者停留天数	0.012	市区人均居住面积	0.0038
限额以上批发、零售、住宿和餐饮业从业人数	0.0285	文化馆数量	0.0118	每百户城市居民家庭年末彩色电视机拥有量	0.0038
限额以上住宿和餐饮业零售总额	0.0285	城市居民人均交通通信消费支出	0.0112	城镇居民家庭恩格尔系数	0.00229
博物馆数量	0.0281	城市居民人均医疗保健消费支出	0.0107	空气质量达到及好于二级的天数	0.0016
国家4A级以上景区数量	0.0281	城市居民人均教育文化娱乐服务消费支出	0.0107	城市(建成区)绿化覆盖率	0.0012

（续表）

二级指标	权重	二级指标	权重	二级指标	权重
国家风景名胜区数量	0.0276	入境过夜旅游者人均花费	0.0098	国控主要城市区域环境噪声	0.0005
地区生产总值	0.0272	人均生产总值	0.009	城市居民消费价格指数	0.000056

（二）评价结果差异

1. 综合评价指数

按(4)式进行计算，苏南地区城市休闲化水平的综合评价指数见表13-6。从城市间比较出发，苏南地区城市休闲化水平梯度明显，苏州、南京的城市休闲化水平较强，无锡次之，镇江、常州较弱。

从四个一级指标指数分析，苏南地区5座城市的休闲产业能力指数最高，特色资源指数最低。在公共基础指数方面，南京＞苏州＞无锡＞常州＞镇江；居民消费能力指数方面，苏州＞无锡＞南京＞常州＞镇江；休闲相关产业指数方面，南京＞苏州＞无锡＞常州＞镇江；特色资源指数方面，苏州＞无锡＞南京＞镇江＞常州。由此可见，南京的城市休闲基础环境和设施、休闲相关产业发展较好；苏州的居民休闲消费水平较强，特色资源禀赋较高；常州和镇江在这四方面的发展能力较低；无锡各要素的发展处于中等水平。

不可否认，一方面，每座城市内部的四个一级指标指数相差较大，这说明，苏南地区城市休闲化进程的各要素发展分化，没有全面协调性发展，尚未对城市休闲化水平产生协同性作用；另一方面，在四个一级指标指数中，5座城市的特色资源指数差异性最大，导致苏南地区城市休闲化水平呈现一定的区分度。

表 13-6 苏南地区城市休闲化指数差异

类别	南京	苏州	无锡	常州	镇江
公共基础指数	11.7494	11.6927	11.6432	11.5936	11.5410
消费能力指数	13.4611	13.4851	13.4634	13.4430	13.4117
产业能力指数	20.9879	20.9174	20.7295	20.5155	20.4876
特色资源指数	8.1383	9.6747	8.1507	4.3475	6.6413
城市休闲化指数	54.337	55.7699	53.9867	49.8996	52.0816

2. 分项评价指数

首先,公共基础差异。图 13-1 显示,苏南地区城市基础环境指标内部差异主要体现在城市绿地面积(X3)、公共汽车/电车客运量(X9)、公路运输客运量(X10)三方面。城市绿地面积方面,南京分值最高(1.1677),镇江最低(1.1047);公共汽车/电车客运量方面,南京分值最高(1.1653),镇江最低(1.0881);公路运输客运量方面,苏州分值最高(1.153472),常州最低(1.1021)。

南京是江苏省会,长期以来存在建设城市全面发展体系的客观要求。近年来,南京大力加强城市绿化力度,提升城市交通便利、畅通程度等举措,保证了南京城市居民正常生活的环境。镇江的城市基础设施水平最低,这与其城市的市政公用设施配套尚显不足、城市景观现代化水平较低有着显著关联。相对而言,苏州、无锡、常州的城市基础设施建设处于中等水平,但仍需要在城市绿化、居住环境、交通畅通、市政建设等方面继续优化和提升。

其次,消费能力差异。图 13-2 显示,苏南地区城市消费指标内部差异主要表现为地区生产总值(X12)的不同,此项指数苏州的分值最高(1.133399),镇江最低(1.0871),这体现出苏南地区城市居民整体的休闲消费能力差异主要是由经济发展水平所引致。需注意的是,其余 12 项指

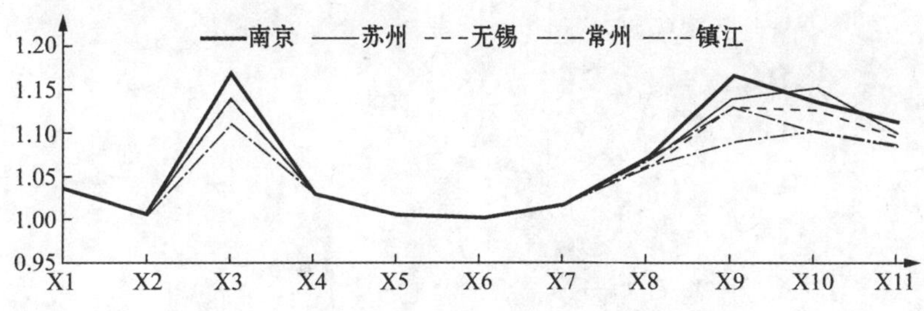

图 13-1　苏南地区城市公共基础指数差异

标中家庭人均休闲娱乐消费品的支出需要收入水平作为支撑，而居民的人均生产总值和人均可支配收入水平指数相似，这从一定程度上揭示了苏南地区城市居民在国内出游率、人均消费性支出、人均家庭设备用品及服务消费、人均医疗保健消费、人均交通通信消费等指标指数差异较小的缘由。总体而言，苏南地区城市居民消费指数差异度较小，但与休闲相关产业的发展力度相比，城市居民的休闲消费需求滞后于休闲产业的发展，这需要政府或相关部门加强引导，进一步做好居民休闲时间分配，生产多样化的休闲产品，建设满足不同阶层居民需求的休闲功能区。

再次，产业能力差异。苏南地区城市产业能力指标内部差异主要体现为 8 个二级指标，分别是博物馆数量（X28）、公共图书馆总藏书量（X29）、旅行社数量（X32）、社会消费品零售总额（X35）、限额以上批发零售住宿餐饮从业人员数量（X36）、限额以上批发零售业销售总额（X37）、限额以上住宿餐饮业零售总额（X39）和入境旅游人数（X41）。其中，差异较大的表现在博物馆数量、公共图书馆总藏量和旅行社数量三个指标，南京这三个指标的指数分值最高，而在社会消费品零售总额、限额以上批发零售业销售总额、限额以上住宿和餐饮业零售总额和入境旅游人数方面，苏州的指数分值领先（见图 13-3）。

南京是六朝古都，留存有大量文化遗产，文化竞争力在江苏 13 个省

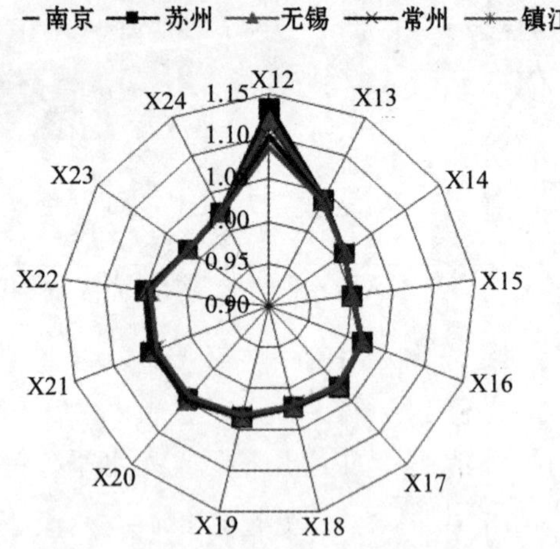

图 13-2　苏南地区城市消费能力指数差异

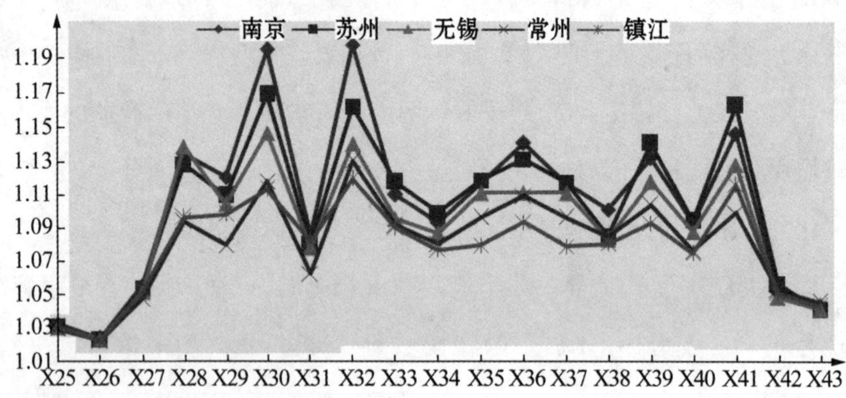

图 13-3　苏南地区城市产业能力指数差异

辖市中位居第一，形成强大的文化优势。由此引发的旅游吸引力，进一步促进了南京国内游和入境游的强劲发展，推动了旅游产业部门的规模化扩张，因此，南京旅行社数量位居第一，住宿餐饮业从业人数庞大。苏州一方面持续加大开放型经济转型升级，推进重点商贸建设项目，做好古城商圈改造和环金鸡湖商圈建设，因此社会消费品市场繁荣；另一方面城市长期形成的独特文化优势与丰厚旅游资源，使苏州入境旅游市场竞争态势强劲。较之于南京与苏州，常州与镇江的城市休闲产业能力指数相近，这两座城市的文化产业、旅游产业需要继续强化发展。无锡虽然文化旅游资源殷实，但较之于南京与苏州，仍然是旅游过境城市而不是旅游目的地。

最后，特色资源差异。图 13-4 显示，苏南地区城市的特色资源指数区分度较高，差异较大的二级指标主要是国家旅游度假区数量(X46)、国家风景名胜区数量(X48)、世界文化/自然遗产数量(X50)和国家森林公园数量(X51)，这四个指标内容都是高品质休闲旅游资源的代表，而反映城市休闲化的休闲资源正是休闲活动的产品和服务载体。

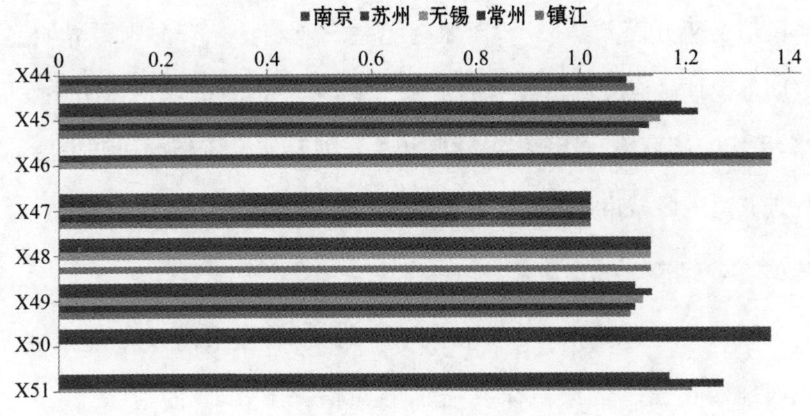

图 13-4　苏南地区城市特色资源差异

苏州是著名的历史文化名城和国家重点风景旅游城市，拥有相对丰富的城市休闲资源。南京与无锡的休闲资源丰富程度亚于苏州，资源整合程度有待提高，同时在既有资源禀赋基础上，打造精品休闲产品，构筑满足不同层次群体的休闲功能区，提升休闲服务质量。镇江拥有山水文化资源精粹，为城市休闲化发展提供资源条件，但因缺乏国家旅游度假区和世界自然/文化遗产等优质资源，导致资源指数稍低。常州缺乏全国知名的历史古迹及自然山水，没有国家旅游度假区、国家风景名胜区、世界文化/自然遗产、国家森林公园，特色型休闲资源尚显欠缺。

第四节 结论与讨论

一、研究结论

（一）从整体出发考量

苏南地区城市休闲化水平存在显著差异。苏州、南京处于领先地位，无锡处于中间水平，镇江与常州则发展相对滞后。苏南 5 市在基础环境和居民消费两方面差异最小，而休闲相关产业和特色资源则差异明显。这表明苏南地区应从城市自身的定位出发，制定适宜的城市休闲化发展战略，平衡基础环境、居民消费、休闲相关产业和特色资源的协调发展，从而促进苏南地区城市休闲化的转型深化和质量全面提高。

（二）从指标权重审视

休闲相关产业指标对城市休闲化水平影响程度最高，居民消费水平的重要性最低 51 个二级指标中，指标权重值大于 0.05 的指标分别是国家度假区数量、世界文化/自然遗产数量和国家森林公园数量，属于特色资源指标，表明高品位旅游资源对城市休闲化进程有重要推动作用；权重值居于 0.01 和 0.05 之间的指标有 29 个，休闲相关产业指标占 55%，说明城市休闲产业的发展程度对城市休闲化水平更具影响力；权重值低于 0.01 的指标有 19 个，其中消费指标 9 项，基础指标 6 项，产业指标 3 项，资源指标 1 项，可以看出在城市休闲化发展进程中，居民的休闲消费能力不够旺盛，居民的休闲消费意识需要加强引导，政府也应做好居民休闲的配套和保障，让居民没有后顾之忧放心休闲消费。

（三）从休闲化结构探究

南京、苏州、无锡的城市休闲化发展是以休闲相关产业和特色资源为先导的休闲化结构，常州和镇江的城市休闲化发展则是以休闲相关产业和基础环境为主导的休闲化结构。结果一方面说明，苏南 5 市休闲相关产业发展是影响和推动苏南地区城市休闲化进程的主导因素；另一方面表明，南京、苏州、无锡的特色资源禀赋高，在休闲产业和休闲产品方面供给充分，而常州和镇江则应着力改善城市基础环境和设施，为城市休闲产业的发展提供支撑条件。

第四，从评价结果研判，苏南地区城市休闲化差异主要体现在 16 个指标。其中基础环境方面是城市绿地面积、公共汽车/电车客运量和公路运输客运量；居民消费方面是地区生产总值；休闲相关产业方面是博物馆数量、公共图书馆总藏书量、旅行社数量、社会消费品零售总额，限额以上批发零售住宿餐饮从业人员数量，限额以上批发零售业销售总额，限额以上住宿餐饮业零售总额和入境旅游人数；特色资源方面是国家旅游度假区数量、国家风景名胜区数量、世界文化/自然遗产数量和国家森林公园数量。因此，苏南 5 市休闲化差异的进一步缩小，需要各城市在这 16 个指标项目基础上，结合自身城市发展特质，扬长补短。

二、不足与讨论

当然，研究也存在一定的局限性，后续的研究需要在以下三个方面加以强化：首先，从四个一级指标考察了苏南地区的城市休闲化水平，然而影响城市休闲化发展的因素错综复杂。因此，仅使用有统计意义的相关指标来衡量城市休闲化水平是不完善的，还必须考虑政府政策、居民休闲需求等制约变量，这是后续研究的重要方向。其次，本文是从空间维度进行静态研究，为了反映时间维度的动态变化，需要建立时间序列的城市休闲化水平综合评价系统，旨在提高研究的科学性和严谨度，这样得出的研究结论才更能彰显说服力。最后，城市休闲化是以提高本地居民的生活质量为立足点，依据选取的城市休闲化水平指标来探讨城市休闲化结构，是否能真正优化居民的生活方式和提升居民的生活质量，还有待于在未来的实践发展过程中得到验证。

本章主要参考文献

[1] 楼嘉军，徐爱萍，岳培宇. 城市居民休闲活动满意度研究——上海、武汉和成都的比较分析[J]. 华东经济管理，2008，22(4):32-38.

[2] Charles A，Stansfield JR. A Note on the Urbannonurban Imbalance in American Recreational Research[J]. Tourism Review，1993，19(4):196-200.

[3] Goffrey godbye. Leisure and Leisuer Service in the 21st Century：Toward Mid-century[M]. State College，Pennsylania：Venture Publishing，Inc.，2001：23-39.

[4] Edginton C R. Leisure and Life Satisfaction：Foundational Perspectives[M]. Madison：Brown &Benchmark，2009：65-70.

[5] Peter Bramham，Stephen Wagg. The New Politics of Leisure and Pleasure [M]. Palgrave Macmillan，2011:211-212.

[6] S. Williams. Recreation and the Urban Environment [M]. London:Routledge，1995:53.

[7] Olkusnik. Countryside Holiday as a Cultural and Social Phenomenon in Warsaw at the End of the Nineteenth Century[J]. Kwartalnik History Kultury Material，2001，49(5):367-386.

[8] Klaus Weiermair，Christine Mathies. The Tourism and Leisure Industry：Sha-

ping the Future [M]. Haworth Hospitality Press, 2004:12.

[9] 宋瑞.全球休闲范例城市研究[M].北京:社会科学文献出版社,2012:77-80.

[10] 郑胜华,刘嘉龙.城市休闲发展评估指标体系研究[J].自然辩证法研究,2006(3):96-101.

[11] 闪媛媛.休闲城市指标体系研究[D].杭州:浙江大学硕士学位论文, 2006.

[12] 李包相.基于休闲理念的杭州城市空间形态整合研究[D].杭州:浙江大学博士学位论文, 2007.

[13] 曹新向,苗长虹,陈玉英.休闲城市评价指标体系及其实证研究[J].地理研究,2010(9) :1695-1705.

[14] 吕宁.基于城市休闲指数的休闲城市评价指标体系研究[J].首都经济贸易大学学报,2011,(6):77-85.

[15] 楼嘉军,李丽梅,杨勇.我国城市休闲化质量测度的实证研究[J].旅游科学,2012,26(5):45-53.

[16] 杨勇. 中国省际旅游业竞争力分析——省际旅游业结构与影响因素[J]. 山西财经大学学报, 2007(10):53-60.